**종교개혁**
**길 위를 걷다**

오늘 만나는 종교개혁 영성의 현장

# 종교개혁 길 위를 걷다

지은이 | 김성영, 고성삼, 박용규, 서대천, 주도홍
기획 | 국민일보
초판 발행 | 2017. 10. 16
3쇄 발행 | 2017. 11. 4.
등록번호 | 제1988-000080호
등록된 곳 | 서울특별시 용산구 서빙고로 65길 38
발행처 | 사단법인 두란노서원
영업부 | 2078-3352    FAX | 080-749-3705
출판부 | 2078-3331

책값은 뒤표지에 있습니다.
ISBN 978-89-531-2991-7 03230    Printed in Korea

독자의 의견을 기다립니다.
tpress@duranno.com    www.duranno.com

두란노서원은 바울 사도가 3차 전도여행 때 에베소에서 성령 받은 제자들을 따로 세워 하나님의 말씀으로 양육하던 장소입니다. 사도행전 19장 8-20절의 정신에 따라 첫째 목회자를 돕는 사역과 평신도를 훈련시키는 사역, 둘째 세계선교(TIM)와 문서선교(단행본·잡지) 사역, 셋째 예수문화 및 경배와 찬양 사역, 그리고 가정·상담 사역 등을 감당하고 있습니다. 1980년 12월 22일에 창립된 두란노서원은 주님 오실 때까지 이 사역들을 계속할 것입니다.

오늘 만나는 종교개혁 영성의 현장

# 종교개혁
# 길 위를 걷다

국민일보 기획

김성영 · 고성삼 · 박용규 · 서대천 · 주도홍 지음

독일과 스위스, 프랑스와 영국,
그리고 한국의 종교개혁 진원지를 찾아서

두란노

## 차례

**프롤로그** 종교개혁자들에게 한국교회 시대정신을 묻다 ·················· 009

**1부 종교개혁의 시작,**

**마르틴 루터와 울리히 츠빙글리를 찾아서** • 주도홍 교수

새로운 역사를 쓴 도시들  종교개혁의 시작 루터와 츠빙글리 ················ 015
95개조 반박문이 설린 비텐베르크 성 교회  은혜의 사람 루터 ················ 020
루터의 도시 비텐베르크  설교자 루터 ·················· 026
500년 전 종교개혁의 소리를 따라 독일교회로  평신도의 길을 연 루터 ········· 033
비텐베르크에서 만난 멜란히톤의 발자취  루터의 동역자 멜란히톤 ············ 038
공개 신학 논쟁의 중심지 라이프치히  논쟁의 중심 루터 ·················· 044
루터의 은신처 바르트부르크 성  독일어 성경 번역가 루터 ················ 050
루터의 생애가 스며 있는 아이스레벤  인간 루터 ················ 055
새로운 종교개혁의 중심지 그로스뮌스터교회  목회자 츠빙글리 ············ 062
츠빙글리의 누추한 생가  진실한 개혁자 츠빙글리 ················ 068

2부 종교개혁의 확산,

장 칼뱅과 존 웨슬리를 찾아서 • 서대천 목사

유럽에서 다시 한 번 불타오르다 　칼뱅부터 아르미니우스까지 ……………… 077
종교개혁을 위해 준비된 땅 피카르디 　하나님의 종 칼뱅 ………………………… 083
칼뱅의 종교개혁 무대 제네바 　순종의 사람 칼뱅 ………………………………… 089
칼뱅이 제네바에서 꿈꾼 일들 　교회 개혁에 매진한 칼뱅 ………………………… 095
종교개혁의 소중한 유산 제네바 아카데미 　신앙교육의 모범 칼뱅 ……………… 101
기독교 역사에 큰 획을 그은 도시 바젤 　《기독교강요》를 남긴 칼뱅 …………… 107
유럽 전역으로 확산된 칼뱅의 영성 　칼뱅의 영성을 이어받은 제자들 …………… 113
유럽을 바꾼 성지 파리와 바시 　생명을 바쳐 믿음을 지킨 위그노 ……………… 119
스위스에서 발견한 위그노의 흔적 　전 세계에 복음을 전한 위그노 …………… 125
네덜란드에서 만난 종교개혁의 선구자 　종교개혁의 세례 요한 에라스무스 …… 131
영국에서 만난 존 웨슬리의 흔적들 　위대한 복음 전도자 웨슬리 ……………… 137
영국 감리교회의 탄생 　감리교회의 아버지 웨슬리 ……………………………… 143
종교개혁이 일어날 수밖에 없던 눈물의 현장 　눈물의 씨를 뿌린 가톨릭 성당 … 149

3부 종교개혁의 전파,
영국의 종교개혁자들을 찾아서 • 고성삼 목사

유럽 종교개혁의 무대 옥스퍼드　종교개혁의 새벽별 존 위클리프 ·················· 159
위에서부터 시작된 영국의 종교개혁　영국의 종교개혁자 크랜머 ·················· 165
존 낙스의 영성이 살아 있는 스코틀랜드　하나님의 나팔수 존 낙스 ·················· 171
영국에서 완전한 종교개혁을 꿈꾼 청교도들　이 땅의 나그네 청교도인 ············ 177
신학, 목회, 저술로 청교도를 밝힌 사람들　존 오웬, 리처드 백스터, 존 버니언 ···· 183
영국교회 대부흥의 주역　위대한 설교가 조지 휫필드 ································ 189
영적 대부흥의 든든한 후원자　교회 위해 헌신한 셀리나 헌팅던 부인 ············ 195
오직 기도만이 역사를 이룬다　기도의 사람 조지 뮐러 ································ 201
웨일스교회의 쇠퇴가 주는 교훈　부흥의 땅이었던 웨일스의 오늘 ·················· 207
라노버에서 만난 한국 최초의 순교사　로버트 토마스 ································ 213

4부 종교개혁의 정신,

## 미국과 한국 선교의 뿌리를 찾아서 · 박용규 교수

미국 대각성운동의 현장으로　미국의 사도 바울 조나단 에드워즈 …………… 223
대중전도운동의 선구자　대중전도운동의 선구자 무디 ……………………… 231
알렌의 체취가 배어 있는 오하이오 주　한국 근대사의 주역 알렌 …………… 237
언더우드의 뿌리를 찾아서　비전의 사람 언더우드 …………………………… 244
아펜젤러의 뿌리를 찾아서　이 땅의 밀알이 된 아펜젤러 …………………… 251
그곳에서 대부흥이 일어나다　평양 선교의 중심 그레이엄 리 ………………… 258
평양대부흥이 전국으로 확산되기까지　한국교회 영성의 거장 길선주 목사 … 265
일제강점기에 나타난 순결한 신앙의 기록　일사각오의 삶 주기철 목사 …… 272
버림받은 사람들의 안식처 애양원　사랑의 사도 손양원 목사 ……………… 279
여의도광장에 가득한 복음의 열정　금세기 최고의 전도자 빌리 그레이엄 …… 286

5부 종교개혁의 미래,

한국교회 신앙의 스승을 찾아서 • 김성영 목사

한반도복음화의 무대　연합과 재건의 사도 한경직 목사 ………… 295
오늘의 대학복음화 내일의 세계복음화　뛰어난 평신도 전도자 빌 브라이트 …… 302
이 땅을 푸르고 푸른 그리스도의 계절로　민족복음화의 선구자 김준곤 목사 …… 308
성도들을 일깨운 영성 수도원 예수원　벽안의 성자 대천덕 신부 ………… 315
평신도의 영성을 바로 세우다　제자훈련에 일생을 바친 옥한흠 목사 ………… 321
목회자가 죽어야 교회가 산다　'별세 신앙' 이중표 목사 ……………… 328
'빈들의 소리'로 살다 간 선각자　크리스챤아카데미 설립자 강원용 목사 ……… 334
사도행전적 초대교회를 꿈꾸다　한국 복음주의운동의 선구자 하용조 목사 …… 340
오순절적인 대부흥을 이룬 교회　세계 최대 교회 여의도순복음교회 ………… 346
장대현교회를 이은 새벽기도운동　새벽을 깨운 명성교회 ………………… 352
한국교회의 개혁을 위한 신학적 토대　3대 신학자 박형룡, 김재준, 이종성 …… 358
한국교회의 부흥을 위한 성경 주석　3대 주석가 박윤선, 김응조, 이상근 ……… 364

에필로그　종교개혁 500주년의 아침, 회개와 감사의 시간 ………………… 370

> 프롤로그

## 종교개혁자들에게 한국교회 시대정신을 묻다

한국교회는 어느 때보다 엄중한 시기 속에 있습니다. 내적으로는 고유한 영성과 경건성을 상실하고, 외적으로는 사회의 불신을 받고 있습니다. 위태로운 징후가 곳곳에서 감지되고 있지만 아직 결정적인 전환은 하지 못하는 상황입니다. 어쩌면 더 힘든 시간을 버텨야 할지도 모릅니다.

이와 같은 혼돈 속에서 놓치지 말아야 할 지향점이 있다면 초대교회 신앙과 종교개혁의 시대정신일 것입니다. 2000년 전 원시교회가 간직했던 순전한 믿음과 행위, 500년 전 종교개혁 정신이 보여 준 '5대 솔라'(Sola)의 결단이야말로 우리가 돌아가야 할 원류이기 때문입니다. 그래서 종교개혁자들은 '아드 폰테스'(Ad Fontes), 곧 근원으로 돌아가는 것만이 교회가 사는 길임을 역설했던 것입니다.

1517년 10월 31일 마르틴 루터는 당시 로마 가톨릭교회의 전통과 교리가 성경적으로 맞는지 토론하기 위해 95개조 반박문을 비텐베르크 성(城)교회에 붙였습니다. 루터의 의제들은 개혁운동의 불꽃이 되어 들불처럼 타올랐습니다. 루터가 애초부터 로마 가톨릭과 결별하기 위해 반박문을 붙인 것은 아니었지만 개혁을 갈망하던 당시 분위기는 개혁운동을 확산시키며 전환점을 만들어냈던 것입니다.

한국교회가 2017년 종교개혁 500년을 전환점으로 과연 변화의 물꼬를 틀 수 있을까요. 언제나 그랬지만 그것은 하나님의 손에 달려 있을 것입니다. 세계교회 역사가 이를 방증합니다. 국민일보는 2016년 5월부터 2017년 6월까지 1년간 '영성의 현장을 찾아서'란 제목으로 5부작 55회에 걸쳐 종교개혁 500주년 시리즈를 연재했습니다. 종교개혁의 불길이 어떻게 세상에 영향을 끼쳤고 성령 하나님의 역사는 어떻게 독일에서 유럽으로, 유럽에서 미국으로, 그리고 한반도까지 전해졌는지, 그리고 이 한국 땅에서 어떻게 개혁 정신이 꺼지지 않고 타올랐는지 그 현장을 돌아봤습니다.

신학자와 목회자로 구성된 5명의 필자가 참여해 종교개혁의 발상지인 독일과 스위스, 프랑스와 영국, 미국과 한국 땅 곳곳을 방문해 역사의 현장을 추적하면서 한국교회 갱신을 위한 해답을 찾고자 했습니다. 이 책은 단순히 500년 전 종교개혁 현장을 탐방한 보고서가 아닙니다. 역사적 장소에서 오늘의 한국교회의 현실을 냉철하게 평가하고 가야할 길을 하나씩 제시한 이 시대의 의제이기도 합니다.

특히 필자들의 노력으로 그동안 한국교회에는 다소 생소했던 인물이나 장소, 사실 관계 등을 새롭게 조명할 수 있었다는 점에서 이 책은 단순히 종교개혁을 기념하는 도서 이상의 의미를 가집니다. 독자들은 페이지를 넘길 때마다 이를 발견할 수 있을 것입니다. 필자의 글은 루터의 5대 솔라인 '오직 성경', '오직 믿음', '오직 그리스도', '오직 은혜', '오직 하나님의 영광'이라는 주제에 맞춰 의미를 담아냈습니다.

한국교회는 기념하는 일에 관심이 많습니다. '기념만 한다'는 지적을 받는 것도 사실이지만 옛적 일을 다시 기억하는 것이 흩어진 마음을 다잡는 기회가 되기도 합니다. 바라기는 이 책이 다시 한 번 우리의 마음과 생각, 행동을 살려내는 촉매제가 되기를 기도합니다.

주도홍 교수

'오직 성경으로'(Sola Scriptura)는 진리의 규범이 오직 하나님의 말씀에 있음을 의미한다. 이 모토를 외쳤던 당시로 돌아가기 위해 종교개혁 현장으로의 여행이 시작되었다. 먼저 독일에서는 마르틴 루터와 몇몇 인물들을 만났고 스위스 취리히에서는 울리히 츠빙글리와 그의 동료들의 흔적을 살펴보았다. 먼저 독일과 스위스에서 보낸 한 주간의 일정을 따라가 보자.

1부

종교개혁의 시작,

# 마르틴 루터와 울리히 츠빙글리를 찾아서

**종교개혁의 시작,**

마르틴 루터와
울리히 츠빙글리를 찾아서

## 새로운 역사를 쓴 도시들

**독일 종교개혁자 루터의 현장을 찾아서**

독일 베를린에서 아우토반을 이용해 종교개혁의 중심지 비텐베르크를 찾았다. 이곳은 루터(1483-1546) 식구들의 생가를 비롯해 루터가 학생과 교수로 지내던 비텐베르크대학이 있는 곳이다. 이 대학은 종교개혁사상의 근원지다. 이곳에는 루터의 대학 제자이자 동역자, 후계자였던 필리프 멜란히톤(1497-1560)의 생가도 있다.

무엇보다 비텐베르크에는 루터가 '95개조 반박문'을 붙여 종교개혁의 도화선이 된 역사적 현장, 슐로스(Schloss)교회가 있다. 슐로스는 '성'이란 뜻으로 이곳은 작센의 성주 프리드리히 현공이 출석했던 교회이자, 루터가 박사학위를 받았던 장소다. 지금은 루터와 멜란히톤의 시신이 강단 아래에 좌우로 묻혀 있다. 루터는 당시 교회가 십자군전쟁과 로마 교황청의 증축 경비의 명목으로 면죄부를 팔던 행태를 조목조목 비판하며 95개조 반박문을 작성했다. 나는 그가 1514년부터 비텐베르크대학의 스승 슈타우피츠의 추천을 받아 설교자로 활약했던 비텐베르크 슈타트키르헤(시교회)도 방문했다.

다음 날 라이프치히로 향했다. 그곳은 루터가 활약했던 지역으로 그의 영향력이 여기저기 퍼져 있었다. 또 아이제나흐의 바르트부르크 성으로 향했다. 그 성은 농노로 변신한 루터의 피신 장소로 1522년 세상에 처음 선보인 독일어 《9월 신약성경》의 번역 현장이다. 바르트부르크 성은 깊은 산속 꽤 높은 곳에 있었다. 500년 전에는 정말 아무도 찾아갈 수 없었을 것 같았다. 다시 발길을 북쪽으로 돌려 루터가 법학을 공부했던 에어푸르트대학, 루터가 수도사가 되어 생활했던 에어푸르트의 아우구스티누스 수도원을 찾아갔다.

다음 행선지는 아이스레벤이었다. 이곳은 루터의 출생과 사망을 고스란히 품고 있는 도시다. 루터가 태어난 집과 루터가 사망한 장소는 역사적 보존이라는 측면에서 아쉬움을 주었다. 그러나 종교개혁자 루터의 생과 사를 이어 주는 현장으로서의 의미로 충분했다. 게다가 루터의 고향 집에서 몇 분만 걸으면 루터가 어린 시절 세례를 받은 프레디거교회에 갈 수 있었다. 교회는 소년 루터가 초등학교를 가기 전까지 다녔던 곳으로 지금은 현대식으로 새 옷을 입고 있었다.

라이프치히로 돌아와 루터가 신학 논쟁을 전개한 역사적 현장인 플라이센부르크 성을 찾았다. 하지만 유감스럽게도 그곳은 존재하지 않았다. 그래서인지 현지인들은 외국인인 내가 그 성을 찾는 모습을 신기하게 보았다. 다행히 역사적 식견을 지닌 독일인 한 명을 만나 자세한 설명을 들을 수 있었다.

지금 성 터에는 라이프치히 시청이 서 있다. 1519년 '라이프치히 논쟁'은 로마 가톨릭교회의 추기경 요한 에크와 종교개혁자 루터와 칼슈타트, 멜란히톤 사이에 이루어진 논쟁이다. 종교개혁자들은 당시 로마교회가 강조하는 교황권과 교회의 권위가 근거 없음을 주장하며 '오직 성경'(Sola Scriptura)만이 진리의 규범임을 내세웠다. 이 논쟁은 당시 라이프치히대학이 주관하여 공개적으로 진행했다. 지금 플라이센부르크 성은 없어졌지만 라이프치히대학은 시청에서 걸어서 몇 분 거리에 있었다. 하지만 아쉽게도 대학 캠퍼스의 옛 모습은 사라지고 독일 통일 후 초현대식 건물로 바뀌어 있었다.

아쉬움을 뒤로한 채 또 다른 종교개혁자로 일컫는 요한 세바스찬 바흐(1685-1750)를 만나기 위해

| 토마스교회와 바흐의 동상

발걸음을 옮겼다. 바흐가 27년간 주일예배 지휘자로 활동하며 작곡도 했던 토마스교회를 찾았다. 루터와 바흐는 아이제나흐 인문계 고등학교 김나지움의 200년 선후배로 같은 학교의 정문을 드나든 사이였다. 바흐를 통해 종교개혁 정신에 입각한 개신교 음악이 시작되었으니 나름의 의미를 찾을 수 있었다.

스위스 종교개혁자 츠빙글리의 현장을 찾아서

독일 일정을 마치고 스위스 종교개혁의 아버지 츠빙글리를 만나기 위해 취리히로 향했다. 취리히는 아름다운 강과 호수로 둘러싸인, 멋진 경관을 소유한 도시다. 취리히를 가로지르는 강 건너에 있는, 츠빙글리와 그의 후계자 하인리히 불링거(1504-1575)가 목회하던 그로스뮌스터교회를 방문했다. 불링거가 사용했다는 목양실과 츠빙글리가 거닐던 길도 찾았다.

이어 취리히대학 신학부를 방문했다. 그 대학은 사각형 정원을 가운데 두고 정사각형 건물로 둘러싸인 독특한 모습이었다. 그곳에서 츠빙글리를 전공한 역사신학 교수 오피츠를 만나 '2019년 스위스 종교개혁 500주년'에 대한 인터뷰를 했다. 그는 과거 한국을 방문해 강의를 했던 인연이 있는 사람으로, 그를 통해 츠빙글리의 출

| 취리히대학 신학부 정문

생지 빌트하우스에 관한 정보를 얻을 수 있었다.

빌트하우스는 취리히에서 그리 멀지 않지만 꼬불꼬불 험한 산길로 가야 해서 꽤 시간이 걸렸다. 설상가상으로 자동차 내비게이션이 잘못 안내하는 바람에 츠빙글리의 출생지이자 어릴 적 자란 고향을 코앞에 두고도 한참 헤매야 했다. 위대한 종교개혁자의 생가를 찾지 못하는 내비게이션에게 조금 서운한 마음이 목적지에 도착해서도 사그라지지 않았다.

츠빙글리가 태어난 곳은 방치된 것 같은 느낌을 지울 수 없을 정도로 초라했다. 생가는 조금 옹색한 터 위에 세워진 통나무집이었다. 그의 집에서 얼마 떨어지지 않은 곳에 츠빙글리의 얼굴이 새겨진 1.5m 높이의 석조 기념비가 세워져 있는데, 지나가는 동네 사람들이 '과연 그가 누구인지 알까?' 하는 의구심이 들 정도였다.

다소 무섭기까지 한 산길을 따라 루체른으로 향했다. 루체른은 츠빙글리의 동역자로 함께 종교개혁을 추진한 유드(1482-1542)가 목회했던 곳이다. 경치가 너무 아름다워 탄성이 나왔다. 맑고 깨끗한 호수와 그 위에 평화롭게 노니는 백로와 물새들, 멋진 예술품 같은 건물들, 가까이 다가와 루체른 시내를 품에 안은 푸른 산들, 산 정상에서 중턱까지 하얀 눈이 내려앉은 설산의 자태는 명화의 한 장면같이 환상적이었다.

일주일 동안 정신없이 독일과 스위스를 2,000km 이상 달리며 종교개혁의 역사적 현장을 머리와 가슴, 카메라에 담느라고 쌓인 모든 여독이 루체른의 황홀한 경치면 충분했다. 신학자 칼 바르트(1886-1968)의 "이 땅에서 천국을 가장 닮은 나라가 스위스다"라는 말이 조금도 부족함이 없었다.

## 95개조 반박문이 걸린 비텐베르크 성 교회

필자가 2016년 독일 비텐베르크 성 교회를 방문했을 당시 공사가 한창 중이었다. 종교개혁 500주년을 위해 예배당을 수리하고 옆 공터에 상당한 크기의 부속건물을 증축하고 있었다. 현재의 교회 건물은 19세기에 새로 지어졌다. 교회는 1760년 화재로 전소돼 몇 회에 걸쳐 재건축되었고 1892년에 오늘날 예배당의 모습으로 완공되었다. 16세기 당시 종교개혁 현장의 보존이라는 측면에서는 당연히 아쉬움이 크다. 하지만 고증을 통해 루터가 면죄부 반박문을 붙인 역사적 현장이 틀림없다는 사실에 위안을 받는다.

Ⅰ 종교개혁 500주년을 앞두고 2016년 비텐베르크 성 교회가 새단장을 하는 모습

## 95개조 반박문은 어떤 내용인가

1517년 10월 31일 34세의 무명 수도사 루터는 학문적 토론을 위해 독일 비텐베르크 성 교회 정문에 면죄부 반박문 95개조를 붙였다. 루터는 무시무시한 권력을 가진 로마교회의 오류에 대적하며 목숨을 걸고 일어섰다. 세계적 사건으로서 종교개혁은 루터가 중세교회를 향해 던진 한 가지 질문과 함께 시작되었다. 이는 루터의 신념과 로마교회에 대한 이의가 담긴 것이었다.

　로마교회는 중세를 지나 이슬람교도의 팔레스타인 점령으로 더는 성지순례를 할 수 없게 되자 성지 탈환을 명목으로 11세기 말 시작된 십자군전쟁으로 지쳐 있었다. 그 가운데 면죄부는 십자군전쟁의 군비 마련을 위해 필요했다.

 그때 이 부분에 대한 신학을 형성해야 했는데 이른바 '공로 신앙'의 정립이었다. 루터가 95개조에서 말하고자 한 것은 '사자(死者)의 죄 용서'였다. 그는 죄 사함은 살아 있는 자들에게만 해당되는 것이라고 교회법을 들어 반박했다. 또 연옥은 중세교회의 성직자들이 영적으로 잠들어 있는 사이 뿌려진 가라지라고 비판했다. 루터는 면죄부 대신 차라리 가난한 이웃을 돕는 행위가 훨씬 가치 있다고 말하며(45조), 교회의 진정한 보물은 하나님의 영광과 은혜로 부여된 가장 거룩한 복음이라고 (62조) 역설했다. 루터의 면죄부 반박문 95개조는 물질적, 교리적, 신앙적으로 변질된 중세교회를 향해 높이 든 진리의 햇불이었다.

| 교회 정문에 라틴어로 쓰인 루터의 95개조 반박문

### 독일교회, 23개조를 발표하다

최근 독일교회(EKD)는 2017년 종교개혁 500주년을 맞이하면서 킬대학교 교수 요한네스 쉴링을 회장으로 13명의 교수가 학문 자문회의를 발족시켰다. 자문회의는 세계교회를 향해 23개 관점을 천명했다. 이 23개 조항은 루터가 면죄부 반박 95개조를 중세교회를 향해 천명했던 것과 무관하지 않다. 여기서 몇 가지를 제시해 그 의미를 생각해 보고자 한다. 물론 독일과 한국은 사회 문화가 다르지만, 교회의 갱신을 위한 독일교회의 외침은 오늘날 한국교회에도 충분히 적용될 수 있을 것이다.

1. 종교개혁은 유럽에서 출발했지만 시대를 가르고 세계를 바꾸는 교회사적 의미뿐 아니라 세계사적 의미를 갖는다.
6. 종교개혁은 교회와 신학에만 근원적 변화를 가져온 것이 아니라 공적이며 사적인 모든 삶, 사회·경제·문화·법·학문·예술의 표현 양식에 새로운 변화를 가져다주었다.
7. 종교개혁은 신앙의 본질이 그 핵심으로 하나님과 사람의 관계를 위시해 자기 자신과의 관계, 함께 살아가는 이웃과 세계와의 관계를 새롭게 규정했다.
8. 종교개혁은 오직 그리스도를 통해 의롭게 된 사람은 그 어떤 중재자 없이 하나님 앞에 서게 했는데, 그로써 오직 하나님의 인정을 통해 인간의 정체성과 가치를 부여했다. 성별, 신분, 능력, 신앙, 업적에 주목하지 않았는데 비로소 크리스천의 자유가 시작되었다.
9. 종교개혁은 교회 공동체에서 계급과 지위를 없애고 세례받은 자의 영적 제사장설을 내세워 역할의 차이만 인정했다.

10. 루터는 1520년에 명저《기독교인의 자유에 대하여》에서 이웃에 대한 사랑과 사회적 책임을 하나님이 인정한 크리스천의 피할 수 없는 책무로 규명했다. "크리스천은 모든 것으로부터 자유로운 주인이며 그 어느 누구에게도 종속되지 않는다. 크리스천은 모든 것을 섬기는 종이며 모든 사람에게 종속된다."

12. 종교개혁은 중세교회와 다르게 크리스천에게 성숙으로 나아가기를 요청하고 그들이 대중의 언어로 번역된 성경을 스스로 읽고 해석하며 그 말씀대로 책임 있게 세상을 변화시키며 살도록 했다.

17. 세례받은 모든 성도를 향한 만인제사장설은 예배 가운데 함께 부르는 찬송도 '말씀 선포'와 같다는 맥락에서 이해할 수 있다. 종교개혁이 외친 만인제사장설은 다양한 교회, 음악, 문화 형성에 기여했는데 교회의 모든 일원이 성악이든 기악이든 각자의 자리에서 예배를 드린 것에서 그 역할을 찾을 수 있다.

18. 종교개혁은 크리스천의 사랑을 이웃과 공동체를 섬기는 삶으로 이끌어서 병원, 고아원을 비롯한 사회봉사에도 적극적으로 참여하게 했다.

19. 종교개혁이 말하는 모든 직업 소명은 제한된 중세교회의 성직자 소명의식을 뛰어넘어 어떤 직업이든 일터에서든 하나님을 섬긴다는 영적 수준으로 그 가치를 이끌었다.

22. 현대는 다문화와 다종교로 치닫고 있지만 기독교적 신앙고백은 교회가 함께 종교개혁의 정신으로 설 때 분명한 힘을 발휘할 것이다.

23. 종교성과 세계관의 다양성을 부인할 수 없는 상황에서도 기독교적 가치는 높아질 수 있다. 기독교와 그것을 넘어 문화적으로나 신앙적으로 이미 규

명되거나 규명할 수 있는 본거지인 종교개혁을 명심해야 한다.

**한국교회의 종교개혁을 요청하다**
23개조는 종교개혁이 신학과 교회의 영역에서만 의미를 가질 뿐 아니라 삶의 모든 영역에 다양하게 영향을 끼쳤다고 선언한다. 다문화와 다종교로 치닫는 이 시대에 종교개혁 정신에 입각해 기독교적 가치를 높여야 한다는 것이다.

23개조에는 종교개혁의 역사적 의미를 증대시키고자 하는 독일인의 자존감이 깔려 있다. 하지만 현재 독일교회를 비롯한 서구교회가 루터의 종교개혁 정신에 입각해 제대로 서 있는지에 대한 성찰은 보이지 않는다. 독일교회를 비롯한 서구교회의 영적 쇠퇴에 대해서도 침묵하고 있다. 또 다른 개혁을 향한 의지도 보이지 않는다. 분명히 종교개혁의 정신으로 바로 서는 일이 중요하지만 500년이 지난 오늘, 개혁을 향한 요청에 대해 분명한 비전을 제시하지 못하고 있는 것이다.

이에 반해 한국교회는 종교개혁 500주년을 맞이하면서 퇴락하는 한국교회에 다시 종교개혁의 정신이 일어나기를 갈망하고 있다. 그러나 안타깝게도 16세기 독일의 종교개혁이 그 무엇을 구체적으로 가르쳐 주기를 바라는 것보다 한국교회 스스로 그 길을 가야 한다는 암시만 존재할 뿐이다. 500년 전 무명의 수도사가 신진대학 비텐베르크에서 외롭게 종교개혁의 길을 열었듯이, 21세기 한국교회는 고유한 상황에서 제2의 종교개혁의 길을 걸어가야 한다. 지금은 "이미 개혁된 교회라도 지금 개혁되어야 한다"라는 종교개혁의 표어를 다시 되새겨야 할 때다.

## 루터의 도시
## 비텐베르크

독일 비텐베르크는 1996년 유네스코 세계문화유산으로 등재된 관광 도시다. 또한 종교개혁자 루터의 도시로 1,000년 중세를 종결시키고 새로운 역사를 써내려갔다. 비텐베르크는 독일연방의 작센안할트 주에 속한 인구 5만 명 소도시로 비텐베르크대학은 할레대학의 분교로 역사적 장소로만 남아 있다. 비텐베르크대학은 루터가 신학 교수로 역임하고 동료 교수 멜란히톤 등과 함께 종교개혁사상을 모색하고 창출해 낸 현장이었다. 아쉽게도 지금 그 학교에는 신학과가 존재하지 않는다.

 루터가 비텐베르크 아우구스티누스 수도원에 들어간 때는 1507년이다.

I 아우구스티누스 수도원

루터는 스승 요한 폰 슈타우피츠의 안수로 성직자가 된 후 수도원과 함께 건물을 썼던 비텐베르크대학에서 신학을 공부했다. 루터가 어떻게 그곳에서 신학을 하게 되었는지는 모르지만 분명한 것은 비텐베르크대학이 16세기 당시 다른 어떤 대학보다 인문주의에 열려 있는 근대적 대학이었다는 점이다. 공부에 탁월했던 루터는 1508년부터 도덕철학을 가르치기 시작했고 성경을 강의했다. 1512년 그는 성경을 "신실하게 설교하고 가르치겠다"라고 서약하며 그 유명한 성 교회에서 작센 주의 성주 프리드리히 현공이 지켜보는 가운데 신학 박사 학위를 받았다.

## 성 마리아교회의 설교자, 루터

신학 박사 루터가 평생 성경 강해자로 섰던 교회는 비텐베르크 시 중심부의 성 마리아교회다. 그곳에서 루터는 비텐베르크대학의 선생 슈타우피츠의 추천으로 1514년부터 1546년 세상을 떠날 때까지 말씀 선포자로서 사명을 다했다. 그는 주일 오전에는 복음서를, 오후에는 서신서와 다른 성경을 본문으로 설교했고, 종교개혁 정신에 입각해 교리문답 가르치기를 잊지 않았다. 1533년부터는 동료 교수 요한네스 부겐하겐과 함께 설교 사역을 감당했다.

루터는 개신교의 아버지로서 여러 곳에서 부름을 받아 설교했다. 현재 그 설교지는 역사적 현장으로 보존되어 있다. 종교개혁의 설교 이해는 중세교회와 분명한 차이를 보인다. 루터는 설교를 성경의 해석으로, 설교자는 성경을 전하는 부름받은 자로 이해했다. 이러한 맥락에서 종교개혁은 설교에서도 역사적 전환을 가져왔다.

중세에는 철학적이며 논리적인 스콜라주의의 난해함이 설교 내용의 주류를 이루고 성경은 일종의 텍스트 수준으로 전락해 있었다. 중세교

| 교회 입구에 새긴 '루터가 설교하던 교회'라는 안내문

회가 성경을 일종의 참고문헌 정도로 여겼으니 성경적 교회는 성립될 수 없었고 로마 교황청의 뜻대로 움직이는 교회가 될 수밖에 없었다.

반면 루터는 '오직 성경'(Sola Scriptura)을 외쳤는데, 그때 교회는 교황의 뜻을 따라 성경과 동일한 위치에 두었던 다른 모든 것을 거부하고 성경만이 진리의 척도라고 선언했다. 성 마리아교회는 그런 점에서 종교개혁의 어머니 교회와 같다. 그곳에서 루터는 그때까지 라틴어로 하던 교회 미사를 처음 독일어로 드렸으며 빵과 포도주 성찬을 처음으로 성도들에게 분배했다. 루터의 종교개혁을 실행하는 첫 번째 교회였던 셈이다.

### 종교개혁의 화상 논쟁

성 마리아교회는 종교개혁사에서 성화 문제로도 유명하다. 비텐베르크대학 교수였던 안드레아스 칼슈타트가 이 일을 주도했다. 당시 루터는 보름스의회에서 목숨을 걸고 '오직 성경'을 선언한 이후 작센의 성주 프리드리히 현공의 도움으로 피신하여 바르트부르크 성에서 성경을 번역했다. 루터에게 종교개혁 이론을 실현하는 길은 그렇게 간단하지 않았다. 여러 가지가 조심스러웠으며 험난했다. 특히 화상 문제가 그랬다.

비텐베르크는 루터가 보름스에 피신해 있는 사이 1522년 1월 24일 칼슈타트 주도하에 '비텐베르크 규례'를 반포했는데 그것은 '비텐베르크 시가 어떻게 종교개혁을 구체화할 것인가'를 규정하는 것으로 예배 형식과 교회 재정의 근간을 새롭게 형성하는 내용이었다. 비텐베르크 규례는 총 17항으로 제13항은 예배당 안에 있는 그림과 제단을 제거한다는 내용이었다. 미신을 멀리해야 하기 때문이다. 여기에는 마리아와 성인들의 모든

| 루카스 크라나흐 성화가 걸려 있는 마리아교회 내부

화상이 포함되었다.

비텐베르크 시는 성화 문제로 혼란에 빠졌다. 예배당과 강단에 걸려 있던 화상들이 제거되면서 교인들은 혼란에 빠졌고 시민들은 충격에서 헤어나지 못했다. 1522년 초 칼슈타트는 "성화 제거에 관하여"라는 글을 써서 교인들을 설득했지만 그것으로 충분하지 않았다. 루터도 칼슈타트의 글에 동의할 수 없었다. 루터는 개혁의 당위성에 대해서는 긍정했지만 어떻게 개혁해야 할지에 대해서는 입장이 달랐다. 그는 먼저 마음에서 화상을 제거한 다음에 상황에 따라 천천히 제거해야 한다는 입장이었다.

그러나 칼슈타트는 루터의 입장에 동의도, 이해도 할 수 없었다. 칼슈타트는 1524년 자신의 글에서 "우리는 마땅히 믿음이 약한 자들로부터 해롭고 거짓된 것들을 제거해야 하고 그들이 소리쳐 울고 놀라는 것을 마음에 둘 필요 없이 그들의 손에서 빼앗아야 한다"라고 주장하면서 "이러한 태도야말로 올바른 최고의 형제애를 보여 주는 것"이라고 역설했다. 이에 루터는 칼슈타트를 향해 "광신적 선지자요, 사랑이 없는 사람이요, 그림 혼란자"라고 비판했다.

이로 인해 칼슈타트는 루터와 하나가 될 수 없었고 루터의 대적자로 바뀌었다. 결국 그는 비텐베르크에 거할 수 없게 되어 스위스로 피신했고 자신과 뜻이 맞는 재세례파와 함께 살면서 성직자와 교수로 바젤에서 활동했다.

## 한국교회와 종교개혁

지금 한국교회는 제2의 종교개혁을 외치고 있다. "개혁된 교회도 지금 개혁되어야 한다"라는 종교개혁의 표어도 분명하게 기억한다. 그러나 한국교회는 명백하고 거대한 죄악을 목격하면서도 사랑과 공의 사이에서 아무것도 못 한 채 무너지고 있다. 개혁의 대상과 인물들을 목격하면서도 허물을 용서하고 덮자는 자세로 개혁 의지마저 접고 그들 편에 서고 있다. 사랑을 핑계로 공의를 포기하는 교회가 되고 있는 것이다.

루터는 비텐베르크 성 마리아교회에서 바른 설교자로 살았고 종교개혁의 실행으로 쉽지 않은 길을 가야만 했다. 사실 화상 제거 문제는 루터의 종교개혁뿐 아니라 초대교회에서부터 거대한 숙제였다. 루터와 칼슈타트는 입장이 달랐지만 한 가지는 분명히 뜻을 같이했다. 잘못은 어떻게든 개혁되어야 한다는 개혁으로의 일치였다. 그러나 아쉽게도 개혁의 방법에서는 하나가 되지 못했다.

　21세기 한국교회의 본질적 문제는 개혁의 방법은 커녕 더 근본적인 자각과 개혁으로의 일치도 어렵다는 것이다. 만약 한국교회가 종교개혁을 원한다면 최소한 한국교회의 타락을 겸손하게 인정한 후에 개혁의 일치점을 찾아야 할 것이다.

## 500년 전 종교개혁의 소리를 따라
## 독일교회로

    종교개혁 500주년을 향한 독일교회의 준비는 참으로 철저하다. 독일교회는 2017년 종교개혁 500주년을 뜻있게 치르기 위해 2008년부터 '10년의 축제 2017'을 이미 기획했다. 독일교회는 10년 동안 매년 종교개혁의 날인 10월 31일에 새로운 주제를 선정해 그 의미를 되새겨 보고 있다.

    2008년은 루터 500주년의 10년 행사를 시작하는 해였다. 그 후 주제는 '종교개혁과 신앙고백'(2009), '종교개혁과 교육'(2010), '종교개혁과 자유'(2011), '종교개혁과 음악'(2012), '종교개혁과 관용'(2013), '종교개혁과 정치'(2014), '종교개혁과 그림, 성경'(2015), '종교개혁과 하나의 세계'(2016)다.

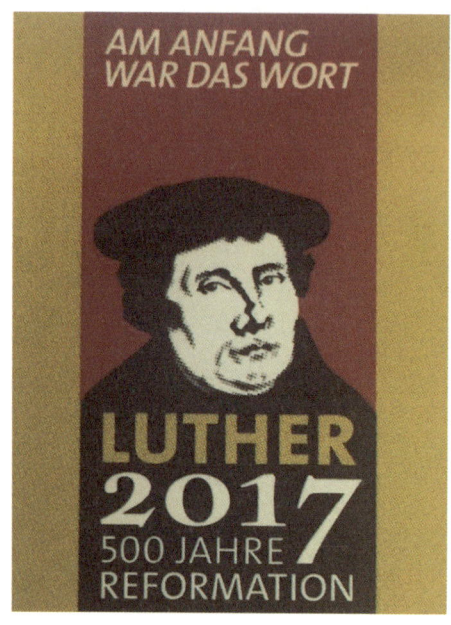
| 2017년 종교개혁 500주년을 맞이한 독일교회

독일교회가 이렇게 10년 전부터 광범위하게 기념하려는 것은 종교개혁이 교회와 신앙뿐 아니라 정치, 학문, 예술, 문화, 사회적 삶에 이르기까지 폭넓게 영향을 미쳤기 때문이다. 한 예로 '종교개혁과 하나의 세계'를 주제로 내세운 올해는 환경·평화·사회 문제를 주제로 책을 출판하고 여러 행사를 개최하며 특강과 토론회를 열었다. 이는 모두 종교개혁 정신을 기반으로 하고 있다.

2014년 독일교회가 내세운 '종교개혁과 정치'라는 주제도 종교개혁의 관점에서 정치를 연관시켜 보는 것이다. 반면 한국교회는 정치에 대해 어수룩한 정교분리를 내세우며 아예 다른 영역으로 치부하거나 자신이 지지하는 특정 정당의 편들기에만 급급하다. 안타깝게도 한국교회는 성도가 정관계 고위직에 오르면 하나님의 축복을 받았다고 불러 자랑하거나 간증 집회를 열며 특정인을 높이는 수준이 고작이다. 그 성도가 어떻게 기독교의 진리로 세상에서 소금과 빛으로 구현하며 살았는지는 관심이 없다.

## 종교개혁과 정치

루터는 종교개혁이 일어난 지 3년 정도 되었을 때 분량이 많지 않은 3대 명저를 세상에 내놓았다. 그 책들은 종교개혁이 말하려는 것을 처음으로 보여 주었다. 1520년 8월 "독일 귀족에게 고함", 10월 "교회의 바벨론 포로", 11월 "기독교인의 자유"라는 글을 각각 펴냈다. "독일 귀족에게 고함"은 교회는 말할 것도 없고 대학과 정치, 사회 전반에 관한 개혁 프로그램을 제시하는 내용이다. 여기서 루터가 제시한 신학적 근거는 예수를 믿고 세례를 받은 모든 크리스천은 목회자뿐 아니라 각자가 부름받은 직업 현장에서 왕 같은 제사장의 역할을 해야 한다는 것이다.

루터가 말하고자 하는 만인제사장설은 21세기 한국교회에도 충분히 유효하다. 옥스퍼드대학의 역사신학 교수인 알리스터 맥그라스는 루터의 종교개혁은 "위험한 사상의 역사였다"라고 말했다. 종교개혁의 위험성은 로마 교황청이 가졌던 성경 해석의 독점 권한을 이전과는 다르게 모든 성도에게 부여한 것으로, 그 근거는 베드로전서 2장 9절의 "왕 같은 제사장"이다. 이 두 가지 사상은 종교개혁의 핵심으로 이후 대두되는 다양한 신학과 교파는 어쩔 수 없는 열매로 보아야 한다.

우리는 2014년 독일교회의 종교

| 수도사 루터의 동상

개혁 500주년 잔치 7년째였던 '종교개혁과 정치'를 눈여겨볼 필요가 있다. 당시 독일교회의 대표 회장 니콜라우스 슈나이더 박사는 이 주제와 관련해 종교개혁이 16세기의 역사로만 끝나지 않고 21세기 정치에 무엇을 말하는지에 초점을 맞춰야 한다고 했다. 종교개혁자들은 당시 정치권력과 교회의 관계, 각자의 과업이 무엇인지를 규명하기를 원했을 뿐 아니라 근본적으로 이를 새롭게 하기를 원했다. 그래서 교육을 국가의 과업으로 규명하고 여성의 법적 지위를 성경에 근거해 새롭게 규정했다.

1934년 5월 31일 독일교회 139명의 총대들은 부퍼탈 바르멘에 모여 히틀러의 절대 권력에 맞서 '바르멘 신학선언'을 내놓았다. 이는 종교개혁 정신에 근거한 것으로 교회는 결코 국가의 한 기관이 될 수 없으며 국가는 인간의 생명을 규정하는 유일한 제도가 될 수 없다는 내용이었다. 독일교회는 국가와 시민 사회 속에서 긴밀한 관계를 가지며 분명한 공헌을 해야 한다고 주장했다. 교회가 정교분리라는 이름으로 잘못된 정치를 방관하며 그것을 합리화해서는 안 된다는 선언이었다.

**한국교회는 무엇을 배울 수 있는가**

2014년 독일교회가 공식적으로 내놓은 책자에는 종교개혁, 권력, 정치를 구분하여 주제를 다뤘다. 그중 몇 가지를 소개하면 첫째, '국가와 교회의 관계'로 교회와 국가는 하나가 될 수 없다. 둘째, '누가 가난한 자를 돌보아야 하는가'를 다룬다. 지금까지 개신교는 경제를 생각했고 가톨릭은 사회문제에 집중했지만 이것이 과연 옳은지를 돌아보아야 한다는 것이다. 셋째, '종교개혁과 헌법'이다. 현대법을 시작으로 종교개혁은 열두 가지 면에서 헌법의 근간을 구축했다. 넷째, '종교개혁과 양심의 자유 및 관용의 문제'다. 종교개혁이야말로 양심의 자유와 관용의 원천으로, 신앙이란 복음을 통해 오직 성령이 역사하는 내적인 일이고 양심이란 그 어떤 인간, 교회, 권력으로부터 자유하다. 다섯째, '공적 영역에서 교회의 역할'이다. 교회는 공적 종교로 분명한 정체성을 갖고 정치와 사회 속에 있는 세상을 함께 이루어가야 하는데, 특히 난민과 이민자를 위한 변호인을 자처해야 한다. 여섯째, 교회가 감당해야 할 '화해자의 역할'로 평화의 사도로 부름받은 교회는 성령의 능력을 힘입어 전쟁과 갈등의 땅에서 평화를 일구는 자들이 되어야 한다. 일곱째, '세계 도처에서 박해받는 기독교인을 위한 일'이다. 교회는 그들의 아픔에 동참하며 그들을 도와주고 그들이 하루빨리 고통에서 벗어나도록 기도해야 한다. 여덟째, '종교개혁과 환경의 문제'다. 세상은 하나님의 위대한 작품으로 원자폭탄이나 공해로 망가져서는 안 된다. 하나님의 형상으로 지음받은 사람은 창조 질서를 보존하며 살아가야 할 책무가 있다.

네덜란드의 개혁가 아브라함 카이퍼는 "한 치의 땅도 하나님의 통치를 벗어날 수 없다"라고 말했다. 한국교회에서는 정치를 하나님의 영역을 벗어나 있는 것처럼 생각할 때가 많다. 독일교회는 종교개혁 500주년을 맞이해 복음을 삶의 모든 영역에 구체화하려고 애쓰고 있다. 종교개혁의 정신을 제대로 파악해 이를 적용하려고 몸부림치는 것이다. 그 결과 21세기 독일은 세계에서 가장 멋진 나라로 부상하고 있다. 이 점은 독일 탐방을 통해 분명히 목도했다. 그만큼 종교개혁은 교회사적 사건일 뿐 아니라 세계사적 사건이었던 것이다.

광장에 세워진 루터와 멜란히톤의 동상

# 비텐베르크에서 만난 멜란히톤의 발자취

종교개혁자 마르틴 루터의 최대 업적이자, 그가 종교개혁자임을 보여 주는 확실한 증거는 직접 번역한 독일어 성경을 성도들의 손에 준 것이다. 중세교회는 '거룩한 언어'인 히브리어, 헬라어, 라틴어로만 하나님의 말씀을 담을 수 있다고 믿었다. 그래서 성경을 일반 언어로 번역하면 신성 모독죄로 여겨 사형에 처했다. 성경을 영어로 번역해 화형을 당한 윌리엄 틴데일이 대표적이다. 중세교회의 표준 성경은 4세기 제롬이 번역한 '불가타'(Vulgata) 라틴어 성경이었다. 중세교회에서 이 성경을 읽는 사람은 신학자와 성직자뿐이었다. 중세교회는 거룩한 것을 개와 돼지에게 줄 수 없다고 여겼다.

하지만 종교개혁자들은 여기에 동의할 수 없었다. 루터는 오직 믿음으로 의롭다 함을 얻은 성도는 차별 없이 하나님 앞에 선 자유자로서 진리를 따라 성령의 인도를 받으며 살아가야 한다고 믿었다. 하나님의 말씀인 성경을 그들의 일상 언어로 직접 읽고 해석하고 이해하며 그 말씀을 따라 성숙을 도모하며 살아야 한다고 믿은 것이다. 종교개혁은 모든 성도가 하나님 앞에 선 구원받은 자유자로 세상의 소금과 빛으로서 살아갈 것을 요청하면서 기독교 역사에 새로운 시대를 열었다.

### 루터의 사상을 정리한 멜란히톤

애초에 루터의 독일어 성경 출간을 제안한 사람이 있었다. 바로 동역자 필리프 멜란히톤이다. 멜란히톤은 1521년 24세 때 개신교 첫 번째 교의 신학서인 《신학총론》을 통해 루터의 신학과 사상을 정리했다. 1530년에는 "아우구스부르크 신앙고백"을 내놓았다. 이것은 오늘날에도 루터교회에서 목사 안수를 받을 때 고백해야 하는 문서다. 즉

| 멜란히톤

멜란히톤이야말로 루터교회 신앙의 기초를 놓은 인물이었던 것이다.

사실 루터는 제네바의 종교개혁자 칼뱅의 《기독교강요》(1536년)처럼 두껍고 깊이 있는 역작을 오랫동안 집필할 여유가 없었다. 대신 히브리어와

헬라어 원문 성경을 독일어로 번역하는 일에 힘썼다. 루터는 1522년《9월 신약성경》을 시작으로 1534년《신구약전서》를 펴내는 등 총 344종의 독일어 성경을 세상에 내놓았다. 루터야말로 '한 책(성경)의 사람'이었다. 이 루터 성경이 근대 독일어를 새롭게 정립했다 해도 과언이 아니다.

'루터의 도시' 비텐베르크에 가면 중요한 역사적 현장들을 만날 수 있다. 우선 루터의 생가와 멜란히톤이 살았던 집이 있다. 도시의 입구에 루터의 집이, 조금 떨어져 있는 곳에 멜란히톤의 집이 있다. 그리고 이 두 집 근처에 두 사람이 활약했던 비텐베르크대학교가 있다.

두 사람의 집은 현재 역사박물관으로 꾸며져 있는데 루터의 집이 멜란히톤의 집보다 웅장하고 더 크다. 멜란히톤의 집은 아담하고 예쁜 전통 가옥이다. 루터의 집은 종교개혁 500주년을 맞아 열리는 미국 전시회 때문에 올해 9월부터 내년 3월까지 방문객을 받지 않는다. 그 집은 성주 프리드리히 현공이 루터에게 제공한 사택이고, 멜란히톤의 집은 의사였던 처남의 도움을 받아 구입한 사유재산으로 3층으로 이루어져 있다.

| 멜란히톤의 생가

| 멜란히톤 생가의 서재

멜란히톤은 비텐베르크에 온 지 2년 후인 1520년에 시장의 딸 카타리나와 결혼한 후 그곳으로 이사를 했다고 알려져 있다. 수백 년 동안 그 집은 거의 변하지 않고 고유의 전통미를 유지하고 있다. 창문은 후기 고딕양식이고 둥글게 굽어진 계단은 르네상스의 영향을 받은 것으로 보인다.

멜란히톤이 비텐베르크에서 받은 첫 인상은 그저 작은 성읍이라는 것이었지만, 나중에 그는 "나는 모국처럼 이곳을 사랑한다. 이곳에서 나는 참으로 훌륭한 사람들을 만났으며 그들과의 긴밀한 유대 관계 속에서 일했다"라고 감사를 잊지 않았다.

루터 출생 500주년이 되는 1983년 당시 동독은 '인문주의자' 멜란히톤의 집을 전시 목적으로 수리했다. 그러다가 통일 후인 1997년 멜란히톤 출생 500주년이 되었을 때 그가 강조했던 '근원으로 돌아가자'(ad fontes)를 로고로 내걸고 박물관으로 꾸며 방문객을 받았다. 본격적으로 방문객을 받은 것은 2012년부터로 지난해에는 정원 공사까지 마무리되어 당시 상황을 생생하게 볼 수 있다.

비텐베르크에서 신학자가 되다

멜란히톤이 루터를 알게 된 것은 1518년 '하이델베르크 논쟁'에서였다. 그해 비텐베르크로 온 멜란히톤이 루터의 1519년 '라이프치히 논쟁'에 힘을 보탰으니 참으로 놀랍다. 1517년 루터가 면죄부 반박문 95개조를 통해 교회 개혁을 외칠 때, 그는 멜란히톤을 교회 개혁 중 교육 개혁의 적임자로 생각했다. 멜란히톤은 루터의 가까운 이웃이자 제자요 동역자였고 후계자의 역할을 신실하게 담당했다.

멜란히톤은 종교개혁 이듬해인 1518년 비텐베르크대학교에 왔다. 당시 스물한 살이었던 그는 루터 편에서 헬라어와 성경신학을 가르쳤다. 그는 열세 살이 되기 전 하이델베르크대학에서 헬라어를 공부해 열네 살에 학사 학위를 받았고 튀빙겐대학으로 옮겨 열일곱 살에 석사 학위를 받았다. 이런 그가 비텐베르크대학으로 온 것은 당대 최고의 지성 중 한 명이었던 로이힐린이 성주 프리드리히 현공에게 추천했기 때문이었다.

비텐베르크대학은 1518년 봄에 종교개혁을 지지하며 헬라어 과목을 신설했다. 신학에 관심이 있었던 멜란히톤은 루터보다 열네 살 연하였는데도 금세 우의를 쌓았고 루터의 독려로 1519년 9월에 성경학 학사를 취득했다. 그는 1519년에 로마서 강의를 시작했는데 그 강의는 1515년부터 루터가 하던 것이었다. 멜란히톤은 로마서 강의를 위해 루터의 강의 노트를 참고했을 것이다. 그리고 그는 1519년에 《로마서 신학 개론》을 출간했다.

### 나는 루터에게 복음을 배웠다

1540년에 멜란히톤은 "나는 루터에게 복음을 배웠다"라고 고백했다. 본래 언어학자이며 철학자이자 인문주의자였던 멜란히톤은 비텐베르크에서 신학자, 교의신학자가 되었다. 게다가 '독일의 선생'으로 일컬음을 받으며 위대한 교육학자로 수많은 제자들을 가르쳤다. 그는 독일 교과서의 저자가 되었으며 새로운 라틴어 시인으로도 활약했다. 또한 루터와 함께 비텐베르크대학을 유럽에서 가장 의미 있는 대학으로 정상에 오르게 했다.

그렇지만 두 사람은 개혁의 방법뿐 아니라 성격에서 차이를 보였다. 루터가 열정적이며 종종 시끄럽고 서민적이었던 것에 반해, 멜란히톤은 예민하고 쉽게 상처를 입는 편이었으며 온화했다. 루터는 멜란히톤의 이러한 성격을 답답해하며 못마땅하게 여기기도 했고 반대로 멜란히톤은 루터의 강한 성격 때문에 힘들어했다. 그러나 그들은 엘리야와 엘리사처럼 서로 보완이 되었으니 그 또한 하나님의 은혜였다. 앞서 언급했지만 루터의 최대 업적으로 평가받는 독일어 성경은 멜란히톤의 아이디어와 탁월한 헬라어 실력에 의한 감수가 없었다면 이루어질 수 없었던 것이다.

## 공개 신학 논쟁의 중심지
## 라이프치히

'오직 성경을 통하여'는 종교개혁의 모토였다. 이는 하나님이 종교개혁에 내리신 거대한 선물이었다. 아리스토텔레스 철학과 스콜라주의 신학에 젖은 중세교회의 아들이자 아우구스티누스 수도원의 신실한 수도사였던 마르틴 루터가 '오직 성경을 통하여'를 내세웠다는 사실은 그 자체로 놀랍다. 어떻게 이러한 일이 가능했을까? 아쉬운 점은 오늘날 루터교회 신앙고백의 성경 해석 원리로까지 나아간 이 외침을 역사적으로 이해하는 사람이 많지 않다는 사실이다.

단지 종교개혁자들이 그만큼 성경을 중요하게 여긴다거나 루터가 철학보다 성경 지식을 위대하다고 여겼다는 일반 상식으로는 충분하지 않다. 역사적 이해가 뒤따라야 비로소 그 의미가 선명해지고 그 말을 듣는 사람들도 감동과 함께 고개를 끄덕일 수 있는 것이다.

'오직 성경을 통하여'는 라틴어로 '솔라 스크립투라'(Sola Scriptura)인데, 우선 솔라(Sola)에 대한 이해가 필요하다. 솔라는 '하나의' 또는 '유일한'이라는 뜻이다. 결국 다른 것들을 인정하지 않는다는 뜻이므로 '솔라 스크립투라'는 '성경만이!'를 의미한다. 그러나 이런 문자적 번역만으로도 충분하지 않다. 굳이 번역한다면 '오직 성경을 통하여'가 바람직하다.

중세교회의 성경관

중세교회에는 구원에 이르는 길이 여럿이었다. 그 길을 가르쳐 주는 것 역시 여럿이었는데, 성경은 그중 하나였다. 교황의 칙령, 공회의 결정은 성경의 권위와 다르지 않았다. 중세교회는 이를 근거로 다양한 사안을 결정했다. 그들은 성경만이 구원을 향한 진리를 가르쳐 주는 것이 아니라 신의 대리자인 교황도 가르쳐 줄 수 있다고 주장했다.

구원에 이르는 길은 믿음뿐 아니라 여러 가지가 있었다. 면죄부를 사거나 십자군전쟁에 참여하거나 선행을 함으로써 구원에 이를 수 있었다. 중세교회의 수장인 교황이 그렇게 선언했고 교회법으로 규정했기 때문이다.

종교개혁은 이러한 교황권이나 교회의 권위를 인정하지 않았다. 성경 어디에도 교황과 지상 교회에 그러한 권한을 주지 않았다는 것이다. 그래서 교회는 '오직 성경'이 말하는 대로 구원의 진리를 선포하고 그 진리대로 구원을 순수하게 가르쳐야 한다고 주장했다. 예수를 믿음으로 얻는 구원 외에 다른 길은 없고 다른 길을 가르치는 사람이 있다면 그는 이단이며 적그리스도라는 것이었다. 이런 맥락에서 종교개혁자 루터는 '오직 성경'과 '오직 믿음'을 주장하며 성경과 동일하게 놓는 다른 것 또는 성경 외에 가르치는 것들을 비진리로 정죄했다.

역사적으로 루터가 어떤 상황에서 '오직 성경을 통하여'를 외치고 내세웠는지를 살펴보면 이를 더 생생하게 이해할 수 있다. 루터는 1519년 '라이프치히 논쟁', 1521년 '보름스 논쟁'을 통해 바르트부르크 성으로 가서 다음 해 중세 표준 성경인 라틴어 불가타 성경을 독일어 성경으로 바꾸는 역사적 대변혁을 성취했다.

혹자는 루터가 1520년에 교황 레오 10세에게 보낸 글 "기독교인의 자유"에서 '오직 성경을 통하여'라는 표현을 사용했다고 말한다. 하지만 루터는 중세 로마교회와 신학 논쟁을 하면서 교회의 전통이나 인본주의적 기준에 대적할 때 '오직 성경을 통하여'라는 말을 사용했다.

중세 후기 교회는 성경을 네 가지로 해석 가능하다고 주장하며 특이한 해석의 다양성을 추구했다. 그러나 실상은 성경과 전혀 상관없는 교회의 관습과 교리만 양산했다. 면죄부가 대표적이다. 루터는 중세교회 성경 해석의 모호함과는 전혀 반대인 명료함을 내세웠다. 바로 성령을 통한 외적 명료함과 내적 명료함이었다.

## 라이프치히 논쟁

종교개혁이 시작된 바로 이듬해인 1518년 루터의 '솔라 스크립투라'는 로마교회의 추기경 요한 에크의 거센 저항을 받았다. 에크는 무오설과 함께

| 플라이센부르크 성 터에 세워진 라이프치히 시청

교황과 공회의 권위를 주장했다. 이에 루터는 성경 그 어디에도 교황의 수위권을 인정한 적이 없다고 주장했다. 같은 해 에크는 교황의 수위권에 관한 글을 세상에 내놓았다. 결국 1519년 6월 27일부터 7월 16일까지 라이프치히 플라이센부르크에서 신학 논쟁이 진행되었다. 지금은 라이프치히 시청이 자리한 성에서의 역사적인 신학 논쟁은 라이프치히대학이 주관했고 작센의 게오르그 공이 지켜보는 가운데 행해졌다. 종교개혁 측 인사로는 루터와 칼슈타트, 멜란히톤이 참석했다. 독일의 인문주의자인 페트루스 모젤라누스의 개회사는 어떻게든 두 편의 입장을 중재하려고 했다.

그러나 라이프치히 논쟁은 끝나지 않았다. 신앙의 문제에서 교황과 공회가 최고의 권위를 가진

| 초현대적 건물로 변한 라이프치히대학교

1부 마르틴 루터와 울리히 츠빙글리를 찾아서 · 047

| 토마스교회

다는 에크의 입장에 루터는 반대했다. 토론이 한창일 때 루터는 콘스탄츠 공의회(1415)가 정죄하고 화형에 처한 이전의 종교개혁자 얀 후스의 모든 주장을 이단으로 정죄한 것은 오류라고 반박했다. 그는 후스의 주장이야말로 참으로 그리스도적이며 복음적이라고 강조했다. 그것은 전대미문의 주장이었다. 현장에서 지켜보던 공작 게오르그는 의자에서 벌떡 일어나며 흥분했다. 루터는 로마교회와는 완전히 다른 길을 가고 있었다.

보름스 논쟁

황제 칼 5세에 의해 1521년 1월 27일에 소집된 보름스 제국의회는 당시 국정을 책임지고 있던 선제후와 제후들, 시의원들이 대거 참석한 거대한 회합이었다. 의제는 제국을 어렵게 하는 오스만 투르크의 침공을 비롯한 여러 정치적 문제 및 루터를 정죄하는 것이었다.

교황 측 히에로니무스 알렉산더는 2월 13일에 루터를 대적하는 조치를 취할 것을 의회에 요청했다. 그러나 당시 보름스 시민들은 루터에 동조했고 그들 사이에는 로마교회를 비판하는 울리히 폰 후텐의 글들이 퍼져갔다. 루터의 심문은 4월 17-18일에 이뤄졌다. 루터는 이미 이단으로 정죄되어 파문을 당했지만 심문은 필요했다. 그는 지금까지 기록하고 말했던 것을 부정할 수 없었다. 이는 그가 황제 칼 5세 앞에서 한 유명한 발언이다.

나는 성경의 증거와 명료한 이성적 근거를 따르지 않아 무수히 오류를 범하고 자가당착 모순을 범한 교황도, 공회도 믿지 못한다. 그래서 나는 나를 사로잡은 '오직 성경을 통하여' 하나님 말씀의 포로가 되었다. 그러므로 나는 나의 글 중 아무것도 뒤집을 수 없다. 양심에 반해 그 무엇을 한다는 것은 완전한 것도, 거룩한 것도 아니다. 하나님, 나를 도우소서! 아멘.

1521년 5월 4일, 루터는 이 말을 마지막으로 가족이 기다리는 비텐베르크로 향했다. 그때 제국의회에 함께했던 작센의 선제후 프리드리히 현공은 루터를 보호하기로 마음먹고 군인들을 풀어 루터를 깊은 산속에 위치한 자신의 성 바르트부르크로 피신시켰다.

# 루터의 은신처
# 바르트부르크 성

유네스코 문화유산으로 등록되어 있는 바르트부르크 성은 깊은 산속 정상에 우뚝 솟아 있다. 이곳은 마르틴 루터가 10개월 동안 피신했던 곳이다. 성 위에 올라 내려다보니 세상이 한눈에 들어올 만큼 전망이 좋았다. 루터는 이곳에서 성경 번역을 시작했고 그것은 그가 종교개혁자가 되는 데 결정적인 역할을 했다. 여행자들이 성에 도착하면 가장 먼저 방문하는 곳은 루터가 성경을 번역했다는 골방이다. 하지만 안내자 없이 그가 은신했던 방을 찾기는 쉽지 않았다. 금방 끝날 것 같은 미로가 끝없이 이어져서 방향조차 가늠하기 어렵기 때문이었다.

## 내 주는 강한 성이요

바르트부르크 성은 입구부터 삼중문으로 되어 있었다. 삼중문 중 하나는 다리로 연결되어 있는데 묵중한 문을 올리면 바로 낭떠러지다. 그 낭떠러지를 통과해도 문은 쉽게 열리지 않았다. 철통같이 방어하면 아무도 들어올 수 없는 요새 중 요새였다. 겨우 성에 들어간다 하더라도 루터의 방을 찾는 것은 굉장히 어려운 수수께끼였다.

루터는 바로 이곳에서 고독과 싸우며 진리를 위한 성경 번역에 착수했다. 루터가 작곡해 불렀다는 찬송, "내 주는 강한 성이요"가 탄생한 곳이기도 하다. 1521년 반포된 '보름스 칙령'으로 누구든지 루터를 죽일 수 있었다. 그는 죽음의 위기 속에서 이 찬송을 불렀다. 그래서 바르트부르크 성에 서면 누구든지 가슴이 뭉클해질 것이다. 30대에 불과한 종교개혁자 루터의 고독과 한, 환호와 열정, 기도와 찬송이 묻어 있기 때문이다.

| 루터의 방으로 향하는 성문

| 루터가 성경을 번역했던 방에 있는 책상과 의자

그의 고독은 죽음의 위기 가운데 가족을 떠나 홀로 이 성의 작은 방에 숨어 살

아야 할 정도였고, 그의 한은 하나님의 말씀을 따라 진리를 외쳤지만 그로써 죽음의 위기에 처할 정도로 처절했다. 그럼에도 그의 환호는 위기 가운데서도 《9월 신약성경》이라는 종교개혁 최대의 업적을 이룬 것이며, 열정은 344종에 달하는 '독일어 성경'을 향해 중단할 줄 모르고 그의 가슴이 계속 타오른 것이다. 기도는 그곳이 하나님을 향한 뜨거운 기도 없이는 견딜 수 없는 영적 전쟁터였음을 뜻하며, 찬송은 루터가 상상할 수 없는 생명의 위기와 불안, 아픔 가운데서도 한숨을 찬송으로 바꿔낸 것을 의미한다.

찬송가 585장은 루터가 작곡과 작사한 것으로 명기되어 있다. 그 곡을 부르면 루터의 심정이 되살아나서 더 힘차게 기도하듯 찬송하게 된다.

1. 내 주는 강한 성이요 방패와 병기 되시니 큰 환난에서 우리를 구하여 내시리로다 옛 원수 마귀는 이때도 힘을 써 모략과 권세로 무기를 삼으니 천하에 누가 당하랴
2. 내 힘만 의지할 때는 패할 수밖에 없도다 힘 있는 장수 나와서 날 대신하여 싸우네 이 장수 누군가 주 예수 그리스도 만군의 주로다 당할 자 누구랴 반드시 이기리로다
3. 이 땅에 마귀 들끓어 우리를 삼키려 하나 겁내지 말고 섰거라 진리로 이기리로다 친척과 재물과 명예와 생명을 다 빼앗긴대도 진리는 살아서 그 나라 영원하리라. 아멘.

**보름스 칙령으로 살해 위협**
'보름스 칙령'은 1521년 5월 8일로 표기되어 5월 26일 황제 칼 5세에 의해

보름스 제국의회에서 공포되었다. 주요 내용은 루터를 옹호하지 말 것, 그에게 숙식을 제공하지 말 것, 그의 글을 읽거나 인쇄하지 말 것, 그를 체포할 것, 황제에게 넘겨줄 것 등이었다.

결국 법의 보호를 벗어난 루터는 언제든지 누구에 의해서든 죽임을 당할 수 있었다. 이에 대해 많은 논란이 일었으나 선제후 프리드리히 현공에게 한 약속을 따라 칼 5세는 21일 동안 루터의 안전한 통행을 보장했다. 종교개혁에 의해 제국의 일치가 어렵게 되자 칼 5세는 후일 그 약속을 후회했다고 한다. 앞서 5월 4일 저녁, 루터가 비텐베르크로 돌아가던 중 바드 리벤슈타인의 알텐슈타인 성에 가까워졌을 때 선제후 프리드리히 현공이 비밀리에 보낸 군인들이 루터를 납치해 바르트부르크 성에 구금했다. 위험에서 그를 보호하기 위해서였다.

루터는 1521년 5월부터 이듬해 3월까지 농노로 변신, 바르트부르크 성에서 가명을 사용하고 변장까지 한 채 머물렀다. 이 기간에 그는 중세교회의 마리아 경건을 어떻게 복음적으로 바꿀 것인지를 집중적으로 생각했으며 복음적 교회 생활의 근본을 형성하려고 애썼다. 그는 일정한 형태의 '설교문'을 배포해 복음적 설교 문화를 지향했다. 《수도자의 서원에 관하여》라는 책자를 통해서는 행위에 근거한 수도자 서원은 성경에 위배된 것이라고 정죄했다. 수도자가 되어 세상으로부터 떠나는 것은 가정을 이루어 소명에 따라 각자 직업을 갖고 크리스천의 과업을 이루어가는 것에 모순된다는 것이었다. 루터는 결국 이 책자로 수도원에서 탈퇴당하고 형법에 따라 처벌을 받기까지 했다.

## 독일어 성경 번역의 표준이 되다

루터의 가장 위대한 업적은 독일어 성경 번역이다. 이 일은 동료 멜란히톤의 권고로 시작되었다. 1521년 가을부터 1522년 3월 1일까지 11주 동안 루터는 신약성경을 번역했다. 그때 루터가 앞에 두고 독일어 번역에 사용한 성경 텍스트는 에라스무스의 헬라어 성경과 몇몇 라틴어 성경, 중세 표준 성경인 '불가타' 성경이었다. 1522년 9월에 처음으로 독일어 《9월 신약성경》이 출간되었고 1523년에 구약의 일부가 세상에 나왔다. 1525년까지 구약과 신약이 함께 나온 판이 22개였고 이를 다시 100회 찍어냈다.

1534년에 이르러서야 여러 종교개혁자와 동료 교수의 힘을 합쳐 완역한 독일어 신구약전서 《루터 성경》이 세상에 나올 수 있었다. 그 성경은 평민도 읽을 수 있는 쉬운 독일어로 번역된 것이었다. 무엇보다 그것은 헬라어 구약성경 '칠십인역'을 번역한 '불가타'와 달리, 히브리어 구약 텍스트와 헬라어 신약 원문을 가능한 독일어로 직역한 것이었다. 루터는 문자적 직역을 시도했다. 힘 있고 서민적이며 그림으로 그려질 만큼 더 쉽게 이해 가능한 표현을 사용했다. 독일어 번역에는 남북의 방언이 함께 섞인 중동부의 독일어가 지대한 영향을 미쳤다. 《루터 성경》은 오랫동안 독일어 성경 번역의 표준이 되었으며 표준 독일어 형성에도 막대한 영향을 주었다.

루터의 수많은 독일어 '창조'는 오늘까지 이른다. '피의 돈', '피의 세례', '자아 부정', '능력의 언어', '등을 물어뜯는 자' 등이 그렇다. 1984년에 《루터 성경》의 개정판이 나왔고 많은 작곡자들이 그 성경에서 교회 합창과 칸타타 등의 가사를 인용했다. 루터는 이 성경을 모든 크리스천에게 주어 그들 스스로 읽고 은혜를 받아 왕 같은 제사장의 책무를 다하도록 한 것이다.

## 루터의 생애가 스며 있는 아이스레벤

마르틴 루터는 1483년 11월 10일 독일 동부 아이스레벤에서 태어나 1546년 2월 18일 여행 중이던 곳에서 별세했다. 아이스레벤은 비텐베르크와 함께 1996년부터 '루터의 도시'로 불리며 유네스코 문화유산으로 등재되었다. 아이스레벤은 독일어 '아이스'(Eis)와 '레벤'(Leben)의 합성어로 직역하면 '얼음 일생'이다. 묘하게 루터의 생애와 겹친다. 루터도 중세교회에 맞서 진리를 위해 목숨을 걸고 얼음장같이 차갑고 힘든 일생을 보내지 않았던가. 물론 역사는 그를 화려하게, 때로는 위대하게 기록하고 기억하지만 그의 일생은 결코 만만치 않았다.

루터의 생애가 스며 있는 곳, 아이스레벤

아이스레벤에 가면 루터가 태어난 집과 마지막 숨을 거둔 집, 루터가 유아 세례를 받은 성 베드로 바울교회가 있다. 많지도 적지도 않은 인구 25,000명의 소도시 아이스레벤은 구 동독의 공산 시절을 벗어난 지 26년이 지나서인지 동양에서 온 외국인을 바라보는 눈이 부드럽고 따뜻했다. 시청 광장 한쪽의 독일 식당에 들렀을 때 손님이나 종업원들이 친절하게 인사해 주었다. 외국인이 드문 편이어서 그런지 그들은 우리에게 관심을 보이며 따뜻하게 우리를 맞아 주었다. 독일 음식은 대체로 짠 편인데 이곳 음식도 다르지 않았다.

| 루터가 살았던 집 (종교개혁 기념 박물관)

식당에서 멀지 않은 곳에 루터의 출생지를 알리는 표지판이 있다. 그 표지판을 따라 걸어가니 루터의 집이 나왔다. 루터의 집은 전형적인 독일식 가옥으로 한쪽은 현대식 박물관으로 꾸며져 있고 다른 한쪽에는 그가 태어난 옛 가옥이 있었다. 현대식 박물관과 옛집에서 조화와 긴장을 동시에 느꼈다.

루터가 출생한 집은 이미 530여 년이 흘러 아쉽게도 옛 모습을 찾아볼 수 없었다. 이미 17세기 말부터 루터 기념 박물관으로 꾸며져 찾아오는 순례자들을 맞았다. 그곳은 루터의 역사적 가계와 중세의 경건과 영성을 보여 주는 동시에 루터가 세례받은 현장이기도 했다. 하지만 역사적 깊이로 볼 때 박물관은 너무 빈약했다.

그 집은 여러 주인의 손을 거쳤고 화재 등으로 파손되기도 했다. 다행히 시에서 루터의 출생지를 기억하고 가옥을 사들여 꾸며 놓았다고 한다. 하지만 '그토록 꼼꼼하다는 독일인이니 위대한 종교개혁자의 유적지를 더 잘 보존할 수도 있었을 텐데' 하는 아쉬움이 컸다. 특히 신뢰가 안 되는 역사적 고증과 상상을 동원해 복원한 루터 생가는 가슴에 와닿지 않았다. 그러나 아이스레벤에서 루터의 역사를 보여 주는 가장 의미 있는 장소가 바로 그곳이라는 사실은 부정할 수 없었다. 가장 의미 있는 유물은 루터가 1518년 세례를 받았다는 세례대로 박물관 1층에 자리하고 있었다.

### 루터는 떠났으나 여전히 살아 있다

그곳을 벗어나 몇 분을 걸으면 루터가 유아세례를 받았다는 성 베드로 바울교회가 옛 자태를 드러낸다. 태어난 후 처음 교회에 나오는 날 유아세례

| 성 베드로 바울교회    | 성 베드로 바울교회 예배당 내부

를 베푸는 당시 관례에 따라 갓난아기 루터는 출생 이튿날인 1483년 11월 11일에 세례를 받았다. 현재 그 교회는 종교개혁 500주년을 맞이하여 내부를 현대식으로 꾸며 놓았다.

교회 내부에는 물이 동하는 매우 특이한 우물이 있었다. 예배당 강대상 바로 아래를 파서 지름 2m의 대리석 둘레에 못을 만들어 그곳에서 세례를 베푼 것이었다. 물론 이는 루터의 세례를 기념하고자 고안한 '세례 우물'이다. 기독교 신앙의 가장 의미 있는 상징인 세례를 보여 주는 예배당이기도 하다. 100여 명 정도가 앉을 만하게 예술적 원목으로 꾸며진 교회는 그 자체가 예술품이었다. 그래서 예배당에 들어가는 입장료와 함께 사진 촬

Ⅰ 예배당 내부의 세례 우물

영에도 요금을 받고 있었다. 교회는 영국에서 신학을 공부했다는 여성 목회자가 담임이었고, 주일에는 관광객을 포함해 70명 정도가 예배를 드린다고 했다. 루터가 유아세례를 받은 예쁜 예배당에서 주일예배를 드린다면 얼마나 행복할지를 상상했다.

 루터는 평생 여러 차례 아이스레벤을 찾았고 마지막 여행지도 바로 그곳이었다. 그가 1726년부터 마지막 숨을 거두기까지 지내던 집을 기념하여 그로부터 100m 정도 떨어진 곳에 그의 죽음에 대한 박물관이 있다. 그곳에서는 루터를 기억하는 순례자들에게 '루터의 마지막 여정'이라는 주제로 아이스레벤에서의 마지막 날들을 글과 그림으로 설명해 준다. 박물관

전시의 정점은 루터가 숨을 거둔 침실과 루터의 관을 쌌던 천이다.

선제후 요한 프리드리히 현공은 루터의 시신을 비텐베르크로 옮겨오기를 원했다. 그래서 루터가 숨을 거둔 이틀 후인 1546년 2월 20일에 그의 시신은 아이스레벤을 출발해 할레, 비터펠트, 켐베르크를 거쳐 2월 22일 비텐베르크에 도착했다. 장례식은 수많은 사람이 참여한 가운데 성대하게 치러졌다. 루터의 파란만장한 63년 일생은 그렇게 무대 뒤로 사라졌다. 그러나 그의 말과 글들은 우리 곁에서 머물며 지금까지 우리를 움직이고 있다. "그는 떠났으나 여전히 살아 있다!"

| 독일 교회연합이 그린 루터의 초상화

| 사망한 루터의 얼굴

### 500주년을 기대하며

독일교회가 종교개혁 500주년 잔치에 거는 기대는 특별하다. 10년 전부터 주제를 정해 잔치를 준비해 온 독일교회가 제시한 주제는 "태초에 말씀이 계시니라"(요 1:1)로 시작한다. '오직 성경'에 근거한 종교개혁의 취지를 잘 살린 것이다. 2009년의 주제였던 '종교개혁과 신앙고백'은 종교개혁이 독일을 뛰어넘어 모든 유럽으로 번졌으며 특히 스위스에서 개혁교회의 창시자인 장 칼뱅에 의해 하나의 신앙고백으로 형성되었음을 의미한다.

'종교개혁과 교육'은 루터가 성경을 독일어로 번역하면서 표준 독일어를 형성했는데 이로써 차별 없이 모든 사람을 위한 교육이 가능해졌다는 뜻이다. '종교개혁과 자유'는 하나님의 말씀인 성경의 숙고를 통해 종교개혁이 하나님 앞에 선 자유자인 인간의 존엄에 관심을 쏟게 되었다는 의미다. 진정한 자유에 뿌리를 둔 세계관, 개인의 자유로부터 출발한 양심의 자유를 따라 국가와 교회, 사회를 함께 이루어간 것이다.

'종교개혁과 관용'은 함께 어우러져 사는 정신이 빛나는 오늘의 유럽이 저절로 이루어진 것이 아니라 온갖 고통을 당하며 투쟁했던 종교개혁에 그 뿌리가 있음을 뜻한다. '종교개혁과 정치'는 종교개혁이 기독교적 자유의 개념을 형성했고 국가 정치에 참여하되 순종과 저항 사이에서 고민하게 하여 민주주의와 참여 시민사회로 가는 시금석이 되었다는 메시지를 담고 있다.

'종교개혁과 그림, 그리고 성경'은 500년 전부터 미디어 혁명을 가져온 측면을 조명했다. '루터 성경'의 보급으로 서적의 출판은 새로운 수준으로 향상되고 크라나흐 같은 위대한 화가는 근대로 나아가는 길에서 새로운 언어 세계와 그림 언어를 형성했다. 따라서 종교개혁 500주년 행사는 전 세계를 밝히는 계기가 될 것이다.

츠빙글리가 목회했던 그로스뮌스터교회

## 새로운 종교개혁의 중심지
## 그로스뮌스터교회

6세기 스위스 종교개혁의 선구자 츠빙글리(1484-1531)를 만나고자 취리히의 그로스뮌스터교회로 향했다. 그곳은 츠빙글리가 1519년부터 1531년 세상을 떠나기까지 12년간 목회했던 곳이다. 취리히는 수도 베른에서 동북쪽에 위치한 도시로, 시내에 맑고 시원하게 흐르는 강이 가로지른다. 이 강을 따라 도심으로 들어가 보면 어렵지 않게 교회를 찾을 수 있다. 교회는 좌편 언덕에 거대한 위용을 자랑하며 우뚝 솟아 있었다.

예배당 안으로 들어섰을 때 사람이 거의 보이지 않았다. 이곳은 예배당 내부 사진 촬영이 엄격히 금지되어 눈으로만 감상해야 했다. 강대상 아래로 음침한 공간이 보였다. 중세에 교회를 위해 헌신한 사람들의 시신을 묻은 묘지였다. 강대상 아래에 묘지가 있는 것이 한편으로는 섬뜩하고 다른 한편으로는 부활의 소망을 보는 듯했다.

츠빙글리는 그 혼돈의 시기에 가장 소문난 '민중의 설교자'였다. 중세 당시 그로스뮌스터교회는 콘스탄츠 교구에서 가장 영향력 있는 교회였으며 츠빙글리의 설교는 많은 사람들의 사랑을 받았다. 츠빙글리는 꾸밈없고 명료하고 모든 사람이 쉽게 이해할 수 있도록 복음을 해석하여 설교했다. 1520년 취리히 시민과 시의회는 도시와 농촌에서 목회하는 모든 설교자가 츠빙글리의 주석을 모델로 설교할 것을 공식화했다.

| 츠빙글리의 동상

**개혁교회를 태동시킨 스위스 종교개혁**

츠빙글리를 중심으로 한 스위스 종교개혁은 독일 종교개혁과는 다른 모습이다. 스위스 종교개혁은 독일보다 2년 후인 1519년을 기점으로 1712년 일어난 제2차 빌메르겐 전쟁을 통한 신앙고백으로 종결되었다. 스위스 종교개혁은 국가 연합인 연방제의 특성에 따라 다양한 축을 중심으로 여러 종교개혁자가 이끌었다. 독일의 종교개혁으로 루터교회가 형성되었다면 스위스는 개혁교회를 태동시켰다.

츠빙글리가 1523년부터 취리히에서 활약한 것처럼 칼뱅은 1536년부터 제네바를 '개신교의 로마'로 만들려고 했다. 츠빙글리의 후계자 불링거는 1549년 칼뱅과 더불어 성찬론에서 갈라진 츠빙글리주의자와 칼뱅주의자를 '콘센수스 티구리누스'로 불리는 신앙고백을 통해 하나로 묶었다.

당시에는 성찬을 해석하는 신학적인 차이가 있었다. 먼저 가톨릭교회는 떡과 포도주의 실체가 예수 그리스도의 거룩한 몸과 피로 변한다는 화체설(化體說)을 주장하였다. 반면 루터는 식탁에 놓여 있는 떡과 포도주 안에 그리스도께서 함께한다는 공재설(共在說)을 이야기하였다. 또한

┃ 츠빙글리와 후계자 불링거가 사용했던 목양실

츠빙글리는 떡과 포도주는 그리스도의 임재가 아니라 그리스도의 살과 피를 기념한다는 상징설(象徵說)을 주장하였다. 결국 이것이 츠빙글리가 루터와 결별하는 결정적인 원인이 되었다. 나중에 츠빙글리는 칼뱅과 영적 임재설(靈的 臨在說)로 하나가 되었다.

마침내 츠빙글리와 칼뱅을 중심으로 하는 스위스의 개혁파와 독일의 루터파로 나눠진다. 독일의 종교개혁이 독일과 북부 유럽에만 머물렀다면 스위스 종교개혁은 네덜란드

| 츠빙글리

와 영국, 신대륙인 미국으로 확산되며 국제적 영향력을 발휘했다. 무엇보다 츠빙글리와 칼뱅이 주도한 스위스 종교개혁은 성경에 근거를 두지 않은 교회의 모든 전통을 거부했다. 주교청이 사라진 교회 조직은 총회와 노회, 공동의회로 구성되었다. 그 결과 개혁교회는 꾸밈이 없는 예배당을 갖게 되었는데 최고로 꾸미는 것이 교회 벽에 성경 구절을 붙이는 장식 정도였다. 츠빙글리는 한동안 교회에서 오르간 같은 악기 사용도 금했다. 그는 자신이 뛰어난 바이올린 연주자였음에도 성경에서 오르간과 같은 악기를 찾아볼 수 없다는 이유로 금지한 것이다.

**취리히대학 신학과**
그로스뮌스터교회 예배당과 연결되어 있는 취리히대학 신학과는 츠빙글리의 종교개혁사상에 입각해 신학생을 교육하는 대학이다. 크지 않은 정

사각형 건물은 정사각형 정원을 가운데 두고 강의실과 도서관, 교무실로 둘러싸여 있었다. 마침 츠빙글리를 전공하는 교회사 교수 한 명을 현장에서 만났다. 페터 오피츠(Peter Opitz)라는 교수로, 그는 한국을 방문해 강의한 경험이 있다며 매우 친절하게 스위스 종교개혁에 대해 설명해 주었다.

그의 아담한 연구실 중앙에는 테이블이 놓여 있고 사면의 책장에는 고서들이 즐비했다. 특히 19세기에 출간된 츠빙글리 전집이 눈에 띄었다. 중앙에 있는 책상에는 얼마 전 출간했다는 그의 새 책 《*Ulrich Zwingli*》(울리히 츠빙글리)가 20권가량 쌓여 있었는데, 그는 서명까지 해서 책 한 권을 선물해 주었다. 그것은 츠빙글리를 개신교의 선구자로 연구한 118쪽 분량의 교회 역사 책이었다.

### 스위스 종교개혁의 500주년은 2019년

그와 이야기하던 중 정신이 번쩍 들었다. 스위스가 종교개혁 500주년을 2019년에 기념한다는 말 때문이었다. 나는 독일 종교개혁이 역사에 새로운 전환을 가져왔다는 의미에서 2017년 종교개혁 500주년을 함께 기념하면 안 되는지를 물었는데, 그는 너무도 태연하게 "스위스는 2019년 스위스 종교개혁 500주년을 지낼 것"이라고 답하며 "독일 종교개혁과 스위스 종교개혁은 전혀 별개다. 많은 사람들이 독일의 종교개혁 500주년에 들떠 있는데 우리 스위스는 그럴 필요가 없다"라고 말했다. 이어서 "개혁교회는 여러 나라로 분산되어 있어 구심점이 약하다. 그래서 독일처럼 거대한 행사로 500주년을 지내는 것은 어렵다"라고 덧붙였다.

루터와 츠빙글리가 1529년에 성찬론 문제로 갈라져 각기 다른 길을 걷게 된 것을 기억하면 어느 정도 이해는 갔지만 그의 발언은 꽤 충격적이었다. 나 역시 장로교도로 신학적으로는 스위스 개혁교회에 속해 있지만 그럼에도 독일 종교개혁 500주년을 기념하고자 이렇게 연구하며 여행을 하는데 오페츠 교수의 생각은 완전히 달랐기 때문이다.

그러나 생각해 보니 츠빙글리와 칼뱅이 만든 스위스 개혁교회가 당연하게 여기는 2019년 스위스 종교개혁 500주년이 더 자연스러운 것 같기도 했다. 지금까지 루터의 종교개혁 현장을 돌아보며 가슴이 뛰었는데, 츠빙글리의 종교개혁 현장의 분위기는 완전히 달랐다. 그래서 갑자기 마음이 식는 것 같았지만 또 한편으로는 16세기 역사의 한 장면이 눈앞을 스쳐 지나가는 것 같았다.

1529년 츠빙글리는 성찬론 때문에 독일의 마르부르크를 찾아갔다. 그러나 루터는 그와의 악수도 뿌리치며 "당신은 나와 다른 영을 가졌다"라고 저주했다. 츠빙글리뿐 아니라 칼뱅 역시 이러한 루터의 태도를 이해할 수 없었다. 결국 스위스 종교개혁과 독일의 종교개혁은 더 이상 함께할 수 없게 되었다.

## 츠빙글리의
## 누추한 생가

츠빙글리가 태어나서 여섯 살까지 자랐던 빌트하우스로 향했다. 취리히에서 츠빙글리의 생가로 가는 길은 환상적이었다. 어떻게 스위스는 이토록 잘 정돈되고 정갈하고 아름다울 수 있을까? 울창한 푸른 숲, 거대한 위용의 백설이 덮인 산은 그 자체로 한 편의 풍경화였다. 하나님이 멋진 창조주이심을 다시 한 번 확인하는 순간이었다. 그러나 감탄을 자아내는 절경과 달리 츠빙글리 생가를 발견하기는 너무 어려웠다.

### 초라한 출생지

루터의 생가는 그럴싸한 박물관으로 조성된 관광지였는데 츠빙글리의 생가는 차량 내비게이션마저 그 길을 찾지 못했다. 어렵게 물어물어 가야 했고 마침내 당도한 곳은 경사진 곳에 초라하게 자리 잡은 통나무집이었다. 통나무집은 안내자도 없고 문도 잠겨 있었다. 인터넷에 나오는 꽃 장식조차 없었고 현관은 동네 차도와 맞닿아 있었다. 츠빙글리의 생가는 이렇게 퉁명스럽게 한국에서 온 방문객을 맞았다.

통나무집은 99m²(30평)가 안 될 것 같은 작은 이층집이다. 외관을 둘러싼 진한 갈색 나무판은 부패해서 손만 대도 금방 부서질 것 같았다. 츠빙글리

| 츠빙글리의 생가 통나무집

| 츠빙글리 생가임을 알리는 표지판 | 생가 인근에 세워져 있는 츠빙글리 기념비

의 출생지를 나타내는 기념비 역시 생가에서 100m 정도 떨어진 산기슭 국도변에 외롭게 서 있었다. 높이는 대략 2m, 두께는 40cm 정도의 바위에 츠빙글리의 동판 초상화가 부착되어 있는데 초상화 아래에는 '종교개혁자 울리히 츠빙글리, 1484-1531'이라고 새겨 있었다. 기념비는 오직 하나님의 영광만 추구했던 츠빙글리의 삶과 비슷했다.

### 독자성을 강조한 츠빙글리

츠빙글리는 1484년 1월 1일 산골 농부인 아버지 요한 울리히 츠빙글리와 어머니 마리아 부르그만 사이에서 태어났다. 어머니 마리아는 두 번째 결혼이었다. 츠빙글리는 여섯 살 되던 해에 삼촌이 교장으로 있는 학교에 들어가기 위해 고향을 떠나 4년 동안 베에젠에서 초등학교를 다녔고 열 살에 바젤에 있는 라틴어 학교에 들어갔고 이후 베른 라틴어 학교로 전학했다.

학교에서 도미니크 수도사들은 츠빙글리의 탁월한 음악성을 발견했다. 그들은 츠빙글리를 수도원에 보내기 원했지만 부친은 아들이 수도사가 되는 것을 반대했다. 결국 츠빙글리는 1498년 베른을 떠나 열다섯 살의 나이로 비엔나대학교의 학생이 되었고 1502-1506년 바젤대학교에서 공부한 후 문학 석사 학위를 받았다.

이후 6개월 동안 신학을 더 공부한 츠빙글리는 바로 목회 현장에 뛰어들었다. 1506년 9월 글라루스교회에서 사제가 되어 목회를 시작했다. 어떻게 글라루스교회가 스물두 살의 청년을 주임사제로 불렀는지는 아직도 의문이다. 다만 콘스탄츠 주교청의 감독을 받기보다는 교회 자체적으로 경제적으로 부담이 없는 젊은 사제를 청빙한 것으로 보인다. 글라루스교회는 좋은 사택까지 제공하기로 약속했다.

농부의 아들이었던 츠빙글리는 서민적인 모습으로 교인들과 허물없이 지냈다. 또한 그는 학구열이 높아 고전을 탐독하고 교부들의 사상을 공부하는 것도 멈추지 않았다. 헬라어를 배워 1516년 출간된 에라스무스의 헬라어 신약성경을 읽었는데 거기서 츠빙글리는 성경의 진정한 의미를 발견했다.

이를 통해 츠빙글리는 진정한 성경 이해로 나가는 새로운 길을 찾을 수 있었다. 츠빙글리는 성경에 대한 바른 인식을 가지고 중세교회의 단절된 성경 이해를 개혁하는 결정적인 계기를 만들었다. 츠빙글리는 1516년과 1519년 새롭게 해석한 자신의 성경 주석을 제시하며 종교개혁으로 분명하게 공개적 전환을 했다. 루터가 종교개혁의 행위를 통해 시대의 흐름을 전환했다면 츠빙글리는 인식을 통해 전환을 시도했다.

츠빙글리는 "우리는 루터적이 아니라 복음적이어야 한다"라는 말로 독자성을 강조했다. 루터는 종교개혁의 길에 들어서기까지 분명하지 않은 과정을 거쳤지만, 츠빙글리는 하나님의 은혜로 복음의 정수를 인식한 후에 바로 중세교회의 교황권과 연옥설, 성인들의 조작된 중보기도를 완전히 거부했다.

### 외적 말씀과 내적 말씀

츠빙글리는 1522년 9월 초에 출간한 《하나님 말씀의 명료성과 확신성》에서 설교의 기본에 대해 언급했다. 당시 인문주의자들은 고대 문헌이야말로 인간의 문화와 지혜의 근원이라고 믿었다. 츠빙글리는 "기독교는 그 뿌리와 근원을 더 면밀히 숙고해야 한다"라며 그 뿌리와 근원이야말로 성경과 고대 교부들의 글이라고 확신하고 그 글에서 살아 있는 하나님의 말씀을 만나고 그 말씀을 만날 때 살아 있는 자가 된다고 했다. 하나님의 말씀을 만날 때 사람들이 위로를 받고 기쁨을 회복하며 새로워진다는 것이다.

츠빙글리가 말하는 '하나님 말씀의 명료성'이란 확신과 능력이라는 표현에 묶여 있는데, 교리적 관점이 아니라 성경을 읽는 모든 독자는 곧바로 확신이 넘치는 삶에 이른다는 말이다. 츠빙글리도 성경을 이해하면서 구약과 신약의 긴장 및 모순, 비유 해석의 어려움에 봉착했지만 그는 성경 말씀을 통해 사람들이 더 분명하고 명료하게 능력을 경험하게 된다고 주장했다.

중세교회가 말하던 전통적 성경 해석과 철학적 해석의 도움 없이도 하나님의 말씀은 그 자체로 읽는 사람들을 명료하고 능력 있게 확신으로 인도한다는 것이다. 실제로 말씀은 사람들의 세계관을 근본적으로 바꾸며 세상이 요구하는 새로운 인식에 도달하게 하여 세상을 이끄는 사람으로 변화시킨다.

츠빙글리에게 하나님 말씀의 명료성과 능력은 사람들이 하나님과 연합하는 것이고 사람들을 깨우치며 사람들을 바로 살게 하는 것이다. 결론적으로 아버지 하나님과 아들 하나님으로부터 나오는 하나님 영의 명료성과 능력인 것이다. 삼위일체 하나님이 인간의 이해력과 마음을 여셔야만 사람들은 믿음에 이르고 하나님과의 교제에 이르게 된다. 이를 위해 반드시 필요한 것이 성경 읽기다.

마지막으로 츠빙글리가 말하는 외적 말씀과 내적 말씀에 대해 언급하고자 한다. 선포의 수단을 통해 그리스도를 증거하는 성경의 명료성은 그리스도 그분 자신이다. 그리스도가 우리에게 믿음을 주시는데 성령이 우리 마음에 부어주시는 내적 말씀이 믿음을 성장하게 한다. 설교는 구원을 선포하지만 그것을 인간의 마음에서 실존적으로 역사하게 하는 것은 성령 하나님인 것이다. 내적 말씀은 성령의 역사로 해석하는 하나님의 말씀이다. 성령은 그분의 뜻대로 사람들의 마음에 신앙을 불러일으키며 그들을 새롭게 하신다. 바로 우리가 그리스도의 복음을 전하고 들을 때다.

츠빙글리는 1531년 10월 11일 47세로 종교전쟁인 카펠 전투에 종군 목사로 나갔다가 로마 가톨릭 군에게 죽임을 당했다. 너무나 안타까운 죽음이었다.

서대천 목사

'오직 그리스도'(Solus Christus)로 나아간 종교개혁의 현장을 간직하고 있는 영국과 프랑스, 스위스, 네덜란드를 답사했다. 스위스 제네바를 중심으로 종교개혁을 진행한 장 칼뱅과 예정론 항의파인 아르미니우스, 당대 최고의 인문주의자인 에라스무스와 영국을 변화시킨 존 웨슬리를 살펴보자.

2부

종교개혁의 확산,

# 장 칼뱅과
# 존 웨슬리를 찾아서

종교개혁의 확산,
# 장 칼뱅과
# 존 웨슬리를 찾아서

1 존 웨슬리의 생가

## 유럽에서 다시 한 번 불타오르다

**웨슬리의 발자취를 찾아 영국으로**

이번 순례의 첫 걸음은 한반도 복음의 근원지라 할 수 있는 영국으로 향했다. 종교 역사가 필립 샤프가 '장 칼뱅 사후 최고의 전도자'로 평가한 웨슬리의 발자취를 돌아보기 위함이었다. 웨슬리가 어린 시절 공부한 런던의 수도원학교인 차터하우스와 그의 묘소가 있는 씨티로드교회를 방문했다. 그 다음은 웨슬리가 신학을 공부하고 성결운동을 일으킨 옥스퍼드 크라이스트처치대학과 링컨대학을 찾았다. 그중 특별히 관심을 둔 곳은 웨슬리의 홀리클럽(Holy Club) 출발점이 되었다는 옥스퍼드 성 감옥이었다. 당시

죄수들에게 복음을 전하며 성결운동을 전개했던 역사의 현장은 300년이 지난 지금 관광지로 변해 있었다.

이어 브리스톨(Bristol)의 목회 현장과 엡워스(Epworth)의 웨슬리 출생지를 답사했다. 웨슬리의 목회 현장은 화려하지 않았다. 하나님이 함께하시는 곳이면 어디든 그의 목회 현장이었던 것이다. 때마침 그가 말씀을 전했던 자리에 세워진 비석이 쏟아지는 비를 맞고 있었다. 마치 '세상을 교구 삼아' 오직 말씀을 들고 누빈 전도자의 땀이 배어 있는 듯했다.

엡워스는 그의 아버지 새뮤얼 웨슬리 목사가 사역한 곳으로 당시 교회와 생가가 비교적 잘 보존되어 있었다. 목사관이었던 생가는 웨슬리가 다섯 살 무렵에 불타서 새로 지어졌다. 어린 소년은 불 속에서 기적적으로

| 새뮤얼 웨슬리 목회 장소

구원을 받았는데 그때의 충격은 그의 영혼구령 사역에 평생 큰 영향을 미쳤다고 한다.

**칼뱅의 조국 프랑스와 종교개혁의 현장 스위스 제네바**
영국을 떠나 파리에 도착하여 프랑스교회 역사와 관련된 지역을 돌아보고 스위스에 이르기까지 2,300km를 달렸다. 무려 서울에서 부산을 세 차례나 왕복할 수 있는 거리였다. 그 가운데 파리에서 칼뱅이 공부한 대학들과 칼뱅이 태어난 느와용, 청년기를 보낸 오를레앙을 방문했다.

느와용의 생가 박물관과 칼뱅이 세례받았던 성당 자리, 그의 부모님이 건축에 깊이 참여한 시청, 그가 처음 다닌 학교 등 칼뱅의 생애를 살펴볼 수 있는 장소를 답사하면서 하나님이 당시 부패한 교회를 개혁하기 위해 당신의 종을 얼마나 세밀하게 준비시켰는지 느낄 수 있었다.

다음 날에는 클로비스가 세례를 받은 랭스 대성당, 생 레미 성당 등을 통해 당시 종교개혁이 일어날 수밖에 없었던 이유를 뼈저리게 느꼈다. 이곳에서 종교개혁은 단순한 개혁을 넘어 죽음과 영원한 생명이 걸린 문제였음을 실감했다.

또한 종교개혁기에 신앙을 지키려고 무수한 피를 흘린 프랑스 위그노들의 순교 현장인 바시(Wassy)와 파리를 순례했는데 이는 이번 답사의 가장 큰 영적 수확이었다. 위그노들이 고난의 찬송을 부르며 순교한 바시 학살 현장과 뜨겁게 타들어가는 불 속에서도 오직 그리스도를 외쳤던 위그노 화형 장소인 모베광장, 복음을 지키던 수천 명의 위그노가 종소리와 함께 죽임을 당한 바돌로매 대학살 현장 앞에서 뜨거운 회개의 눈물을 흘렸다.

| 바시 학살 현장 그림

    하지만 이후 방문한 프랑스와 독일의 접경지대에 위치한 스트라스부르에서 하나님은 그분을 사랑하는 자들의 인생은 반드시 책임져 주신다는 불변의 진리를 발견할 수 있었다. 그곳에는 당시 로마 가톨릭의 박해를 피해 망명한 위그노들의 신앙 공동체와 칼뱅이 목회한 흔적이 고스란히 남아 있었다. 스트라스부르는 위그노들이 신앙을 지키기 위해 이주했던 곳으로 이후 그들은 세계 각지로 흩어져 복음을 전했다.

    이후 스위스 바젤로 발걸음을 옮겼다. 니콜라스 콥의 취임 연설문을 대필해 준 것이 문제가 되어 체포당하기 직전 조국을 탈출한 칼뱅의 발자취를 따라간 것이다. 쫓기면서도 조용히 글을 쓸 장소를 원했던 칼뱅에게 필생의 대작 《기독교강요》를 출간하도록 하나님이 준비해 주신 문화·출판의 도시 바젤에서 받은 감동은 실로 컸다.

이어 칼뱅이 하룻밤 과객으로 들렀다가 성령의 강권하심으로 일생을 머물며 종교개혁을 일으킨 역사의 현장 제네바를 향해 쉬지 않고 달렸다. 복음의 사역자 양성을 위해 세운 제네바 아카데미와 목회지인 생 피에르 성당, 종교개혁의 거인이 묻힌 초라한 공동묘지, 플랭팔레를 찾기까지 여정을 멈출 수 없었던 것이다.

### 에라스무스와 아르미니우스의 땅, 네덜란드

답사 팀은 마지막 일정으로 네덜란드 암스테르담을 향했다. 에라스무스와 아르미니우스를 만나기 위해 라이든과 로테르담 등지를 답사했다. 에라스무스는 종교개혁의 확실한 우군은 아니었지만, 그가 쓴 《우신예찬》은 1517년 루터가 내놓은 '95개 논제'보다 무려 6년 앞선 것으로 당시 부패한 교황권을 신랄하게 풍자하며 유럽 전역에 개혁운동을 자극했다. 원래 충실한 칼뱅주의자였다가 예정론에 반대한 아르미니우스의 흔적도 살펴보았다. 칼뱅의 개혁주의 신학과 아르미니우스의 예지예정 신학이 공존하는 오늘날의 한국교회와 신학계는 이 두 사상에 대한 이해가 절실히 필요하다.

"쿠오 바디스 도미네"(Quo Vadis Domine, 주여 어디로 가시나이까)라는 말이 있다. 일설에 의하면 '오직 그리스도'를 따르기 위한 사도 베드로의 절규라고 한다. 그런데 이번 답사에서 나는 "주여, 어디 계시나이까"(Ubi est mi Domine)라는 탄식이 나왔다. 이것은 사막의 수도자 안토니우스(251-356)가 치열한 영적 수련 중 외친 절규였다.

4개국을 답사하면서 느낀 것은 오늘 우리가 하나님을 잃어버린 영적 위기 시대에 살고 있다는 것이었다. 최근 영국이 유럽연합(EU)을 떠나 고립의 길을 택한 것을 보면서 이 세대가 하나님을 떠나 영적 '브렉시트'(Brexit)와 '코렉시트'(Korexit)의 길을 걷고 있는 것 같았다. 브렉시트는 어쩌면 이 위기에서 돌이켜야 살 수 있다는 영적 메시지이기도 한 것이다.

프랑스와 스위스를 답사하며 영국에서 발견하지 못한 하나님을 찾고 싶어 두루 살펴보았다. 그러나 가는 곳마다 교회 유적지들은 세계문화유산으로 보존되어 있을 뿐 종교개혁자들이 애써 찾은 하나님은 계시지 않았다. 오히려 어디를 가도 하나님을 잃어버린 시대를 목도할 수밖에 없었다.

한국교회도 예외는 아니다. 우리는 "우리가 여호와를 알자 힘써 여호와를 알자"(호 6:3)라고 외친 호세아의 경고를 상기해야 한다. 종교개혁 500주년을 맞는 한국교회에 주어진 과제는 바로 잃어버린 하나님을 다시 찾는 일이어야 할 것이다.

## 종교개혁을 위해 준비된 땅
### 피카르디

독일의 한 작은 도시에서 시작된 16세기 종교개혁의 바람은 울타리를 넘어 유럽 전역으로 퍼져나갔다. 하나님의 시간이 도래하자 부패한 가톨릭교회에 대한 개혁운동은 도처에서 일어났다. 종교개혁은 루터가 시작해 칼뱅이 확산시켰다는 교회사의 평가처럼 스위스 제네바를 중심으로 전개된 칼뱅의 개혁운동은 그의 조국 프랑스로, 네덜란드와 독일, 스코틀랜드 및 영국 등지로 확산되었고 미국을 거쳐 마침내 한반도까지 상륙했다.

## 장 칼뱅의 고향, 느와용을 찾아서

프랑스 파리에서 출발한 여정은 북부의 피카르디 지방으로 이어졌다. 칼뱅이 출생한 느와용을 방문하기 위해서였다. 현지에서는 위그노 연구의 권위자인 권현익 선교사가 동행했다. 이 지역은 땅이 비옥하고 국경과 접하고 있어 일찍이 외부로부터 문물과 사상을 쉽게 접할 수 있었다. 수많은 개혁자가 배출된 역사적인 땅에서 칼뱅이 태어난 것은 태초부터 예정하신 하나님의 섭리일 것이다.

| 칼뱅의 친필 사인

우리가 먼저 찾은 곳은 칼뱅이 1509년 7월 10일에 태어나 생후 몇 달간 살았던 생가로 지금은 칼뱅 박물관으로 사용되고 있었다. 칼뱅의 주석과 《기독교강요》, 여러 언어로 번역된 성경을 비롯해 다양한 그의 저술을 보관하고 있어 칼뱅을 물씬 느낄 수 있었다. 유독 눈에 들어온 것은 "나는 당신의 종입니다"라는 그의 친필 서명이었다. "죄인 중에 괴수"(딤전 1:15)라고 했던 사도 바울의 고백과 같았다.

하나님은 시대마다 겸손한 종을 쓰신다. 진정 하나님을 만난 자만이 자신을 작은 종이며 죄인 중에 괴수라고 고백할 수 있을 것이다. 칼뱅은 죽을 때도 동역자들에게 성경으로 교회를 돌볼 것을 부탁했고 마지막까지 손에서 성경을 놓지 않았다. 그런 칼뱅 앞에서 '나는 지금 무엇을 쥐고 있는가', '진정 하나님의 말씀을 붙들고 있는가'를 생각하며 고개를 숙였다.

진정한 개혁은 성경을 떠나버린 교회를 말씀으로 복귀시키는 것인데, 지금 한국교회가 말씀 위에 굳건히 서 있는지를 묻지 않을 수 없었던 것이다. 우리는 주님 앞에 서는 순간까지 '오직 성경', '오직 그리스도'를 붙들던 칼뱅을 기억해야 할 것이다.

### 칼뱅이 어려서 다닌 학교

칼뱅의 고장인 피카르디는 종교개혁을 위해 준비된 땅이다. 루터에게도 영향을 끼친 쟈크 르페브르와 제라르 루셀 등 당시 종교개혁자 중 상당수가 이 지역 출신으로 알려져 있다. 특히 그가 태어난 유서 깊은 느와용은 규모는 작지만 참사원의 숫자가 파리 노트르담보다 많은 곳으로 반가톨릭 개혁가들이 일어난 저항의 땅이기도 했다.

칼뱅은 조상 대대로 가톨릭교회에 충실한 가문에서 출생했다. 그의 아버지 제라르 코뱅은 느와용 주교의 비서이자 성당의 재무관리를 하는 로테즈(회계사)로 시청 건축에도 깊이 관여할 만큼 영향력 있는 인물이었다. 그

| 욱스캉 수도원

는 특히 저항 사상을 지녔다고 한다. 어머니 쟌느 르프랑은 경건한 신앙심을 지닌 미모의 여성으로 칼뱅이 다섯 살 무렵 세상을 떠났다. 그녀는 어린 칼뱅을 데리고 인근 지역의 욱스캉(ourscamps) 수도원을 찾아 성모 마리아의 모친인 안느의 유골을 참배할 정도로 신앙생활에 열심이었다.

어떤 역사가들은 만일 칼뱅이 어려서 어머니가 죽지 않았다면 분명히 가톨릭교회의 고위 성직자가 되었을 것이라고 말한다. 어린 나이에 어머니를 잃은 충격과 슬픔은 컸지만 칼뱅을 장차 교회 개혁의 지도자로 쓰시기 위한 하나님의 섭리가 일찍부터 역사하고 있었던 것이다.

이번 답사에서는 칼뱅이 어린 시절에 초급 과정 콜레주(학당)인 콜레주

| 콜레주 드 카페트

드 카페트를 다녔다는 사실을 알게 되었다. 그 시기는 1523년 칼뱅이 파리의 콜레주 드 라 마르쉬와 콜레주 드 몽테규에서 공부하기 전으로 그의 나이 열두 살 전후였을 것으로 추정된다. 이곳은 당시 가톨릭교회에서 운영하는 귀족 자제를 위한 교육기관이었다. 미래의 종교개혁자는 어려서부터 특별한 교육을 받았던 것이다. 칼뱅이 교육을 중시해 훗날 제네바 아카데미를 세운 것도 어려서부터 받은 철저한 교육 덕분에 탁월한 학자의 자질을 갖추었기 때문이다.

### 파리에서 공부하며 개혁사상을 갖다

칼뱅은 종교개혁자 중 공부를 많이 한 인물로 알려져 있다. 그는 감수성이 예민한 사춘기에 파리의 콜레주 두 곳에서 공부했으며 오를레앙대학과 부르쥬대학, 파리 포르테대학 등에서 계속 공부했다. 그는 학창 시절에 강의할 만큼 출중한 지식을 갖추었다고 한다.

당대 최고의 교사로 알려진 멜키오 볼마르에게 헬라어와 헬라어 성경 강독을 배웠고, 권위 있는 법률가 오를레앙 데스투알에게 법학을 배워 약관의 나이에 수사학과 법학, 인문학과 신학에 정통했으며 스물두 살의 나이로 법학 박사가 되었다. 특히 하나님을 깊이 알고자 파리 왕립학교인 콜레주 드 프랑스에서 히브리어 성경 연구에 몰두했다. 칼뱅의 학업 과정을 잘 살펴보면 처음에는 '아버지를 위하여'(법학), 아버지가 돌아가시자 '자신을 위하여'(인문학), 마침내 '하나님을 위하여'(성경)로 변했음을 알 수 있다.

마침내 칼뱅에게 종교개혁을 위한 거친 광야의 시간이 찾아왔다. 그가 1532년에 쓴 《세네카의 관용론 주석》이 파문을 일으켰고, 이듬해 절친인 니콜라 콥을 위해 대필한 총장 취임 연설문 내용이 문제가 되어 체포 직전 파리를 탈출해야 했던 것이다. 평소 가톨릭 교리에 회의를 품었던 칼뱅은 1528년 회심을 경험했다. 그는 그때의 심경에 대해 "하나님이 변화를 주셨다. 그분은 나로 순종하게 하셨다"라고 고백했다.

이를 계기로 1532년 그는 대대로 믿어온 로마 가톨릭과 절연하고 '오직 그리스도'를 증거하는 복음주의 지도자의 길을 걷게 된다. 칼뱅은 열두 살 때부터 받아온 성직록을 반환했으며 아버지가 바라던 사제직을 포기하고 1536년 제네바에서 프로테스탄트 목회 사역을 시작했다. 후에 칼뱅은 그때의 심경을 《시편 주석》 서문에서 밝히고 있다. "다윗이 목동의 신분에서 가장 권위 있는 지위로 높여졌듯이, 하나님은 보잘것없고 비천한 나를 택하사 복음의 설교자이자 목회자라는 영광스러운 직분을 주셨다."

종교개혁자들이 외치던 "개혁된 교회는 항상 개혁되어야 한다"라는 말은 오늘의 교회 개혁이 다음 세대로 이어져야 한다는 뜻이기도 하다. 한국교회 중 중고등부 학생회가 없는 곳이 점점 더 많아진다. 심각한 세속화 시대에 자녀들을 세상에 빼앗기고 있다는 이야기다. 과연 개미허리가 된 한국교회의 지속적인 개혁은 가능할까? 여기에 다음 세대 교육의 중요성이 있다. 자녀는 우리가 아니라 하나님이 키우신다. 곧 교회가 키워야 한다는 뜻이다. 자녀는 소유물이 아니라 하나님이 맡기신 하나님의 기업이다. 곧 교회가 하나님의 기업을 바로 관리해야 한다는 뜻인 것이다.

I 제네바 종교개혁자 벽에 새겨진 파렐, 칼뱅, 베자, 낙스의 조각상

## 칼뱅의 종교개혁 무대 제네바

1536년 7월 어느 날 한 청년이 스위스 제네바에 도착했다. 2년 전 교황의 체포령을 피해 파리를 탈출한 장 칼뱅이었다. 역사가들은 이를 바울이 유대인의 추적을 피해 광주리를 타고 성벽을 탈출한(행 9:23-25) 사건에 빗대기도 한다. 그는 프랑스 접경 지역인 스트라스부르(당시 독일령)를 거쳐 바젤에서 1년간 《기독교강요》를 집필한 후 제네바를 찾았다. 때는 제네바가 종교개혁을 공식적으로 받아들인 직후였다.

박해받는 자를 위로하고 함께한 칼뱅

칼뱅의 생가와 학업의 현장 답사를 마치고 종교개혁기에 피로 얼룩진 위그노의 순교 현장을 확인한 후 그들의 피난처이자 칼뱅의 사역지였던 스트라스부르를 찾았다. 그곳은 당시 '추방당한 형제들의 안식처'이자 후일 '종교개혁의 안디옥'이라 불린 곳으로 칼뱅에게는 특별한 인연의 땅이다. 1534년 칼뱅은 쫓기는 몸으로 프랑스 종교 난민들을 위로하기 위해 며칠간 그곳에 머물렀다. 그리고 4년 뒤인 1538년 제네바에서 일시 추방당했을 때에도 3년간 그곳에 머물며 목회를 했다. 프랑스 동북부 알자스 지방의 이 아름다운 도시는 지리적으로 당시 프로테스탄트 교도들이 로마 가톨릭교회의 박해를 피할 수 있는 가장 안전하고 가까운 국경지대였다.

스트라스부르에서 칼뱅이 첫 설교를 했던 생 니콜라교회와 칼뱅 후예들의 예배처인 부클리에교회를 찾았다. "가난했으나 가장 행복한 목회 시절을 보냈다"는 칼뱅을 떠올려 보았다. "제가 제네바에 두고 온 책을 팔면 다음 겨울까지는 집세를 낼 수 있을 것입니다. 그 후에는 하나님이 공급해 주실 것입니다"라며 파렐에게 보낸 그의 편지가 생각나 가슴이

| 칼뱅이 처음 장소를 빌려 목회했던 생 니콜라교회

미어지는 것 같았다.

제네바 시민들에게 배척을 당하고 생활비조차 받지 못하는 극한의 가난 속에서도 칼뱅은 오히려 피난 성도들의 생활을 걱정하며 앞날을 오직 하나님께 맡겼다. 특히 스트라스부르에서 먼저 목회를 하고 있던

| 부클리에교회 옆 칼뱅이 거주했던 집

마르틴 부처가 칼뱅이 방문할 때마다 환대하며 그를 적극적으로 도왔다는 사실을 확인하면서 복음을 위한 동역자들의 섬김이 얼마나 아름답고 중요한지를 배웠다. 하나님은 칼뱅이 가는 곳마다 예비해 두신 동역자들과의 만남을 통해 큰일을 이루어 가셨다. 바울을 위해 바나바를 예비하셨듯이 (행 9:27) 하나님은 칼뱅을 위해 스트라스부르에는 부처(M. Bucer)를, 제네바에는 파렐(G. Farel)을 예비하신 것이다.

제네바는 당시 부패한 가톨릭교회로부터 막 벗어나 새롭게 개혁된 교회를 꿈꾸는 시민들의 기대로 가득 차 있었다. 바로 이 중요한 시점에 칼뱅이 제네바를 방문한 것이다. 원래 스트라스부르에 정착하기 위해 가려 했으나 전쟁 때문에 발이 묶여 예정에 없던 제네바에서 하룻밤을 머문 것이었다.

이 소식을 들은 제네바교회 지도자 파렐은 즉시 칼뱅을 만났고, 이는 종교개혁의 완성을 위한 하나님의 섭리라며 그에게 제네바를 위해 헌신할 것을 강력히 요청했다. 그러나 칼뱅은 전혀 예상치 못한 일이라 계속 사양

했고 이에 파렐은 "만일 자신의 일을 그리스도보다 앞세운다면 하나님의 저주가 있을 것"이라고 위협했다. 순간 영적으로 두려움을 느낀 칼뱅은 파렐의 요청에 순종해 제네바교회 개혁에 참여하게 되었다. 후일 칼뱅은 "마치 하나님의 손이 내 머리 위에 펼쳐지는 것 같았다"라고 그때를 회상했다.

제네바 시내의 '종교개혁자의 동상'에 나란히 부조되어 있는 칼뱅과 파렐을 보며 그 순간을 상상했다. 후일 칼뱅의 후계자가 된 베자와 스코틀랜드로부터 제네바까지 달려와 칼뱅의 영성을 배워 조국을 변화시킨 존 낙스가 함께 새겨진 자리에 하나님이 이 시대의 개혁자로 누구를 세우실 것인지를 생각하며 고개를 숙였다.

### 하나님의 예정론적 섭리에 순종한 칼뱅

필자는 이 대목에서 하나님의 예정론적인 섭리에 순종하는 칼뱅의 겸손한 모습을 발견할 수 있었다. 그날 밤의 결단이 인간적으로는 결코 쉽지 않았을 것이다. 그야말로 영적인 무방비 상태에서 하나님의 부름에 즉각 응답한 젊은 전도자의 모습은 옛날 모리아 산에서 '준비하시는 하나님'과 '순종하는 종 아브라함'(창 22:1-14)을 보는 것 같았다.

1960년대 초 김용기 장로님과 함께 가나안농군학교를 개척하고 농촌 목회에 일생을 바친 선친(서효근 목사)은 생전에 두 가지를 교훈하셨다. 주의 종은 하나님이 떠나라면 지체 없이 떠나야 한다는 것과 어디든지 오라 하면 형편을 묻지 말고 순종해야 한다는 것이다. 그것은 예수님의 가르침이요 실천이다. 칼뱅이 바로 그 길을 택한 것이다. 그런데 오늘날 나를 비롯한 주의 종들은 교회에서 주인 행세하고 젊은 전도자들은 교회 청빙에 사레비부터 따지는 슬픈 세태가 되어 버렸다. 칼뱅이 보여 준 순종의 발자취를 밟으면서 부끄러움을 느꼈다.

하나님의 부름에 즉각 순종한 칼뱅은 1536년 7월부터 1538년 부활주일까지 2년 가까이 제네바교회 개혁을 위해 불철주야 헌신했다. 그러나 그의 신정정치 이상과 엄격한 규율에 저항하는 시민들이 그를 파렐과 함께 제네바에서 추방했다. 그가 추방당하기 전 마지막 부활절 예배를 인도한 생 피에르 성당을 답사하면서 그날 칼뱅이 전한 설교의 내용이 궁금해졌다. 성난 군중에 의해 성찬식도 베풀지 못하고 심지어 칼로 위협하는 살벌한 분위기 속에서 그가 전한 메시지는 무엇일까? 제네바를 떠나기 전에 칼뱅이 남긴 글을 통해 그의 메시지를 상상해 볼 수 있다. 그것은 하나님을 기쁘시게 하랴 사람을 기쁘게 하랴(갈 1:10; 살전 2:4)라는 것이다. 그것은

Ⅰ 칼뱅이 성경 교사와 목회자로 사역한 생 피에르 성당

생 피에르 성당에서 듣게 된 영음(靈音)이었다.

"사람보다 하나님을 섬기는 것이 낫습니다. 만일 우리가 사람을 기쁘게 하고자 한다면 그들에게서 분명 배반을 당할 것입니다. 하지만 높으신 하나님을 섬기며 기쁘시게 한 일이므로 그분은 우리에게 합당한 상급을 주실 것입니다." 역사가 필립 샤프가 스위스 종교개혁사에서 인용한 칼뱅의 결의에 찬 음성이었다.

칼뱅의 제네바 사역의 발자취를 통해 그가 보여 준 순종의 리더십을 재발견했다. 칼뱅은 제네바가 자신을 배척하자 지체 없이 떠났다. 그리고 스트라스부르에 도착해 만 3년 동안 그의 생애에서 가장 행복한 목회 시절을 보냈다. 그러나 오래 지나지 않아 다시 제네바에서 재청빙을 받았다. 칼뱅이 떠난 후 제네바는 이전보다 더 큰 영적 혼란에 빠져서 칼뱅의 개혁적 리더십이 필요했던 것이었다. 자신을 배척한 제네바를 위해 늘 기도했던 칼뱅은 이를 하나님 뜻으로 알고 즉각 순종했다.

1541년 9월 13일, 제네바로 귀환한 칼뱅은 5년 전 자신을 붙잡았던 파렐에게 이런 내용의 편지를 보냈다. "이 문제에 대해서는 내가 주인이 아니라는 생각에 나의 심장을 주님께 제물로 바칩니다." 하나님께 자신을 제물(롬 12:1)로 바치기 위해 심장을 손에 든 '순종의 칼뱅 문장'은 바로 그때 만들어졌다.

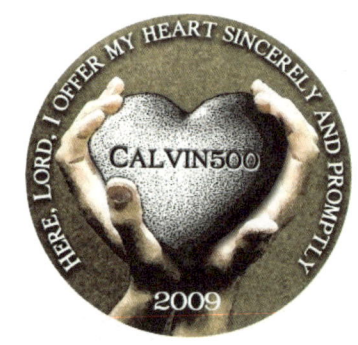
| 칼뱅의 순종을 나타내는 문장

1 칼뱅이 주중 설교와 신앙교육을 행했던 마들렌느교회

# 칼뱅이
# 제네바에서 꿈꾼 일들

칼뱅이 1541년 스트라스부르 사역을 마감하고 3년 만에 제네바로 귀환했을 때 그에게 수많은 일이 기다리고 있었다. 그가 떠난 후 제네바의 사정은 더 나빠져 교회는 개혁의 의욕을 상실하고 사회 질서는 무너져 걷잡을 수 없는 세속화의 길을 걷고 있었다. 교회와 시의회는 하나님이 쓰시는 영적 지도자의 역할이 얼마나 중요한지를 깨달았다. 칼뱅이 기도해 온 하나님의 절대 주권이 지배하는 교회와 국가를 실현할 때가 온 것이었다.

## 칼뱅의 제네바 귀환과 수많은 난제

총체적 위기 속에서 종신토록 교회를 치리해 달라는 간절한 청빙을 받은 서른두 살의 젊은 목회자는 제네바의 수많은 난제를 하나씩 해결해 나갔다. 칼뱅이 그 문제들을 처리하기 위해 하나님의 뜻을 구하며 얼마나 간절히 기도했는지는 그의 주석서를 통해 확인할 수 있다. 제네바를 답사하면서 그 주석서에 담긴 수많은 기도문의 내력을 알게 되었다. 칼뱅은 바쁜 사역 중에도 생 피에르교회에서 매주 정한 시간에 성경 강론을 했는데 제네바 개혁 전까지 지속했다고 한다. 그때 작성한 교안이 모여 오늘의 방대한 《칼뱅 주석서》가 되었고 그 속에 그의 수많은 기도가 포함되어 있다.

이는 칼뱅이 제네바를 통한 교회 개혁과 '하나님의 다스림'을 위해 얼마나 기도의 성전(聖戰)을 벌였는지를 보여 주는 대목이다. 복음에 대한 칼뱅의 열정을 증명하듯 생 피에르교회 안에는 병약해진 칼뱅이 더는 서 있을 수 없어 앉아서 설교했던 당시의 의자가 그대로 보존되어 있었다. 병상 중에도 끝까지 말씀을 놓지 않고 오직 그리스도를 외쳤을 그의 음성이 고스란히 느껴지는 듯했다.

그는 1564년 55세의 일기로 주님의 부르심을 받을 때까지 제네바에서 23년간 성경공부와 기도로 일관된 삶을 살았다. 개신교 최초의 성경교리서인 《기독교강요》 초판을 완성한 1536년까지 거슬러 올라가면 칼뱅은 평생 '오직 성경으로', 성경의 중심이신 '오직 그리스도로' 교회 개혁에 매진한 것이다.

칼뱅은 교회를 재조직하고 헌법과 예배 의식을 새롭게 도입하는 등 건강을 돌볼 겨를도 없이 불철주야 교회 개혁에 진력했고 한편으로는 '제네

| 생 피에르교회 내부에 전시된 칼뱅의 의자

바 아카데미'를 세워 복음 사역자 양성에 힘썼다. 다행히 그의 노력으로 제네바의 영적 분위기도 일신되어 갔다.

**칼뱅의 교회 개혁을 통한 국가 변혁의 이상**
무엇보다도 칼뱅이 제네바에서 실천한 중요한 일은 교회 제도의 개혁이었다. 그것은 동시에 교회를 통한 사회 개혁이었다. 칼뱅은 '오직 그리스도와 그의 말씀만 다스리는 교회와 국가'를 추구했으며 제네바를 중심으로 그것을 실현하고자 했다. 칼뱅은 스트라스부르 사역 기간에 《기독교강요》 증보판을 집필했는데 그 책에서 자신의 교회 제도 및 성례에 대한 구상과 교회를 통한 사회 개혁을 자세히 밝히고 있다.

이러한 그의 사상은 "교회 개혁의 필요성에 대하여"라는 유명한 논문 속에서도 발견할 수 있다. 교회의 개혁은 교회 자체를 위한 것이지만 교회를 통

| 칼뱅

해 사회와 국가가 개혁될 수 있다는 것이 그의 신념이었다. 칼뱅은 교회와 국가를 유기적으로 연결해 제네바를 성경적 공화국으로 만들고자 했다. 어떤 이들은 이것을 칼뱅의 '신정정치' 이상이라고 하는데, 분명히 알아둘 것은 칼뱅이 결코 교회와 국가가 혼합되기를 바라지 않았다는 점이다.

교회가 예수 그리스도로 시작하듯이 세속 정부도 하나님으로부터 기원하지만 영적 교회와 육적 국가의 구분을 명확히 했다. 칼뱅이 제네바교회의 지도자로 재청빙을 받은 후 23년간 한 번도 교회를 떠나 정치에 직접 참여한 적이 없다는 사실이 이를 입증한다. 그는 세속 정부와 권력을 인정하지만(롬 13:1-2) 근본적으로는 오직 하나님만 하늘과 땅의 주인이시며 교회와 국가의 절대 주권자라고 여겼다. 만유의 주권자이신 하나님이 다스리는 교회와 국가를 실현하고자 한 점에서 칼뱅의 이상은 신정정치에 있었던 것이다.

당시 도시국가였던 제네바는 인구가 2만여 명이었고 대다수 시민이 교회에 소속되어 있었다는 점도 그의 개혁을 이해하는 데 도움이 될 것이다. 제네바 행정 지도자들은 국가에 충성하는 동시에 교회에 충실하겠다는 서약을 했으며 모든 시민은 투표로 국가법과 함께 교회법의 치리를 성실히 따르기로 결정했다.

이러한 제도는 당시 제네바뿐 아니라 취리히와 바젤, 로잔 등 스위스 개혁 도시의 대다수 목회자가 채택한 것이었으므로 신정정치를 유독 칼뱅과 연관 지어 생각하는 것은 무리다. 그의 엄격한 개혁운동이 시민의 저항을 가져왔다고 해서 이런 평가를 내린다면 칼뱅을 제네바의 정치적 독재자로 오해하는 것이기 때문이다. 그의 이상은 리처드 니버가 지적한 바와 같이 어디까지나 교회 개혁을 통한 사회 개혁이었다.

**칼뱅의 개혁사상을 한국교회가 본받아야**
필자는 칼뱅의 이런 이상을 '제네바 성시화(聖市化)의 꿈'이라 생각했다. 이것은 어쩌면 4세기 아우구스티누스가 '하나님의 도성'에서 보여 주듯 세속 도성에서 하늘의 도성을 향해 나아가는 그리스도인의 이상과 같은 것이 아닐까 싶었던 것이다.

당시 유럽에서 가장 세속적인 도시국가의 하나였던 제네바가 오늘날 유엔의 주요 기구를 비롯해 국제적인 주요 기관과 NGO들이 집중해 있고 세계 평화의 중재 지역이 되었다는 사실도 칼뱅의 이상과 무관하지 않을 것이다. 또 요즘같이 심각한 세속화시대에 스위스가 상대적으로 도덕적 국가를 유지하고 있는 점도 주목할 만하다. 고(故) 김준곤 목사가 1960년대 민족복음화운동에 이어 시작한 세계성시화운동도 바로 칼뱅의 제네바 개혁을 모델로 한 것이다.

　사람들은 칼뱅이 제네바 정치의 수장이 되어 직접 행정에 관여한 것으로 생각하는데, 결코 그렇지 않다는 것을 현장에 와서 알았다. 당시 제네바를 비롯한 대다수 도시에는 교회와 국가, 교회 정치와 국가 정치가 혼재되어 있었다. 그 가운데 칼뱅은 교회를 통한 국가의 변화를 추구했다. 그렇다면 한국교회가 하나 되기 위해 가장 시급한 것은 무엇일까? 바로 예수님을 본받아 진정한 섬김의 리더십을 갖는 것이다. 제네바교회 개혁을 위해 파렐과 칼뱅이 보여 준 섬김이 그 모델이 될 것이다.

　칼뱅은 프랑스가 조국이고 파렐보다 스무살이 더 적었다. 그럼에도 파렐은 제네바에서 먼저 교회를 개혁하고 있다가 자신의 한계를 알고 젊고 유능한 칼뱅을 제네바의 영적 지도자로 세웠다. 칼뱅이 1538년 제네바에서 추방당할 때 파렐도 함께 추방되었다.

| 파렐

그런데 제네바교회와 시의회는 3년 만에 칼뱅만 다시 초빙한다. 제네바로 돌아갈 수 없게 된 파렐의 심정은 어땠을까? 그럼에도 그는 칼뱅의 귀환을 적극 도왔다. 지금 한국교회는 파렐이 보여 준 동역자들의 '섬김의 리더십'을 회복해야 한다. 그래야 갈라진 한국교회가 하나 되는 개혁이 시작될 것이다.

| 제네바 아카데미

## 종교개혁의 소중한 유산
## 제네바 아카데미

칼뱅의 개혁운동에서 그의 교육 사상과 실천을 확인하고 싶었다. 칼뱅의 종교개혁에서 중요한 업적 중 하나가 제네바에 학교를 세워 복음 전도자 양성에 힘쓴 것이기 때문이다. 그의 헌신은 지금도 각 분야에 수많은 인재 배출로 열매를 맺고 있다.

**유럽 명문이 된 제네바 아카데미**
칼뱅은 평소 진정한 교회 개혁을 위해서는 훌륭한 복음 사역자를 양성하는 신앙교육이 뒷받침되어야 한다는 소신을 갖고 있었다. 더욱이 당시는 개혁운동이 가톨릭교회에게 거센 탄압을 받고 있었기 때문에 말씀으로 무장된 순교적 목회자 양성이 절실한 상황이었다. 따라서 이를 위해 제대로 된 기독교 교육기관이 필요했다.

칼뱅이 1559년에 설립한 제네바 아카데미는 그런 시대적 요구의 결과였다. 칼뱅의 기독교 교육에 대한 구상은 제네바에서 추방당해 스트라스부르에서 목회를 하던 1538년부터 시작되었으며, 1541년 재청빙을 받은 후 오랜 준비 끝에 마침내 1559년 6월 5일에 제네바 아카데미를 설립함으로써 구체화되었다.

칼뱅은 스트라스부르 시절 그곳에 세워진 신학교에서 강의를 하면서 언젠가 기회가 주어지면 제네바에 이상적인 기독교학교를 세우겠다고 결심했다. 칼뱅이 이렇게 교육의 중요성을 인식하게 된 것은 어린 시절부터 여러 학교에서 다양한 학문을 깨우친 왕성한 학구열에 기인한 것이기도 하

| 제네바대학교

다. 예비 성직자들과 귀족 자제 등 특수 계층에만 교육의 기회가 주어졌던 중세 암흑기 상황을 감안하면 칼뱅이 어려서부터 다양한 학문을 접할 수 있던 것은 하나님의 특별하신 섭리요 인도하심이었다.

초창기의 제네바 아카데미와 현재의 제네바대학을 답사하면서 개교 당시의 교육자 칼뱅을 회상해 보았다. 특히 초대 학장에 후계자인 베자를 지명해

| 칼뱅의 무덤

세웠다는 사실에 많은 감동을 받았다. 학교의 설립자로서 당대 최고의 석학인 칼뱅이 당연히 학장을 맡아야 했지만 제자에게 수장의 자리를 양보한 것이다. 칼뱅은 개교식에서 사회만 보고 학생들에게 성경을 가르치는 평교수를 자임했다. 그의 인품은 제네바 공동묘지에 이름 없이 묻힌 검소한 무덤에서도 확인할 수 있다.

칼뱅의 교육은 이내 큰 성과를 거두어 개교 5년 만에 대학 준비 과정인 '스콜라 프리바타'에 1,000명이 넘는 학생이 입학해 공부했고 대학 과정인 '스콜라 푸블리카'에서는 300명이 공부했다. 이처럼 제네바 아카데미는 제네바 시민들뿐 아니라 프랑스와 독일 등 인근 국가에서도 학생들이 몰려와 짧은 시간에 국제적인 프로테스탄트 학교의 요람으로 자리를 잡게 되었다. 학생 중에는 스코틀랜드에서 온 존 낙스도 있었는데, 그는 칼뱅에게 배우고 돌아가 조국의 교회를 개혁했다. 학교는 초기에 신학을 중심으

로 교육하다가 1872년 의학부가 설치되면서 현대적 종합대학으로 발전했다. 교수진도 초기에는 프랑스와 네덜란드, 영국 등지에서 왔는데 그중에는 카트라이트와 위텐보가르트 등 당대의 석학들도 있었다.

**하나님을 바로 알기 위해 누구나 교육을 받아야**

개교 초기부터 유럽 전역에서 뛰어난 인재들이 몰려왔을 뿐 아니라 450년을 훌쩍 넘은 오늘날까지도 세계적 기독교 명문으로 수많은 인재를 양성하고 있는 제네바 아카데미의 저력은 어디서 나오는 것일까?

제네바 아카데미 현관 위 종석에는 잠언 9장 10절의 요약이 새겨 있었다. "여호와를 경외하는 것이 지식의 근본이라." 이는 하나님을 경외하는 믿음의 바탕 위에 학문의 집을 세우고자 한 칼뱅의 교육 사상을 웅변하는 것이다.

이와 관련해 원로 교육자인 손봉호 박사는 "종교개혁과 인간 교육"이라는 글에서 이렇게 말했다.

| 제네바 아카데미 현관 위에 새긴 종석

종교개혁이 인류 역사에 공헌한 것은 한두 가지가 아니다. 민주주의, 기본인권 사상, 자본주의, 현대과학 등 현대 문명의 근간이 종교개혁에 뿌리를 두고 있다. 그리고 이들 못지않게 중요한 것이 바로 현대 교육이다. 오늘날 세계 대부분의 나라가 시행하고 있는 의무교육 제도는 사실

상 종교개혁자들의 가르침에서 시작되었다.

칼뱅은 모든 사람이 구원을 받고 하나님께 영광을 돌려야 하기 때문에 모두 교육을 받아야 한다고 생각하고 이를 실천하기 위해 국가는 시민이 의무적으로 교육을 받도록 해야 한다고 주장했다. 이런 칼뱅의 교육 사상은 당시 소수 귀족에게만 교육의 기회를 준 가톨릭의 제도를 거부한 혁명 같은 것이었다. 루터와 멜란히톤도 칼뱅과 비슷한 생각을 했다. 교황권에 의해 사제들에게만 제한된 성경을 만인이 읽을 수 있도록 교육해야 한다는 것이었다. 그런 이유에서 개혁자들은 모든 아동이 의무적으로 교육을 받아야 한다고 주장했다.

칼뱅이 건강을 해칠 정도로 바쁜 사역 중에도 거의 매일 성도들과 시민들에게 성경을 가르쳤던 것도 바로 이런 성경적인 교육 철학 때문이었다. 일설에 의하면 칼뱅은 조국 프랑스에서 박해받는 위그노와 개혁교회를 위한 신학교를 제네바에 세워서 지원했다고 한다.

**한국교회의 개혁, 성경적인 인성 교육부터**
오늘날 한국의 교육은 종교개혁 이전로 전락하고 있다. 하나님을 바로 알고 이웃을 사랑하도록 가르치는 성경적인 인간 교육이 아니라 좋은 대학에 가서 좋은 직장을 얻고 세상적인 힘을 획득하기 위한 직업교육이 되고 있는 것이다. 안타깝게도 이 땅의 교회와 성도들조차 이런 풍조에 휩쓸리고 있다. 이는 종교개혁의 정신에 어긋날 뿐만 아니라 자녀들과 우리 사회의 발전에도 도움이 되지 않는다.

손 박사는 "종교개혁을 제대로 기념하려면 교육이 직업이나 얻고 경쟁에서 이길 힘을 갖기 위한 것이 아니라 하나님을 바로 알고 영화롭게 하며 이웃을 섬기기 위한 것임을 인식하고 그 위대한 전통을 살려 한국 교육을 성경적인 인간 교육으로 되돌려야 한다"라고 호소했다.

한국교회 초기 역사를 살펴볼 때 130년 전 선교사들이 전한 복음 전도의 방법도 칼뱅의 모델과 일맥상통했다. 1885년 4월 5일 부활 주일 아침 제물포에 첫 발을 내디딘 언더우드와 아펜젤러는 교회 개척과 동시에 학교를 세웠다. 정확히 말하면 교회보다 학교를 먼저 세웠다.

당시 선교사들은 조선 조정(朝廷)의 전도활동 금지령에 따라 우선 학교와 병원을 통한 선교를 시작했다. 공식 선교사가 내한하기 전에 들어온 의료 선교사 알렌이 1885년 2월 29일 의료기관인 제중원을 먼저 세웠고 여섯 달 후인 1885년 8월 3일 교육기관인 배재학당을 세웠다. 그리고 2년 후인 1887년 9월 27일에는 언더우드 사랑채에서 최초의 조직 교회인 새문안교회가 세워졌다. 이처럼 한국교회 성장의 뿌리에는 칼뱅이 보여 준 제네바 모델의 기독교 교육이 자리하고 있다. 종교개혁 500주년을 준비하는 한국교회는 기독교 교육기관을 성경 위에 다시금 굳건히 세워야 할 것이다.

| 배재학당

1 《기독교강요》 초판출판소

## 기독교 역사에 큰 획을 그은 도시 바젤

 루터와 칼뱅 등 종교개혁자들은 '행동하는 영성가'였다. 그들은 순교의 각오로 당시 부패한 교황권에 맞서는 한편, 하나님의 교회를 바로 세우기 위해 불후의 대작을 집필했다. 루터의《대교리문답》과 칼뱅의《기독교강요》집필이 대표적인 사례다.

 개혁자들은 실천과 이론을 겸비했다. 그들에게 행동만 있고 이론이 없었다면 오늘의 개혁된 교회는 존재하지 않았을 것이다. 칼뱅이 쓴 책이 그의 개혁 중 가장 위대한 업적이라고 평가받는 이유도 바로 이것이다. 이번 답사를 통해 칼뱅이《기독교강요》를 쓰게 된 동기가 당시 박해받는 성도들을 변호하기 위한 것임을 확인하게 되었다.

## 고난이 칼뱅의 붓을 들게 하다

칼뱅은 쫓기는 몸으로 스트라스부르를 거쳐 조용히 집필할 곳을 찾았다. 바젤이 그곳이었다. 칼뱅은 거기서 사도 시대 이후 가장 뛰어난 성경 지침서로 종교개혁사에 큰 획을 그은 《기독교강요》 초판을 출판했다. 1535년부터 1년간 집필한 그가 조국을 떠날 때 친구 루이 뒤 티레가 동행했다. 그러나 티레는 바젤에 이어 제네바까지 칼뱅을 도왔지만 훗날 칼뱅이 제네바에서 추방되었을 때 제네바를 떠나 조국 프랑스로 돌아가 로마 가톨릭으로 회귀하고 말았다. 바울을 따르다가 끝내 세상을 사랑해 데살로니가로 간 데마(딤후 4:10)가 생각났다. 게다가 칼뱅은 길 안내자에게 소지품도 강탈당해 극심한 빈곤 상태에서 글을 써야 했다.

당시 초판을 찍어낸 출판소를 찾아갔지만 지금은 출판소 형태를 전혀 찾아볼 수 없고 어떤 표시나 소개도 없었다. 주소를 들고 현지인들에게 물어봤지만 아는 사람이 없었다. 바젤 역사박물관에서 재차 확인했지만 똑같은 장소만 알려 줄 뿐이었다. 칼뱅에게 집필 장소를 제공했다는 카타리나 클라인의 집도 수소문했으나 허사였다.

극한의 가난과 고통 속에서 《기독교강요》를 쓴 젊은 개혁자 칼뱅, 자신의 신분과 이름을 숨겨야 하는 불안한 나날 속에서 성경을 붙잡고 종교개혁의 영성을 발견하려 몸부림친 칼뱅의 심정을 그려 보았다. 그를 움직인 힘은 무엇이었을까? 그의 도피 경로를 따르면서 결국 칼뱅이 의지할 수 있는 분은 오직 하나님뿐이었음을 깨달았다. 성령의 역사와 인도하심이

| 중세 성당을 개조해 1894년 개관한 바젤 역사박물관

없었다면 성경의 진리를 바로 깨닫지 못했을 것이고, 동시에 하나님을 전적으로 의지하지 않았다면 도저히 집필도 완성할 수 없었을 것이다.

하나님은 무너지는 중세교회를 바로 세우기 위해 성경 연구와 집필을 염원한 칼뱅의 기도에 응답하셔서 카타리나 클라인이라는 여성 독지가를 통해 글을 쓸 수 있는 장소를 제공하셨다. 이는 하나님이 옷감 상인이었던 루디아를 예비하셔서 바울을 통해 빌립보교회를 세우게 하신 이야기(행 16:11-15)와 유사하다. 이렇게 하나님의 뜻에 순종한 한 여인의 봉사는 프로테스탄트교회의 기초가 된 성경 교리를 탄생시켰다. 칼뱅의 행동이 영적 전투였다면 집필은 영적 전략이었던 것이다.

## 박해받는 성도들을 위해 쓰다

많은 학자들은 《기독교강요》를 칼뱅의 조직신학이라고도 하고 성경 교리서라고도 한다. 물론 이런 평가는 틀린 것이 아니다. 그러나 칼뱅이 이 책을 쓴 궁극적인 목적은 전혀 다른 데 있다. 이 책은 당시 로마 가톨릭교회의 박해를 받는 성도들을 위한 것이었다. 초판을 집필한 바젤과 증보판을 집필한 스트라스부르를 답사하면서 그 내용을 확인할 수 있었다. 이는 초판 서문과 그의 시편 주석서 서문에서 발견한 내용과도 일치했다.

칼뱅은 그의 시편 주석서 서문에서 이렇게 밝혔다.

내가 바젤에 숨어 있는 동안 프랑스에서는 수많은 성도가 산 채로 화형을 당했다…이 화형의 소식이 외국에 알려지자 당국은 무고히 피를 흘린 순교자들을 이단으로 선동하며 사회 질서를 어지럽힌 것으로 중상과 비난을 하고 있는데 만약 내가 모든 능력을 다해 그들을 반대하지 않는다면 나의 침묵은 비겁한 것이고 나는 배반자라는 생각이 들었다. 바로 이러한 생각 때문에 《기독교강요》를 집필하게 된 것이다.

그래서 칼뱅은 이 책을 당시 기독교 박해의 장본인인 프랑스 왕 프랑수아 1세에게 헌정하면서 학정(虐政)을 멈출 것을 강력히 촉구했다.

《기독교강요》가 완성된 지 24년 후인 1560년부터 칼뱅의 개혁 신앙을 따르는 프로테스탄트들을 '위그노'라고 칭하기 시작했다. 종교개혁 당시 개혁자들과 후에 위그노만큼 혹독한 박해 속에서 순교한 신앙 공동체는 유럽 어디서도 찾아보기 어렵다. 칼뱅은 조국에서 박해받는 신앙 동지들을 위해 기도하며 그들에게 자주 위로의 글을 보냈다. 예를 들어 어떤 고난과 박해 속에서도 절대로 폭력은 삼가라는 권면 등이 담겨 있었다고 한다. 칼뱅은 고난받는 성도의 신앙 수호를 위해 그리스도 변호

| 칼뱅 박물관에 보관돼 있는 《기독교강요》 초판

론이자 개혁주의 영성의 교범으로 《기독교강요》를 쓴 것이다.

이 책은 유럽 전체를 놀라게 했으며 무엇보다 로마 가톨릭을 충격에 빠뜨렸다. 로마 가톨릭 당국은 《기독교강요》를 이단의 '쿠란'이자 '탈무드'라고 규정하고 출판된 책을 수거해 태우기에 급급했다. 반면 복음주의자들은 사도 시대 이후에 가장 성경적인 교리서가 나왔다고 극찬했으며 마르틴 부처는 "주님이 교회를 가장 풍성하게 축복하시기 위해 칼뱅을 거룩한 도구로 택하신 것이 분명하다"라고 했다. 《기독교강요》는 기독교 역사상 불후의 명저일 뿐만 아니라 탁월한 문장으로 세계 문학의 고전으로까지 평가받고 있다.

### 하나님을 바로 전하려 일생을 바치다

칼뱅은 말라리아의 일종인 사일열(四日熱)에 걸려 몸을 가누기 어려운 상태에서도 글을 쓰기를 멈추지 않았다. 하나님이 부르시기 전에 개정 작업을

마쳐야 한다는 절박감이 있던 그는 총 6장의 작은 소책자였던 초판을 계속 보완했고, 1559년에 총 80장의 방대한 최종판을 완성하기까지 무려 23년간 혼신을 다했다.

19세기 교회 역사가이자 선구적 에큐메니컬 운동가였던 필립 샤프는 《기독교강요》에 대해 "이 책은 복음주의 신앙을 변증하고 있으며 당시 박해받는 프로테스탄트를 변호하기 위한 목적으로 죽음을 불사하고 영감을 받아 쓴 책"이라고 평가했다. 성경이 사제들의 전유물로 취급받던 오랜 영적 암흑기를 지나 만인에게 하나님의 말씀이 열린 그 감격의 새 시대를 상상해 보면 칼뱅이 《기독교강요》를 쓰게 된 동기를 충분히 이해할 수 있을 것이다.

칼뱅의 개혁주의 영성의 출발지라고 할 수 있는 바젤에서, 그가 흘린 눈물과 땀과 기도의 흔적 속에서 이 시대에 예수 그리스도의 복음을 위해 부름받은 종의 멍에가 얼마나 무거운 것인지를 새삼 깨달았다. '하나님을 잃어버린 시대'에 한국교회는 칼뱅이 《기독교강요》 제1장에서 강조한 "하나님을 찾으라"는 가르침을 힘 있게 전해야 한다. 여호와 하나님과 그 아들 예수 그리스도를 담대히 말할 때(행 7:55-56) 교회 개혁을 통한 사회 변화가 시작될 것이다.

1 네덜란드 레이든의 성 빼드로교회

## 유럽 전역으로 확산된 칼뱅의 영성

칼뱅의 개혁주의 영성은 스위스에서 프랑스, 독일과 네덜란드, 폴란드 및 영국 전역으로 확산되었다. 그리고 미국을 거쳐 마침내 한반도와 전 세계로 퍼져나갔다. "바울이 탄 배가 유럽을 싣고 갔다"라는 복음 파급의 비유법이 16세기 칼뱅에게서 재현된 것이다. 그렇다면 칼뱅의 개혁사상 진원지는 어디일까? 바로 그가 세운 제네바 아카데미를 떠올려 볼 수 있다. 예수님이 갈릴리 바다에서 제자들과 함께 시작한 복음의 역사가 유럽 각지로부터 시작해 제네바에서 훈련받은 소수를 통해 세계로 확산된 것이다. 이런 점에서 교회 개혁은 현재진행형이다.

| 루터, 위클리프, 아르미니우스, 멜란히톤 (위쪽부터 시계방향으로)

## 프랑스와 독일로 확산된 칼뱅의 개혁운동

칼뱅은 평생 조국 프랑스를 그리워했다. 그래서 프랑스교회가 복음으로 돌아올 것을 간절히 바라며 프랑스 프로테스탄트들의 자문에 성실히 임했다. 그의 개혁사상의 영향으로 시작된 프랑스 위그노운동을 위해 신앙신조와 교회 정치 조례를 작성해 보내기도 했다.

프랑스는 개혁파들의 노력으로 1559년 칼뱅주의에 입각한 개혁교회 국가공의회가 설립되었으나 로마 가톨릭의 탄압으로 위그노들을 비롯한 수많은 개신교도가 순교를 당하는 등 오랜 환난을 겪어야 했다. 앙리 4세가

1598년 낭트칙령을 선포해 개신교 신앙의 자유가 보장되었으나 루이 14세가 개신교 금지령을 내림으로써 또다시 수난을 겪게 된다. 프랑스 개신교 수난의 중심에는 칼뱅의 개혁 신앙을 따르는 위그노들이 있었으며 그들의 순교적 신앙과 삶은 이후 유럽 각국의 교회와 사회에 큰 영향을 미쳤다.

루터에 의해 종교개혁이 시작된 독일은 칼뱅에게 특별한 영적 사연이 있는 국가다. 신앙의 자유를 찾아 프랑스를 떠난 난민들에게 신앙 공동체의 터전을 허락한 땅이며 칼뱅이 제네바에서 배척받고 3년간 목회를 한 곳도 독일령 스트라스부르였다. 그곳에서 그는 루터의 종교개혁 동지인 멜란히톤을 만나 영적으로 깊은 교류를 했다. 이런 연유로 칼뱅은 루터의 개혁운동에 깊은 연대감을 갖게 되었다. 칼뱅은 스물다섯 살 연상인 루터를 마음으로 존경하여 '믿음의 아버지'라는 경의에 찬 서신을 보냈으며 루터 역시 칼뱅에게 지극한 형제의 우애를 표시했다.

한편 칼뱅은 스위스 개혁교회와 독일 루터파교회의 연합을 위해 힘썼다. 그 결과 칼뱅주의와 장로교회 정치 체제는 루터파교회에 영향을 끼쳤고 마침내 1648년 베스트팔렌조약을 통해 개혁파교회가 공인되고 로마 가톨릭과 프로테스탄트의 지루한 30년 전쟁도 종식되었다. 1685년 낭트칙령이 철회된 후 독일이 다시 박해받는 프랑스의 개신교도들을 위한 피난처를 제공하는 등 독일의 루터파와 스위스 개혁파 간의 영적 협력은 지속되었다.

### 유럽 전역으로 확산된 칼뱅의 영성

칼뱅의 개혁주의 영성은 프랑스와 독일뿐 아니라 네덜란드와 영국으로 빠르게 확산되었다. 네덜란드는 처음에는 독일로부터, 나중에는 스위스와 프랑스로부터 종교개혁을 받아들이면서 개혁파교회를 국교로 삼았다. 암스테르담에서 확인한 종교개혁 기간에 네덜란드에서 순교당한 개신교 성도의 수가 3세기 로마 황제 치하에서 순교한 기독교인보다 더 많다는 사실은 실로 큰 충격이었다.

영국이 유럽 대륙에서 일어난 종교개혁의 영향을 받은 것은 사실이지만, 일찍이 교황권에 도전하여 최초로 영어 성경을 번역한 존 위클리프(1330-1384) 시대까지 올라가면 영국은 16세기보다 훨씬 앞선 종교개혁의 땅이었다. 칼뱅의 영국에 대한 관심은 남달랐다. 이른바 '피의 메리'(Bloody Mary)로 악명이 높은 메리 1세의 학정을 피해 제네바를 찾은 영국 개신교도 난민들에게 숙소를 제공했으며 1551년에는 영국 종교개혁에 깊은 관심을 담은 서신과 그의 이사야서 주석을 영국 왕에게 헌정하기도 했다. 영국 국교회(성공회) 크랜머 대주교에게는 개혁된 교회에 적합한 신조 작성을 권하기도 했다.

칼뱅이 주도한 '제네바 성경' 영역본은 1611년 '킹 제임스 성경'이 나오기까지 영국교회와 성도들에게 널리 사용되었다. 이 성경은 장과 절이 붙은 최초의 영어 성경으로 유명하다. 엘리자베스 1세 여왕 시대에 칼뱅의 영향력은 절정에 달해 《기독교강요》 최종판이 영어로 번역되었으며 그의 신학은 영국 성공회 신학자들에게 큰 영향을 끼쳤다.

스코틀랜드에 끼친 칼뱅의 영향은 더욱 지대하다. 여기에는 존 낙스의 헌신이 크게 작용했다. 그는 칼뱅보다 네 살 많았지만 1554년 제네바 아카데미에 입학해 5년간 칼뱅의 지도를 받은 겸손한 개혁자였다. "스코틀랜드가 아니면 죽음을 주소서!"라는 각오로 복음을 위해 헌신한 존 낙스 같은 인물이 있었기에 스코틀랜드교회와 사회는 개혁될 수 있었다. 지금 한국교회와 사회는 제2의 존 낙스가 필요하다.

### 미국의 건국 정신과 개혁사상의 세계화

영국 프로테스탄트의 대명사인 청교도(puritans) 영성을 이해하는 데 칼뱅의 개혁사상은 대단히 중요하다. 16세기 말 영국의 국교회로부터 청교도가 분리된 근본 원인은 종교개혁의 모토인 '오직 성경'이라는 기준 때문이다. 청교도 신앙의 전제는 삼위일체 하나님이 자신을 말씀 속에 분명하게 계시하시므로 성경이 진리의 유일한 표준이며 인간의 삶은 전적으로 성경의 원리에 따라야 한다는 것이다. 청교도들은 하나님의 절대 주권을 인정하며 성경이 명하지 않은 일은 절대 하지 않는다는 분명한 신앙 기준을 가지고 있었다. 본질상 청교도 신앙은 칼뱅주의에 입각한 것이다.

청교도들은 엘리자베스 1세 여왕의 국교회 정책에 불만을 품고 칼뱅주의 교회 개혁을 모델로 적극적인 개혁을 요구했다. 성경이 인정하는 예배 의식 외에 다른 인위적 의식을 배격했다. 이러한 청교도의 신앙은 1642년 청교도혁명 이후 20여 년의 전성기를 맞기도 했다. 청교도들은 1620년 신앙의 자유를 찾아 신대륙으로 건너가 미국교회와 국가 건설의 주체 세력이 되었다.

칼뱅의 개혁주의가 네덜란드를 영적으로 지배하던 당시 이에 대한 반작용으로 등장한 신학운동이 있었으니, 바로 아르미니우스주의다. 아르미니우스는 원래 충실한 칼뱅주의자로 훌륭한 인품을 지닌 신학자이자 성직자였다. 하지만 그는 사후에 칼뱅의 예정론 5개 조항을 반대하는 반(反) 칼뱅주의자(저항파)로 조국 네덜란드에서 열린 도르트회의(Synod of Dort)에서 정죄를 받았다. 그러나 아르미니우스주의는 다시 복권되어 네덜란드와 영국 등지로 확산되었고 특히 영국의 감리교운동을 주도한 존 웨슬리에 의해 발전되었다. 웨슬리-아르미니우스의 '예지예정론'은 감리교와 성결교, 침례교와 오순절, 순복음 신학의 토대라고 할 수 있다.

오늘의 한국 신학계는 이 양대 신학이 공존한다. "나의 신학적 견해는 칼뱅과 머리털 하나 정도의 차이밖에 없다"라고 한 웨슬리의 회고처럼 양대 신학이 상호 협력한다면 한국교회의 개혁에 큰 동력이 될 것이다. 한국교회는 "칼뱅처럼 믿고 웨슬리처럼 전도하자"라는 슬로건으로 다시금 민족복음화운동을 전개해야 한다.

# 유럽을 바꾼 성지
# 파리와 바시

프랑스의 위그노 수난 현장을 답사하면서 "순교자의 피는 교회의 씨앗"이라고 한 테르툴리아누스의 말을 떠올렸다. 지금 우리가 살아서 사도행전 28장 이후를 쓰고 있는 것도 그때 목숨 걸고 복음을 사수한 신앙의 선진들이 있었기 때문이다. 위그노 최대 순교지인 파리에서 출발해 북쪽 인근의 모(Meaux)를 거쳐 칼뱅의 출생지 느와용, 위그노 대량 학살지인 바시를 답사하면서 이 발걸음이 영혼의 사치가 아니기를 기도했다.

## 기독교 순교의 상징, 위그노 수난 현장

위그노의 순교 현장은 "만일 종교개혁을 탄압한 재앙이 없었다면 프랑스는 월등한 개신교 국가가 되었을 것"이라고 한 프랑스의 신학자 새뮤얼 무르의 말을 실감나게 했다. 프로테스탄트 수난의 역사 중 프랑스만큼 혹독한 대가를 치른 나라가 또 있을까. 그럼에도 프랑스 기독교 수난사에 대한 성도들의 관심은 상대적으로 적다.

'위그노'라는 말은 '동맹자'라는 뜻으로 프랑스 칼뱅주의 개혁파에 대한 칭호다. 원래 개신교도를 핍박한 자들이 사용한 명칭인데, 필자는 그들의 수난사를 확인하면서 차라리 '순교의 신앙 동지'라고 부르고 싶었다. 프랑스 종교개혁의 연원을 가톨릭교회의 외적 예배 형식과 화체설(성찬식 때 빵과 포도주가 그리스도의 몸과 피로 변한다는 설)을 배격한 쟈크 르페브르의 1512년 개혁운동이라고 한다면 프랑스 종교개혁은 독일의 루터 개혁보다 무려 5년이나 앞선 것이다(르페브르는 스위스 제네바에서 개혁운동을 전개한 기욤 파렐의 스승이다).

16세기 개혁운동은 각 영역에서 동시다발적으로 일어났다. 일종의 시대적 도미노현상으로 예술계에서 르네상스운동과 학문계에서 인문주의운동, 정신계에서 종교개혁운동이 연쇄적으로 일어났다. 이러한 현상은 도시와 시골, 가정과 직장, 귀족과 농부, 노동자와 자본가 등 삶의 전 영역과 사회 모든 계층에서 공감받을 수 있었다.

위그노 활동은 영적 카이로스(하나님의 특별한 시간) 속에서 칼뱅의 제네바 개혁사상에 자극을 받아 시작되었다. 당시 위그노들은 칼뱅의 사상을 적극 수용하며《기독교강요》제3권 6-10장에 명시된 크리스천의 생활 규범을 따랐다고 한다. "우리가 우리의 것이 아니고(고전 6:19) 주님의 것이라면

생활의 모든 행위를 (주님의 가르침에 따라) 바로잡아야 하는 것은 자명한 일입니다…우리는 우리의 것이 아닙니다. 그러므로 그를 위하여 살고 그를 위하여 죽어야 합니다"(롬 14:8).

### 고난받는 형제들을 위한 칼뱅의 노력

이러한 칼뱅의 권유와 가르침에 영향 받은 위그노들은 교황 중심의 가톨릭교회를 거부하며 당국의 삼엄한 감시 속에서 비밀집회를 열어 모이기 시작했다. 1555년에는 5개에 불과했던 교회 조직이 4년 후에는 100여 개로 늘어났으며, 종교전쟁(위그노 전쟁)이 시작된 1562년에는 무려 2,150개로 급증했다. 세계교회 역사상 7년이라는 짧은 기간에 이처럼 폭발적으로 교회가 급증한 사례가 또 있었던가. 필자는 이것이 사회주의 국가에서 자생하는 가정교회나 오늘날 우리가 관심을 갖는 셀 교회의 모델이 아닐까 생각한다.

이처럼 큰 부흥을 이룬 위그노는 1559년 파리에서 전국 대회를 개최하고 '프랑스 신앙고백'을 채택함으로써 프로테스탄트교회로서의 입장을 확고히 했다. 그러나 1560년대로 접어들면서 로마 가톨릭주의자인 기즈(Guises) 가문과 심각한 충돌을 빚었다. 특히 1562년 3월에 기즈 가문은 바시 노트르담 성당에서 불과 100m 정도 떨어진 곳에서 예배를 드리던 위그노들을 무력으로 집단 학살하는 만행을 저질렀다.

그때부터 프랑스 내에 종교전쟁이 시작되었다. 무려 30년 이상 지속된 내전으로 3만 명 이상의 위그노가 학살당하는 등 엄청난 피해를 입었다. 시민들은 매일 파리 노트르담 대성당에서 200m 정도 떨어진 광장에서

| 파리 노르트담 대성당 부근의 위그노 처형 장소

화형당하는 위그노들의 비명 소리를 듣고 육신이 타는 냄새를 맡았다고 한다.

  이 과정에서 주목할 것이 있다. 칼뱅이 순교자와 투옥되어 고문당하는 성도들이 끝까지 자신의 신앙을 지키도록 그가 성경적으로 확고히 믿은 '성도의 견인'(perseverance of saints) 교리를 그들에게 서신으로 전하며 비상 기도를 했다는 사실이다. "하나님이 여러분에게 심어 놓으신 능력은 그 어떤 것으로도 동요될 수 없다고 믿습니다. 여러분은 마지막 싸움에 대해 이미 오랫동안 숙고했습니다. 그 싸움이 하나님이 기뻐하시는 일이면 끝까지 견뎌야 합니다. 여러분 안에 계시는 그분은 세상보다 강하십니다."

  대학살은 도처에서 일어났다. 파리 근교와 모, 바시 등 위그노의 예배처

소가 있는 곳이면 끔찍한 살해와 폭력이 가해졌다. 1598년 낭트칙령이 발표되어 위그노에게 종교·정치적 권리가 부여되었으나 이 칙령은 1685년 루이 14세에 의해 폐기되고 위그노는 또다시 박해를 받게 되었다. 이로써 30만 명이 넘는 위그노들이 네덜란드와 스위스 독일 영국, 심지어 미국으로 망명길에 올랐다. 이런 상황에서 칼뱅은 위그노들에게 끝까지 시련을 참고 견디며 절대로 폭동은 삼가라고 간절히 호소했다.

**저는 여러분에게 위대하신 주님이 주신 인내의 가르침을 실천할 것을 호소합니다…그러나 분명히 말하지만 하나님의 말씀이 허용하지 않는 한 그 어떤 것도 시도하지 말아야 합니다. 하나님의 복음이 사람을 폭동이나 반란을 위해 무장시켰다는 비난을 받기보다는 차라리 우리 모두 전멸당하는 것이 더 나을 것입니다…과격한 행동과 폭력은 그저 헛된 결과를 가져올 뿐입니다.**

그 후 위그노가 정부의 인정을 받은 것은 1802년으로, 30년 전쟁이 끝나고 200년이 지난 후였다. 그들은 1907년에 공식적인 프랑스 개혁교회로 위상을 확립했다. 위그노들이 프로테스탄트 박해사 중 가장 혹독한 시기에 보여 준 참된 그리스도인의 정직하고 근면한 모습은 프랑스뿐 아니라 유럽 전역의 교회와 사회에 큰 영향을 끼쳤다.

### 그리스도의 사랑과 비폭력 평화운동

우리는 프랑스 위그노 수난사를 통해 칼뱅의 비폭력 평화사상을 발견할 수 있다. 그것은 성경에서 예수 그리스도가 몸소 실천하신 사랑의 가르침이다(마 5:39; 눅 6:27-29). 많은 사람들이 칼뱅의 엄격한 이미지 때문에 그리스도의 사랑과는 거리가 멀다고 오해한다. 그러나 칼뱅이 사랑과 관용의 사도임을 위그노 수난사를 통해 알 수 있다.

1919년 3·1운동 당시 우리의 선조들이 일제의 총칼 앞에서도 비폭력으로 일관했던 것은 민족 대표 33인 중 상당수였던 기독교 지도자들이 가진 성경적인 평화사상 때문이었다. 미국의 인권운동가인 마틴 루터 킹 목사가 흑인의 인권 회복을 위해 보여 준 투쟁 방법도 비폭력 무저항운동이다.

우리는 위그노의 삶을 통해 순교 신앙의 거룩하고 아름다운 모습을 발견할 수 있다. 교회사는 순교의 역사다. 한국교회 130여 년의 역사에도 주기철, 손양원 목사 등 순교자의 피가 흐르고 있다.

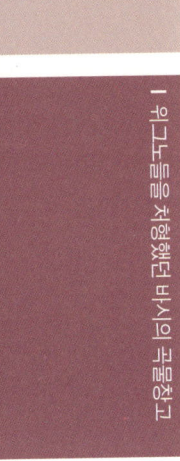

위그노들을 처형했던 바시의 곡물창고

# 스위스에서 발견한 위그노의 흔적

칼뱅의 개혁사상 중심에는 '경건과 지식'이 있다. 참된 신앙인은 올바른 경건과 올바른 지식을 추구해야 한다는 것이다. 《기독교강요》 제3권 2장은 "믿음은 소위 경건한 무식이 아니라 (올바른) 지식에 근거한다"라고 나와 있다. 위그노들은 이러한 경건과 지식을 추구한 최고의 엘리트였다. 게다가 칼뱅의 개혁사상 중심에는 하나님의 영광을 위한 '직업 소명'이 있다. 위그노들은 이러한 직업 소명에 충실한 프로테스탄트였다. 가톨릭의 박해로 흩어진 위그노들은 순교적 신앙과 고도의 전문 지식, 투철한 직업 소명 의식으로 유럽과 세계를 변화시켰다.

칼뱅의 경건과 지식, 직업 소명 실천

프랑스에서의 참혹한 위그노 순교 현장을 답사한 후에 스위스에서 독특한 위그노의 흔적을 발견했다. 그것은 로잔에 남아 있는 위그노 신학교였다. 1729년을 전후해 개혁자 앙투안 쿠르와 벤자민 뒤플랑이 세운 이 학교는 망명지인 타국에서라도 복음 사역자를 양성, 프랑스로 재침투시키겠다는 위그노들의 감당치 못할 신앙의 상징이었다. 칼뱅 당시에도 구약의 '엘리사 생도학교'(왕하 2:3-7, 6:1-2) 같은 소규모 위그노 신앙교육 공동체가 스위스 등 해외에 자발적으로 생겼다고 한다.

이 신학교 졸업생들에게는 공통점이 있었으니 누구든지 죽음을 각오한 자가 이 학교를 찾았다는 것이다. 당시 프랑스에서 개혁교회에 대한 핍박

| 스위스 로잔의 위그노 신학교

이 극에 달했을 때, 망명지에서 신학 훈련을 받은 학생들은 다시 조국으로 돌아가 복음을 전했고 대다수는 순교했다. 많은 사명자들이 하나님의 영광을 위해 일사각오로 이 학교를 찾았고 이곳에서 그리스도의 복음으로 무장해 조국의 구원을 위해 기꺼이 죽임을 당했던 것이다. 앞서 언급했지만 칼뱅은 조국을 떠나온 위그노들을 적극 도왔고 조국에 남아 있는 위그노교회 공동체에 예배와 예전 등의 규례를 만들어 전했다. 또 그들에게 어떤 고난과 시련 속에서도 폭력을 행사하지 말라고 꾸준히 권고하면서 그의 개혁사상이 그리스도의 사랑과 비폭력, 평화에 근거하고 있음을 분명히 했다.

칼뱅은 평소 성도의 온전한 신앙을 위해 '경건과 지식'을 강조했는데 그 전형적인 모델을 위그노의 신앙에서 볼 수 있다. 그는 평소에 "여호와를 경외하는 것이 지식의 근본"(잠 1:7, 9:10)이라는 말씀을 중시해 제네바 아카데미의 교훈으로 삼았다. 믿음에 지식을 더하고 지식에 믿음을 더하는 경건과 지식의 상호관계성을 중요하게 여긴 것이다.

오늘날 신학계와 기독교 교육계에서 '경건과 학문' 또는 '신앙과 교육'을 강조하는 것도 바로 칼뱅의 개혁사상에 근거한 것이다. 이처럼 칼뱅은 제네바 아카데미를 세워 '하나님을 아는 지식'을 가르치고 위그노 신학교를 지원함으로써 경건과 지식을 실천했다. 위그노들은 이러한 칼뱅의 개혁사상을 적극적으로 실천한 당시 프랑스 최고 엘리트 계층의 프로테스탄트였다.

칼뱅의 개혁사상 중심에는 성경적인 '직업 소명' 의식이 있다. 그 의미를 바로 알고 이를 적극 실천한 부류 역시 위그노들이었다. 오랜 가톨릭교회의 전통 속에서는 성직자들과 귀족 계급 외에 절대 다수의 노예와 서민들은 삶을 운명으로 받아들일 뿐 직업의식에 대한 개념이 없었다. 루터조차 직업을 '인간이 순응하고 만족해야 할 타고난 운명'이라고 소극적으로 받아들인 반면, 칼뱅은 '직업은 하나님의 영광을 위해 일하라는 하나님의 명령'이라고 생각했다.

그래서 "각 개인은 그것을 인식하고 그것을 위해 노동해야 한다"라는 적극적인 직업관을 성도들에게 가르쳤다. 이것이 칼뱅의 직업 소명으로 그의 개혁사상의 중요한 요소다. 이와 관련해 독일의 종교사회학자 막스 베버(1864-1920)는 칼뱅의 개혁사상에 내재된 프로테스탄트 금욕주의와 직업 소명이 서구의 자본주의 형성과 발전에 지대한 영향을 끼쳤다고 주장했다.

### 각처에서 꽃을 피운 위그노들

초대 예루살렘교회 성도들이 동서남북으로 흩어졌듯이, 위그노들도 박해를 피해 유럽 각지로 흩어졌다. 그러다가 1598년의 낭트칙령으로 신앙의 자유와 시민의 권리를 보장받게 되자 그들은 숙련된 기술로 열심히 일해 짧은 시간에 경제적인 풍요를 누렸다. 그러자 가톨릭교회의 우려와 불만이 고조되어 도처에서 위그노에 대한 잦은 폭력이 발생했다.

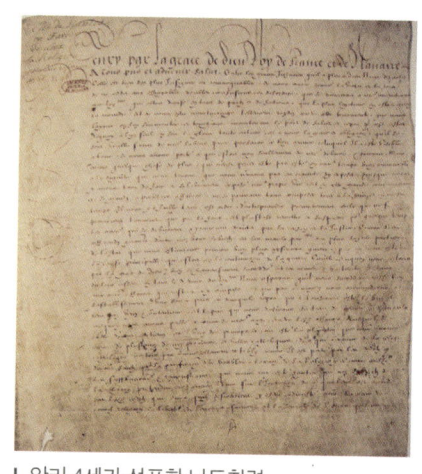
| 앙리 4세가 선포한 낭트칙령

대표적인 사례가 1572년에 일어난 성 바돌로매 축일 사건으로 그때 수만 명의 위그노가 대량 학살 당했다. 개신교의 원조라 할만한 위그노의 당시 신앙은 오늘날 우리의 신앙생활과는 차원이 달랐다.

| 위그노 박해 현장을 그린 프랑스와 뒤부아의 '성 바돌로매 축일 대학살'

칼뱅처럼 자신의 신분을 숨기거나 도피자의 삶을 살면서도 그들은 비밀교회에 모여 목숨걸고 기도하며 하나님의 얼굴을 구했다.

바시의 어느 곡물창고를 이용한 위그노 집회에서는 가톨릭교도들이 군인들을 동원해 위그노들을 총과 칼로 죽이고 불을 질러 한 번에 250명의 사상자가 발생하기도 했다. 마치 일제가 저지른 제암리교회 방화 사건 같았다. 위그노들이 그러한 살벌한 상황 속에서도 모범적인 신앙생활과 경제 활동을 했다는 사실 앞에 절로 고개가 숙여졌다.

산업의 역군으로 프랑스 경제를 떠받들며 일하던 30만 명의 위그노는 낭트칙령이 폐기되면서 개신교도에 대한 박해가 더 심해지자 유럽 각지와 미국 등지로 탈출했다. 프랑스를 탈출한 위그노 대다수는 당시 사회 각 분야의 상류 계층을 형성한 지식인들과 시계 같은 정밀 산업을 비롯해 제철과 염료, 화학 분야에서 일하는 고급 기술 보유자였다.

문헌에 따르면 당시 해외로 이주한 위그노는 네덜란드 65,000명, 독일 30,000명, 스위스 25,000명 정도였다고 한다. 이런 점에서 종교개혁기의 프랑스 경제 쇠퇴의 원인을 위그노의 해외 탈출과 연관 지어 분석한 막스 베버의 통찰력은 참으로 놀랍다.

영국 찰스 2세는 특별이민법을 만들어 뛰어난 기술을 가진 위그노들을 적극 받아들였다. 영국으로 건너간 위그노들은 증기기관 기술과 면방직 공업의 기틀을 마련해 18세기 영국의 산업혁명을 주도했다. 스위스로 탈출한 위그노들은 시계 제작기술을 전수해 정밀 산업을 육성했으며 의약품 제조 기술을 가르쳐 오늘의 스위스 경제의 기반을 구축했다. 독일도 뛰어난 기술력을 가진 위그노들을 적극 받아들여 철강 산업을 일으켰다. 미국으로 건너간 위그노들은 탄약 기술을 전해 미국이 개척 시대를 여는 데 크게 기여했다.

이처럼 칼뱅의 개혁사상을 받아들인 위그노들은 칼뱅이 강조한 경건과 지식, 직업 소명의식으로 가는 곳마다 프로테스탄트 신앙의 꽃을 피우고 자본주의 경제의 기반을 구축했다. 위그노의 영향력은 지금도 살아서 세계를 변화시키고 있다.

종교개혁 500주년을 맞이하는 한국교회가 당면한 교회 개혁과 사회 개혁을 추진하는 데 중요한 것은 칼뱅의 직업 소명의 본 뜻을 살리는 일이라고 생각한다. 즉 하나님의 영광을 위해 목회자와 성도부터 정직한 직업 소명의식을 회복해야 하는 것이다. 그때 그것이 사회로 파급되어 부패한 '천민자본주의'가 깨끗한 '성민자본주의'로 바뀔 것이다.

1 로테르담 성당 앞의 에라스무스 동상

## 네덜란드에서 만난 종교개혁의 선구자

16세기 종교개혁은 지성계의 인문주의운동과 예술계의 르네상스운동의 연동관계 속에서 일어났다. 하나님의 형상으로 지음받은 인간의 인간다움을 회복하기 위한 몸부림이 중세의 오랜 영적 암흑기 끝자락에 연쇄적으로 촉발된 것이다. 이런 점에서 종교개혁은 당시 로마 교황권의 전횡이 가져온 필연적인 사건이라 할 수 있다. 우리는 당시 최고의 인문주의 학자인 에라스무스의 사상이 종교개혁에 끼친 영향을 통해 그 구체적인 사례를 발견하고자 한다.

## 종교개혁의 길을 닦은 인문주의자

16세기 최고의 인문주의자로서 당시 부패한 교황권을 신랄하게 풍자한《우신예찬》(愚神禮讚)의 저자 에라스무스를 찾아 네덜란드로 발을 옮겼다. 그가 머물렀던 스위스 바젤을 거쳐 출생지인 네덜란드 로테르담을 답사하면서 하나님의 오묘한 섭리를 새삼 깨달았다.《우신예찬》의 출판 연도는 1511년으로, 루터가 비텐베르크 성교회에서 '95개조 논제'를 발표한 1517년보다 6년이나 앞선 것이다.

I 《우신예찬》

에라스무스가 1509년 알프스를 여행하면서 착상하고, 영국으로 건너가 인문주의자 토머스 모어 경의 집에 머물며 열흘 만에 탈고한《어리석은 신에 대한 예찬》속에는 당시 권위주의와 형식주의로 전락한 로마 가톨릭교회의 실상이 대담하게 묘사되어 있다. 한 예로 "만일 교황이 기독교의 대리자라면 예수 그리스도처럼 불행한 생애를 보내야 할 것이 아닌가. 그러나 지금의 교황은 영화나 누리며 행복 속에 살고 있다"라는 비판은 교권의 정곡을 찌르는 것이었다. 이처럼 에라스무스는 당시 성직자들의 부패와 수도사들의 편협성을 폭로하는 데 앞장섰다.

그런데 당시 세인들에게 주목받고 인기를 끈 '문제의 작품'을 어째서 교황청은 대수롭지 않게 여겼는지 참으로 의아했다. 심지어 교황 레오 10세가 이 책을 흥미 있게 읽었다 하니 더욱 놀랄 일이다. 이런 점에서 역사가들이 폭풍 전야 같은 시기에 에라스무스가 종교개혁 준비에 크게 기여했다고 평가하는 것 같다.

또한 에라스무스는 최초의 헬라어 신약성경 편집으로 '프로테스탄트 성경'을 제공해 신학적으로도 크게 이바지했다. 그런 점에서 그는 종교개혁의 길을 예비한 세례 요한 같은 인물이었다. 그런데 왜 역사가들은 에라스무스를 종교개혁의 우군으로 인정하지 않는 것일까?

| 1516년 출간한 에라스무스의 헬라어 신약성경

### 슬픈 출생의 비밀과 긴 수도원 생활

에라스무스는 로테르담에서 1466년 10월 27일 사제인 로저 제라드와 의사 딸인 마가렛 사이에서 둘째 아들로 출생했다. 그러나 그의 아버지는 성직자가 되기 위해 아들을 정식으로 인정하지 않았고 결국 그는 호적상 사생아 신세가 되었다. 에라스무스는 아홉 살이던 1475년부터 아버지가 사망한 1483년까지 8년간 데벤터에 있는 성 레빈 소년학교에서 지냈다. 그는 어린 시절에 독서가 가장 큰 낙이 었으며 타고난 천재성으로 열두 살에 벌써 고대 로마 서정시인 호라티우스 와 로마 극작가인 테렌티우스의 시를 암기할 정도였다. 어머니마저 여읜 뒤 에는 후견인에게 유산을 강탈당하고 형 피터와 함께 수도원에 가게 되어 그곳에서 5년(1486-1491)을 보내는데 이런 쓰라린 경험 때문에 평생 수도원 주의에 부정적인 견해를 갖게 되었다.

| 에라스무스

그러나 에라스무스는 수도원 생활을 통해 고전을 접하게 되어 스승도 없이 시와 산문, 그리고 그리스도와 성모에게 바치는 송가를 공부하며 영성과 내면의 세계를 다졌다. 기회만 있으면 수도원을 벗어나고자 한 그는 캉브레 주교에 의해 5년 만에 풀려나 1492년 사제 서품을 받게 된다. 그 후 친구의 도움으로 파리대학에서 신학을 공부한 그는 꼴레쥬 몽테규와 오를레앙대학에서 학문에 전념했다. 슬픈 출생의 비밀을 안고 고아 같은 청소년기를 보냈지만 그의 학문은 당대 그 어떤 인문주의자들에 필적할 수 없을 정도여서 많은 사람들에게 흠모의 대상이 되었다.

에라스무스는 평생 영국을 두 번 방문했다. 처음에는 평소 그를 존경한 제자 마운트조이 경의 초대를 받아 간 것으로 그때 그는 토머스 모어 경을 비롯한 당대 유명한 학자들과 성직자들을 사귀고 국왕 헨리 7세를 알현하기도 했다. 두 번째 영국 방문에서는 마가렛대학의 신학 교수와 케임브리지대학 헬라어 강사가 되는 영예를 누리기도 했다. 지금도 케임브리지대학 퀸스칼리지는 그가 사용하던 방을 보전하여 순례자들에게 자랑하고 있다고 한다.

### 중간자(中間子)로서 종교개혁을 지원

에라스무스는 16세기의 '걸어 다니는 백과사전'이라 할 만큼 박학한 최고 인문주의 학자였다는 사실을 전제로 그와 종교개혁의 관계를 이해해야 한다. 비교적 최근에 '에라스무스의 생애'를 쓴 예일대학 교수 롤랜드 베인턴은 "에라스무스는 정당한 평가를 받지 못했다. 그는 교회 지도자가 아니었으나 가톨릭으로부터는 파괴적인 인물로 배척당하고, 프로테스탄트로부터는 도피적인 인물로 배척당했다. 그러나 그는 가톨릭과 프로테스탄트 양자의 대화와 이해를 위해 중요한 인물이다"라며 중간자로서 그의 위치를 설명했다.

에라스무스는 평생 가톨릭교회를 벗어나지 않았지만 1559년 교황 바오로 4세는 그의 저서에 개혁사상이 있다며 종교와 관련이 없는 그의 책까지 금서로 취급했다. 이후 트리엔트 공의회에서 완화되어 불온한 부분을 삭제한 판본은 허용되었지만 사후에도 에라스무스는 가톨릭교회로부터 배척을 당했다.

이번 답사를 통해 그가 프로테스탄트에 적극 협력하지 않았다는 역사적인 평가에 수긍이 갔다. 에라스무스는 교회의 폐습을 평화로운 방법으로 개혁하기를 원했으며 루터처럼 과격한 방법은 인정하지 않았기 때문이다. 역사가 필립 샤프는 "에라스무스는 루터의 사상보다 그 태도에 반대했던 것이며 평민에게서나 볼 수 있는 루터의 과격한 언행이 그의 세련된 취향에 거슬렸던 것"이라면서 두 사람의 근본적인 차이를 지적했다.

루터는 이러한 에라스무스를 "행동 없이 말만 하는 사람"이라고 비판하기도 했다. 그럼에도 에라스무스는 루터가 파문당하기 전인 1519년 11월 마인츠 대주교 추기경 알브레히트에게 편지를 보내 "만약 루터가 무고하다면 저는 그가 악인들에게 짓밟히는 것을 원하지 않습니다. 혹시 그에게 오류가 있다고 해도 저는 그가 멸망하기보다는 차라리 옳은 자리로 돌아오는 것을 보고 싶습니다. 그렇게 하는 것이 그리스도를 본받는 것이기 때문입니다"라고 루터를 변호했다. 루터가 파문당한 후 1520년 9월 교황 레오 10세에게 보낸 편지에서도 그를 두둔했다.

최초의 헬라어 신약성경 인쇄본인 에라스무스의 《헬라어 신약성경》은 성경 해석학에 크게 공헌한 책으로 프로테스탄트 성경의 길을 연 것으로 평가받는다. 고전을 쓰고 암기할 만큼 능통한 라틴어 실력으로 헬라어 성경을 번역한 것이다. 이는 종교개혁자들의 '오직 성경으로'라는 모토에 부합하는 것으로 당시 걸음마 단계에 있던 성경 연구에 불을 붙였다. 주목할 것은 《헬라어 신약성경》의 출판이 1516년인데, 이는 루터의 종교개혁보다 1년 앞선다는 사실이다. 근원으로 돌아가는 것은 '오직 성경'으로 가능하다.

| 크라이스트처치 칼리지

# 영국에서 만난
# 존 웨슬리의 흔적들

존 웨슬리를 찾아 도버해협을 건너면서 역사가 필립 샤프가 한 말이 떠올랐다. "칼뱅 사후에 존 웨슬리보다 더 자기를 부인하며 살고 사도적인 전도의 열매를 풍성하게 거둔 인물은 없다." 웨슬리(1703-1791)는 칼뱅(1509-1564)이 죽고 130년 후에 태어났고 출생을 기점으로 하면 무려 200년 뒤의 사람이다. 종교개혁의 치열한 영적 격변기를 훨씬 지나 태어난 영국의 한 전도자와 칼뱅의 개혁주의 영성에는 어떤 공통점이 있는 것일까?

## 종교개혁 이후 영국과 존 웨슬리의 영성

웨슬리의 나라 영국에서 그의 발자취를 더듬으면서 두 사람의 공통점을 발견했다. 칼뱅의 16세기와 웨슬리의 18세기는 시대의 간격이 있을 뿐 동일한 세속화시대였다. 지금도 그렇지만 심각한 세속화시대에 한 사람은 스위스 제네바를 중심으로 성시화운동을 전개했고, 한 사람은 영국 옥스퍼드를 중심으로 성결운동을 전개했다. 칼뱅이 제

| 존 웨슬리

네바를 거룩한 도시(국가)로 만들고자 한 신정정치운동과 웨슬리가 영국을 종교적, 도덕적으로 거룩한 나라로 만들고자 한 홀리클럽운동은 일맥상통한다. 이는 4세기 아우구스티누스의 '하나님의 도성' 사상과도 연결된다. 이처럼 두 사람은 사회변혁을 추구한 개혁가이자 위대한 영성의 사람이었다.

한편 두 사람의 신학사상은 예정론과 예지예정론으로 구분되지만, 신학자 조지 셀이 지적한 대로 칼뱅의 신학을 아르미니우스 신학으로 수정한 대표적인 인물이 웨슬리였다는 점에서 두 사람의 신학관은 연결점이 있다. 웨슬리의 은총론은 칼뱅주의자보다 더 '하나님 의존적'인 것으로, 구원을 위한 하나님의 주권적 사역에서 나타나는 인간의 순응과 협력도 하나님이 주신 것이라고 본 점에서 그렇다.

게다가 웨슬리는 구원의 전 과정인 칭의와 성화도 전적으로 하나님의 은혜라고 믿었다. 그런 점에서 웨슬리는 구원에서 '저항할 수 없는 은혜'

를 강조한 칼뱅 못지않은 '은총 박사'다. 웨슬리가 "나의 신학과 칼뱅 신학은 머리카락 하나 정도의 차이"라고 할 정도다. 필립 샤프가 웨슬리를 칼뱅주의자이자 진정한 복음 전도자로 본 이유도 여기에 있는 것이다. 그러므로 종교개혁 500주년을 맞이하는 한국교회도 교파와 신학을 초월하여 교회 개혁과 사회 변혁을 위해 합력해야 할 것이다.

## 불에서 꺼낸 그슬린 나무가 아니냐

'한 책(성경)의 사람'이라는 별명을 가진 존 웨슬리를 만나기 위해 영국 동북부에 위치한 링컨 주의 엡워스로 향했다. 그의 출생지 엡워스는 런던에서 3시간 30분 거리에 있는 도시다.

웨슬리는 영국 성공회 목사인 새뮤얼 웨슬리와 성직자의 딸 수잔나 사이에서 1703년 6월 13일에 태어났다. 웨슬리 부부는 19명의 자녀를 낳았으나 대다수 어려서 사망했고 존 웨슬리와 동생 찰스 웨슬리 등 여섯 자녀만 남아 성장했다. 웨슬리가 태어난 웹워스교회 목사관은 지금도 잘 보존되어 있어 교회 정원에서 뛰놀았을 유년의 웨슬리를 그려볼 수 있다.

웨슬리가 다섯 살 때 목사관에 화재가 발생해 그는 마을 사람들의 도움으로 화염 속에서 극적으로 구출되었다. 이 사건을 통해 그의 부모는 아이가 장차 하나님의 사역을 감당할 것이라는 생각했다. 특히 어머니는 "이는 불에서 꺼낸 그슬린 나무가 아니냐"라는 스가랴 3장 2절 말씀을 마음에 두고 웨슬리의 영성을 위해 매일 성경공부와 기도훈련 등 엄격한 신앙교육을 했다.

웨슬리의 영성은 어머니에게 받은 가정 교육에서 수도원의 엄격한 도

| 런던의 차터하우스 스쿨

제 교육으로 발전하게 되는데, 그것이 바로 웨슬리가 열한 살부터 6년간 런던의 차터하우스 스쿨에서 받은 수도원 교육이다. 가정 교사로 아들에게 하루 6시간씩 홈스쿨링을 하고 2시간씩 별도로 성경을 가르친 웨슬리의 부모는 아들의 영적 무장을 위해 전통 있는 수도원학교로 보낸 것이다. 1349년 그 학교는 옥스퍼드대학이나 케임브리지대학처럼 수도사들에 의해 세워졌다. 웨슬리는 한창 감수성이 예민한 사춘기에 이 학교에 입학했고 수도원 교육의 엄격한 과정을 훌륭하게 마쳤다. 실제로 차터하우스는 웨슬리가 동문인 것을 큰 자랑으로 여기고 있으며 건물 구석구석에서 그의 숨결과 흔적을 발견할 수 있었다.

## 조지아 선교의 좌절과 올더스게이트 거리의 체험

차터하우스를 마친 웨슬리는 1720년 우수한 졸업 성적으로 40파운드(61,000원 정도)의 장학금까지 받고 옥스퍼드대학 중 가장 규모가 큰 크라이스트처치 칼리지에 입학했다. 이 학교를 졸업한 웨슬리는 1726년 링컨 칼리지 펠로우(교수급 특별연구원)로 선발되어 그곳에서 10년 가까이 봉직하다가 1737년 미국 조지아 선교를 위해 2년 정도 학교를 떠났다. 그러나 그는 만족할 만한 결실을 얻지 못하고 조국으로 왔다. 첫 해외선교의 실패로 깊은 좌절의 나날을 보내던 어느 날 그에게 영적인 큰 변화가 찾아왔다. 그것이 바로 유명한 '올더스게이트의 체험'이다.

1738년 5월 24일 저녁에 웨슬리는 모라비안 교도들의 올더스게이트 집회에 참석해 로마서 강론을 듣던 중 큰 은혜를 체험했다. 그 사건은 그에게 영적으로 일대 전환점을 가져다주었다. 즉 그가 영적 무기력 상태를 극복하고 능력 있는 전도자로 변화된 것이다. 웨슬리는 일기에 그날 사건을

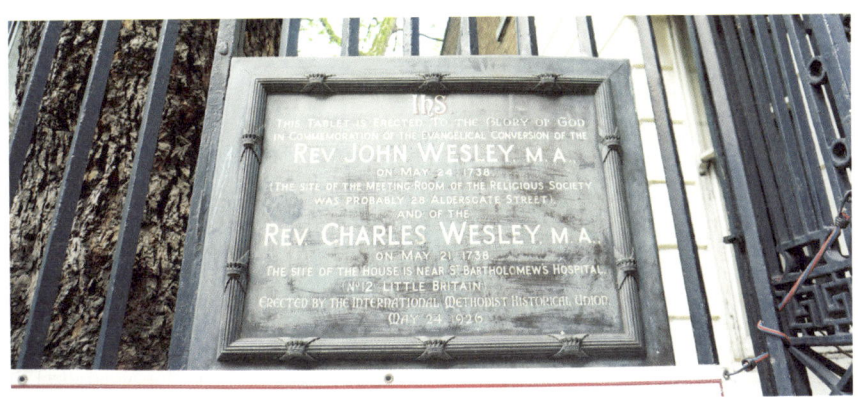

| 웨슬리가 은혜를 체험한 올더스케이트 현장

'영적 회심'(spiritual conversion)이라고 했다가 후에 '영적 사귐(spiritual conversation) 이라고 표현을 바꾸었다. 그날의 체험 이후 웨슬리는 "세계가 나의 교구다!"라는 구호를 외치며 '한 손에는 성경을, 다른 한 손에는 사랑'을 들고 힘 있게 복음을 전했다.

### 민중 속으로 파고든 전도자

세계교회 역사상 웨슬리만큼 민중 속으로 파고들어 복음을 전한 전도자도 없을 것이다. 당시 그가 행한 연간 1,000번 이상의 설교 중 상당수는 번화한 거리나 산간벽지를 찾아 전한 것이다. 그뿐 아니라 폭도들의 방해와 돌팔매질을 당하면서도 가난한 노동자 같은 소외 계층을 찾아가 전도한 설교자였다.

심지어 그를 배척한 콘월 지방에 32번이나 방문해 전도했다고 하니 복음에 빚진 웨슬리의 불타는 마음을 짐작할 수 있다. 그가 말을 타고 복음을 전한 거리는 1년에 평균 12,800km 정도, 40년간 52,000km로 지구를 13번 이상 순회한 셈이다.

웨슬리가 죽은 후 영국 왕실 고문 변호사였던 어거스틴 비렐은 이렇게 말했다. "그가 전도하기 위해 유숙했던 여관비를 계산하면 역사적 기록이 나올 것이다. 이처럼 전무후무한 투쟁 속에서 오늘날 진기한 풍경을 일부러 찾아다니는 사람들의 발길조차 닿지 않은 영국의 오지들을 그는 수없이 찾아다녔다." 웨슬리보다 삶 한가운데로 깊숙이 들어가 복음으로 사회를 변화시킨 사람은 없을 것이다. 그렇다면 지금 한국교회는 세상 한가운데로 들어가고 있을까?

링컨 칼리지의 웨슬리 사무실

# 영국 감리교회의 탄생

답사를 하며 특별히 웨슬리가 공부하고 사역한 옥스퍼드대학에 있는 옥스퍼드 성에 관심이 갔다. 웨슬리가 크라이스트처치 칼리지를 졸업한 이후 1726년 링컨 칼리지 특별 연구원으로 일하면서 시작한 '홀리클럽운동'이 바로 이 성의 재소자 방문을 계기로 시작되었다는 일설 때문이다. 옥스퍼드대학 크라이스트처치 칼리지 대식당은 웨슬리를 비롯한 영국 역대 위인들의 초상화가 보존된 명소로 '해리 포터'의 영화 촬영 장소로도 유명하다.

성결운동의 시작

옥스퍼드에는 두 곳에 감옥이 있었다. 하나는 성에 있는 것이고 다른 하나는 성의 북문 옆에 있는 감옥(The Bocardo)이다. 웨슬리는 당시 동생 찰스 웨

| 옥스퍼드대학 크라이스트처치 칼리지 대식당

슬리와 사회적으로 소외된 계층을 전도하며 자선을 베푸는 일에 관심을 가지고 자주 감옥을 찾았다. 재소자들에게 음식과 의약품, 연료 등을 나누며 복음을 전했다고 한다. 옥스퍼드 성의 감옥은 오래전에 폐쇄되었다가

| 홀리클럽의 출발점인 옥스퍼드 성 감옥

2005년 다시 개방되어 유적지로 보존되고 있다.

웨슬리가 교도소 방문을 계기로 당시 부패한 사회 현상에 충격을 받아 성결운동을 시작했는지, 아니면 평소 존경한 토머스 아 켐피스나 윌리엄 로오의 영향으로 시작했는지는 알 수 없으나 중요한 것은 시대 상황에 민감하게 깨어 있던 웨슬리의 깊은 영성이다. 옥스퍼드대학 내 링컨 칼리지의 작은 방(홀리클럽 모임이 있었던 웨슬리의 사무실)에서 시작한 성결운동이 영국을 비롯한 여러 나라의 교회에 활력을 불어넣는 성령의 불씨가 되었기 때문이다.

당시에는 그들의 지속적인 성경공부와 엄격한 경건생활을 보고 그들을 '질서주의자들'(Methodists), 즉 규율에 얽매인 사람들이라고 조롱했다. 그러나 웨슬리와 동료들은 이런 비난에도 묵묵히 하나님의 뜻을 구하며 세상을 변화시키기 위한 영적 훈련을 게을리하지 않았다.

그들은 수요일과 금요일에 오후 3시까지 금식하고 매일 새벽 4시에 일어나 기도 시간을 가졌는데 서로 깨워 주려고 보초를 서기도 했다. 낮에는 학교 일에 힘쓰면서도 밤을 밝혀 성경을 공부하고 새벽을 깨워 기도하는 영적 습관이 몸에 밴 것은 유년 시절과 청소년기에 수도원학교에서 익힌 영성 훈련 덕분이었다.

어떤 이들은 웨슬리의 홀리클럽운동 기간이 길지 않았다고 주장한다. 그러나 현장에서 확인해 보니 상당히 긴 기간 지속되었음을 알 수 있었다. 1726년에 시작된 이 운동은 웨슬리가 1735년 미국 조지아로 전도를 하기 위해 2년 남짓 학교를 떠났다가 다시 복직해 1751년 교수직을 사임할 때까지 옥스퍼드를 중심으로 25년이나 계속되었다.

| 링컨 칼리지

| 웨슬리의 방에서 시작된 홀리클럽 모임

어떤 연구가들은 이 운동은 1751년 웨슬리가 링컨 칼리지 펠로우를 사임한 후에도 계속되었으며 그의 순회 전도의 모든 과정을 성결운동의 연장으로 봐야 한다고도 주장한다. 중요한 것은 웨슬리가 교회의 갱신과 부패한 사회 정화를 위해 일생을 바쳤다는 사실이다. 그의 일관된 '성화론' 설교는 이러한 웨슬리의 신성클럽운동을 확실하게 증거한다.

21세기 한국교회, 18세기 영국교회 회복을 본받자
하나님이 영국을 위해 준비하신 종으로 말미암아 18세기 영국교회가 개혁되고 사회적으로는 도덕이 회복되었으며 그에 따라 경제적으로도 산업혁명기의 활력을 되찾았다고 한다. 여기서 우리는 16세기 장 칼뱅이 스위스 제네바를 중심으로 시작한 개혁운동이 유럽 전역으로 확산되어 정치적으로는 민주주의와 경제적으로는 자본주의의 기반을 구축한 것과 유사한 점을 발견하게 된다. 그뿐 아니라 청교도의 신앙을 물려받은 '질서주의자'

들이 영국의 '감리교회'(Methodist Churches)라는 영광스러운 이름으로 탄생하게 된다. 성결교회는 그 출발은 다르지만 교리적 기초는 웨슬리의 신학에 있다고 한다. 이렇게 감리교회를 비롯해 성결교회와 오순절교회가 존 웨슬리의 헌신으로 시작된 것은 하나님의 섭리라고 할 수 있다.

많은 사람들이 오늘날 한국교회와 사회의 모습이 18세기 영국의 상황과 많이 닮았다고 한다. 역사와 문화적 환경은 다르지만 웨슬리가 복음을 전하던 18세기의 영국과 21세기의 한국은 심각한 세속화시대라는 점과 도덕적 부패지수가 높다는 점에서 유사하다. 국교의 권위 아래 경건의 모양은 있으나 생명력을 상실해 있던 당시의 영국교회처럼 오늘날 한국교회의 상황도 마찬가지인 것이다.

어쩌면 한국교회는 18세기 영국교회보다 더 어려운 상황에 직면해 있는지 모른다. 교회의 영적 권위는 세상의 도전을 받고 있고 인류 구원을 위해 세상 한복판에 세워진 교회는 세상으로부터 고립되고 있다. 더 안타까운 것은 그러면서도 교회가 세속화되는 이중적 모순을 보인다는 점이다.

그러나 18세기 경건성과 생명력을 잃은 영국교회가 존 웨슬리의 헌신으로 갱신되었다는 사실은 21세기의 한국교회도 희망이 있다는 것과 같다. 웨슬리의 영향력으로 윤리와 경제가 회복되었다는 사실은 우리 사회도 회복될 수 있음을 알려 준다. 웨슬리가 죽은 후에 당시 왕실 고문 변호사였던 어거스트 비렐이 "존 웨슬리야말로 영국 국민들에게 가장 사랑받는 사람"이라고 평가했듯이, 한국교회 목회자들이 국민의 신뢰와 사랑을 받게 된다면 분명 이 땅에 하나님의 나라가 확장될 것이다.

## 개혁교회와 감리교회의 합작인 한반도 선교

종교개혁사는 칼뱅의 개혁사상이 영국에 영향을 주었고 엘리자베스 여왕의 국교회 정책에 불만을 품은 프로테스탄트들이 제네바의 칼뱅주의 교회개혁을 모방하여 더 적극적인 개혁을 요구한 데서 청교도운동이 시작되었다고 가르친다. 1542년 청교도혁명으로 일컬어지는 크롬웰혁명 이후 왕정복고가 이뤄지기까지 20년간 청교도들은 전성기를 맞이하기도 했으나 다시 정치적 박해를 받자 신앙의 자유를 위해 신대륙을 찾게 되었다. 그리고 청교도신앙으로 시작된 미국교회를 통해 한반도에 복음이 들어왔다.

그런데 우리가 간과하지 말아야 할 것은 한반도 복음 전래에는 개혁교회와 감리교회가 함께 협력했다는 사실이다. 영국 감리교회의 본격적인 조직은 1784년에 이루어졌지만 그 이전부터 메소디스트 정신은 발전을 거듭해 1768년 미국 뉴욕에 첫 감리교회를 세우고 코크(T Coke)를 첫 감리교 목사로 안수했다.

또한 18세기 영국 웨슬리의 성결운동이 19세기 미국의 성령운동에 영향을 끼쳤으며, 영국의 감리교 정신은 미국을 통해 일본 동경에 전파되어 동양선교회(OMS)가 조직되는 데 영향을 주었고 이는 일본과 한국의 성결교회 발판이 되었다. 한반도 최초의 선교사 중 언더우드는 미국 북장로교회 소속이고 아펜젤러는 미국 감리교회 소속이다. 이렇게 볼 때 한국교회는 그 시작이 개혁교회와 감리교회의 합력에 의한 것이었다. 한국교회가 분열을 멈추고 교파를 초월해 연합과 일치를 이뤄야 할 역사적 당위성이 여기에 있는 것이다.

1 랭스 대성당

## 종교개혁이 일어날 수밖에 없던 눈물의 현장

종교개혁의 흔적을 찾아 나선 답사에 감격의 순간만 있었던 것은 아니다. 감동과 희열이 넘치지만 고통과 눈물의 시간이기도 했다. 때로는 영적 의분을 느껴야 했다. 로마 가톨릭 성당을 답사할 때가 그랬다. 찬란한 건축 예술의 극치를 보여 주는 중세의 성당들은 하나님 대신 인간이 만들어 놓은 온갖 우상만 가득했다. 기원전 6세기 바벨론의 멸망을 예고한 "메네 메네 데겔 우바르신"(하나님이 무게를 달았는데 부족함)이라는 다니엘 5장 25절의 말씀이 떠올랐다.

### 중세 성당의 우상들

이번 답사의 목적은 가톨릭을 비판하기 위한 것은 아니다. 그러나 당시 교황권이 박해를 일삼았던 위그노의 순교적 삶의 현장을 돌아보는 과정에서 가톨릭의 실상을 통해 종교개혁은 일어날 수밖에 없었던 필연적 사건임을 알게 되었다. 인류의 메시아 예수님이 계셔야 할 자리에 마리아가 있고 온갖 성물과 성인의 초상화가 즐비한 성당을 방문하면서 계속해서 영적 싸움을 해야 했다. 교회사 초기의 카타콤처럼 위그노의 어둡고 습한 비밀 집회 장소와 달리 세상의 온갖 권위와 권력 위에 세워진 성당들은 하나님의 집이 아니었다.

실제로 많은 성당에서 돌로 부조된 괴물을 어렵지 않게 볼 수 있었는데 악귀가 성당에 들어오는 것을 막기 위한 것이라니 참으로 어이가 없었다. 프랑스 국왕 샤를 7세의 대관식이 행해졌던 랭스 대성당이 대표적이다. 그곳에는 우리가 익히 들었던 프랑스 구국의 여성, 잔 다르크의 동상이 서

| 랭스 대성당에 돌로 부조된 괴물 형상

있다. 그것은 샤를 7세 때 영국군의 침공으로 왕이 대관식을 치르지 못하자, 잔 다르크가 분연히 나타나 하나님의 계시를 받았으니 행사를 치르라고 촉구한 것을 기념하기 위해 세운 동상이라고 한다.

파리에서 가장 아름답다는 생트 샤펠 성당은 루이 9세가 예수님의 가시면류관을 가지고 와서 지은 것으로 알려져 있다. 학자들은 예수님 당시의 가시면류관을 어떻게 보존했으며 그것이 사실이라도 2,000년이 지나도록 원형을 유지하기는 불가능하다고 말한다. 여기서 중요한 것은 구주이신 예수님에 대한 신앙보다 가시면류관을 더 신성시하는 가톨릭교회의 잘못된 신앙관과 전통을 경계해야 한다는 점이다.

**인간의 공로를 자랑하는 저울**
프랑스를 방문하는 관광객이 가장 많이 방문하는 명소는 어디일까? 통계에 따르면 파리의 노트르담 대성당이다. 수많은 사람들이 성당에 들어가기 위해 이른 새벽부터 줄을 서서 기다린다. 한마디로 노트르담 대성당은 화려함과 예술의 극치다. 그러나 그 화려함 속에 온갖 우상이 자리하고 있을 뿐, 그곳에 하나님은 계시지 않았다.

노트르담의 뜻 자체가 '우리의 귀부인'이라는 뜻으로 '성모 마리아'를 의미한다. 성당 이름 자체부터 하나님과 예수님보다 성모 마리아를 더 신성시하며 우상화하고 있음을 알 수 있다. 이 성당에는 세 개의 문이 있는데, 하나는 '심판의 문'이고 다른 것은 '성모 마리아의 문'이며 또 다른 것은 '성녀 안나의 문'이다. 말하자면 세 개의 문 중 하나는 예수님과 관계가 있고, 나머지 두 문은 마리아와 안나 등 인간을 숭배하는 문인 것이다.

| 노트르담 대성당의 심판의 문

그런데 내 시선이 머문 곳은 심판의 문에 새겨져 있는 저울이었다. 이 저울은 봉사를 많이 하고 헌금을 많이 내고 거룩하게 사는 이들이 천국에 간다는 것을 묘사한 것으로 인간의 행위를 강조한 거울을 보는

| 성경의 권위를 보여 주는 칼뱅 생가에 있는 '성경의 무게' 판화

순간, 느와용 칼뱅의 생가에서 본 '성경의 무게' 판화가 떠올랐다. 그 저울은 인간의 어떤 선행도, 심지어 어떤 사탄의 힘도 하나님의 말씀인 성경보다 더 무게가 나갈 수 없다는 것을 가르쳐 주었다. 칼뱅이 개혁 신앙에서 강조한 '오직 성경'과 성경의 주인이신 '오직 그리스도'를 자랑하는 저울이었던 것이다.

### 종교개혁은 필연적 사건

종교개혁이 일어날 수밖에 없었던 하나님의 카이로스를 이해하기 위해서는 당시 가톨릭의 부패한 외형이 바로 인간의 부패한 내면에서 기인했다는 것을 이해해야 한다. "사람에게서 나오는 그것이 사람을 더럽게 하느니라"(막 7:20)고 하신 예수님의 말씀처럼, 종교개혁이 일어날 수밖에 없었던 16세기 가톨릭교회의 부패상을 교회 역사가인 필립 샤프는 이렇게 지적했다.

첫째, 교황 제도의 심각한 세속화다. 신의 대리자라는 명분부터가 하나님을 만홀히 여기는 인간의 죄악에서 나온 욕망이다. 급기야 교회의 분열로 교황이 둘, 셋씩 존재하게 되었으며 대다수 성직자는 진정한 목자가 아니라 세속적인 정치가였다. 성직 매매와 족벌주의로 좌우를 분별치 못하는 어린아이가 교황이 되기도 하고 성직자의 독신 제도는 온갖 부정과 성적 타락을 가져와 사생아가 속출했다. 머리 둘 곳 없이 사신 예수님처럼 청빈을 추구해야 할 사제들이 성직록(聖職錄)과 지상의 재물을 탐해서 절대다수의 백성은 노예처럼 빈곤한 생활을 해야 했다.

둘째, 신학의 타락이다. 복음을 위해 존재하는 신학이 스콜라주의에 빠져 공허한 이론과 사변의 미궁을 헤매고 있었다. 성경은 오랫동안 사제의 전유물이었고 교육은 사제들과 귀족 자제들에게만 허용되었다. 한 예로 웃지 못할 일은 종교개혁의 진원지인 비텐베르크대학에서 루터의 동료 교수로 널리 알려진 칼슈타트는 성경 사본을 보기도 전에 신학 박사가 되었다고 한다. 이는 성경을 한 번도 읽지 못하고 성경을 가르치는 교수가 되었다는 것이다.

당시 교육 현실은 더 말할 것도 없어서 다수의 평신도는 글을 읽지도, 쓰지도 못해 강단에서 선포되는 사제의 강론만 의지할 수밖에 없었다. 이러한 교육 제도는 특수 계층에게만 성경을 허용하고 대다수 성도의 영적인 눈을 뜨지 못하게 하기 위함이었다.

셋째, 교회가 면죄부를 비롯한 물질적 타락으로 경건을 상실했다. 교회의 경건은 말씀을 통한 그리스도와 성도의 연합, 성령의 인격적 감화로부터 흘러나와야 하는데 중세교회는 그렇지 않았다. 성 베드로 대성당의 건축 기금을 충당하기 위해 죄의 용서를 돈으로 살 수 있다는 속임수를 쓰면서 교회가 타락의 온상이 된 것이다.

## 한국교회는 그때보다 나은가

답사를 마친 뒤에도 종교개혁의 현장에서 체험한 영적 두려움은 여전히 느껴진다. 오늘의 한국교회 실상은 어떠한가? 분명 한국교회는 위대한 종교개혁자들의 헌신으로 세워졌다. 그러나 중세의 부패한 교회의 전철을 밟고 있는 것은 아닌지 심각하게 고민해야 한다. 그리스도의 몸 된 교회 본연의 사명을 감당하고 있는지, 당시 성직자들의 세속적인 모습이 지금의 목회자들에게는 없는지 살펴야 하는 것이다. 또한 교회가 물질적으로 타락하고 있지 않은지, 오늘의 신학이 복음과 교회를 위해 그 사명을 다하고 있는지 두렵고 떨리는 마음으로 정직하게 질문해야 한다. 우리는 "한국 교회를 저울에 달아 보니 안 되겠다"라는 주님의 엄위한 음성을 듣기 전에 환골탈태의 개혁을 단행해야 할 것이다.

고성삼 목사

종교개혁에서 믿음의 시험을 통과한 자들만 '개혁자'라는 이름을 얻었다. 3부에서는 '오직 믿음으로'(Sola Fide) 주를 따르며 말씀을 사랑했던 영국과 스코틀랜드의 개혁자들을 살펴보자. 존 위클리프와 윌리엄 틴데일을 비롯해 토마스 크랜머와 같은 순교자 그리고 존 낙스와 청교도, 웨일스 부흥의 발자취를 따라가 보자.

## 3부

### 종교개혁의 전파,

# 영국의 종교개혁자들을 찾아서

**종교개혁의 전파,**
영국의 종교개혁자들을
찾아서

# 유럽 종교개혁의 무대
# 옥스퍼드

1517년 마르틴 루터의 종교개혁이 있기 전부터 이미 유럽에는 중세교회의 만연된 부패와 부조리에 대항했던 개혁의 선구자들이 있었다. 영국 옥스퍼드에서 주로 활동한 존 위클리프(1324-1384)는 중세의 잘못된 제도와 사상에 반대하는 운동을 일으키며 종교개혁의 기초를 마련했다. 이 때문에 그는 '종교개혁의 새벽별'로 불린다.

### 존 위클리프, 그는 누구인가

위클리프는 요크셔에서 태어나 옥스퍼드대학에서 수학을 공부했으나 훗

3부 영국의 종교개혁자들을 찾아서 · 159

| 존 위클리프

날 신학 박사 학위를 받았다. 이후 신학 교수로 성경을 깊이 연구했다. 그는 예수 그리스도만이 유일한 구원자이심을 깨닫고 마침내 스물아홉 살에 거듭남의 체험을 했다. 그 체험 이후 위클리프는 성경을 유일한 권위로 삼아야 한다는 개혁 원칙을 굳건히 세웠다.

그 후 국왕 에드워드 3세의 궁정 사제로 임명받아 사역하면서 교황의 잘못된 권력으로부터 영국교회를 지키려 시도했고 귀족들에게 지배를 받던 수도원과 교회를 개혁하는 일에 앞장섰다. 당시 중세교회는 성경에서 벗어나 잘못된 교회의 전통에 의해 좌지우지되고 세속 권력과 결탁하며 과중한 세금 징수와 경제적 수탈 등을 자행하고 있었다.

양보할 수 없는 한 가지

위클리프 사상의 중심은 성경을 통해 발견한 '하나님의 주권'(Lordship) 혹은 '지배'(dominion)였다. 하나님만 모든 것을 다스리실 수 있는 권리와 능력을 가지고 있기에 그분의 주권은 다른 모든 것을 다스리는 권한의 근거가 된다는 것이다. 다스리는 권한을 가진 자들은 하나님의 지배권을 일부 빌려 쓰고 있고, 따라서 그들이 하나님의 뜻에 반하여 잘못 사용하면 그 권위에는 복종할 필요가 없다는 주장을 펼쳤다. 교황의 권위와 교회의 전통이 성경보다 더 우위에 있던 중세 상황에서 교황의 권위마저 거부할 수 있다는 가르침은 혁명과도 같았다.

하지만 그의 사상은 1381년 당시 지주들에게 착취당하던 농민들이 반란을 일으키는 데 이용되었고, 이후 그의 사상과 저술은 극히 위험한 것으로 낙인찍히며 탄압을 받았다. 그의 책들은 불태워지고 추종자들은 박해를 받았다. 1384년 위클리프는 병을 얻어 죽었는데 그의 유해는 1428년 다시 파헤쳐 불태워지고 재는 스위프트 강에 뿌려지는 부관참시의 치욕을 겪었다. 로마 교황청은 이렇게 핍박을 가하면 위클리프의 사상과 영향이 사라지리라 기대했지만 그의 숭고한 도전 정신은 오히려 더욱 맹렬히 전파되었다.

위클리프는 로마 가톨릭교회의 전통 중 많은 부분이 성경의 내용에 위배된다고 보고 성경의 권위가 잘못된 교회의 전통보다 위에 있다고 계속 주장했다. 그리고 성경은 하나님의 말씀으로 신실한 성도 모두에게 주신 것

| 옥스퍼드대학교

이지 성직자들에게 독점물로 주신 것이 아니므로 모든 백성이 쉽게 이해할 수 있는 관용적이고 일상적인 언어로 성경을 번역해야 한다고 믿었다.

### 중요한 두 축, 말씀과 전파자

위클리프의 이러한 주장은 히더포드의 니콜라스와 존 피비 등 옥스퍼드의 제자들에 의해 실현되어 마침내 1382년 영어로 번역된 신구약성경이 출간되었다. 라틴어로 성경이 번역된 후 1,000년 만에 나온 번역 성경으로 이는 성도들이 직접 하나님의 말씀을 대할 수 있는 길을 열어 주는 계기가 되었다. 로마 가톨릭교회는 이 성경의 보급으로 자신들의 치부가 드러날 것이 두려워 이 성경을 '이단의 저술'로 규정하면서 전파를 막았다.

그러나 로마 교황청의 반대에도 영어로 성경을 번역하고자 하는 시도는 계속 이어졌다. 100여 년 후에 등장한 윌리엄 틴데일(1494-1536)은 영국을 떠나 종교개혁이 번져가고 있는 독일로 피신하여 신약성경을 영어로 번역해 본국으로 밀수출했다. 위클리프의 성경이 라틴어를 번역된 것이라면, 틴데일은 히브리어와 헬라어 성경을 직접 영어로 번역한 것이다. 그는 네덜란드에서 체포되어 이단으로 정죄받아 교수형을 당했다.

| 신약성서 영어 번역본을 만든 윌리엄 틴데일

이후 틴데일의 제자인 커버데일은 1535년 인쇄된 영어 성경을 최초

로 출간했고, 1537년에는 친구인 매튜와 함께 커버데일 성경을 개정해 《매튜 성경》을 출간한다. 이 성경은 영국의 종교개혁과 더불어 '대성경'(The Great Bible)으로 개정되어 영국에서 정식으로 사용되었다. 영

| 윌리엄 틴데일이 독일 보름스에서 인쇄한 영어 신약성경

국교회는 이 성경을 기반으로 1611년 '흠정역'(The King James Version)을 출간했고 이후 성경을 통해 수많은 부흥과 대각성, 신학의 발전이 일어났다.

위클리프가 남긴 또 다른 중요한 유산은 복음을 증거하기 위해 그가 파송한 '가난한 설교가들'이었다. 그들은 '중얼거리는 자들'이라는 의미의 '롤라드파'(Lollards)로 불렸다. 그들은 성경적 복음의 선포가 없었던 중세시대의 교회를 위해 위클리프가 키워낸 순회 설교자로, 성경 말씀에 입각해 단순한 복음을 증거했다. 복음이 없던 교회에 하나님의 말씀을 선포하는 이들의 사역은 너무나 중요했다.

당시 대부분 가톨릭 사제들은 소명의식 없이 그저 하나의 직업으로 종교적 예식을 집전했는데, 위클리프는 영혼을 살리는 것은 오직 살아 있는 하나님의 말씀뿐이며 복음을 증거하는 것이 사역자의 가장 중요한 사명임을 강조했다. 롤라드파는 로마 교황청의 혹독한 핍박을 받아 많은 사람들이 화형을 당했다. 그러나 그들이 남긴 영향은 영국을 넘어 유럽 대륙, 특

히 체코의 프라하에서 얀 후스에 의해 계승되어 종교개혁의 중요한 토대가 되었다.

## 칼과 불로 말씀을 맛본 자들

위클리프와 이어지는 종교개혁자들을 통해 오늘 우리가 가장 먼저 생각해 볼 것은 바로 '오직 성경'이라는 종교개혁의 첫 원리다.

> 하나님의 말씀은 살아 있고 활력이 있어 좌우에 날선 어떤 검보다도 예리하여 혼과 영과 및 관절과 골수를 찔러 쪼개기까지 하며 또 마음의 생각과 뜻을 판단하나니 지으신 것이 하나도 그 앞에 나타나지 않음이 없고 우리의 결산을 받으실 이의 눈앞에 만물이 벌거벗은 것같이 드러나느니라(히 4:12-13).

하나님의 말씀을 통해 쪼개지고 벌거벗겨진 사람들만이 개혁자로 세워졌다. 뜨거운 은혜를 말씀으로 체험한 사람들만이 불 시험이 난무한 종교개혁 과정을 이겨낼 수 있었다. 이후 종교개혁을 일으킨 루터나 칼뱅에게도 이와 동일한 체험이 있었다. 종교개혁의 5대 강령이라는 종교개혁의 원칙은 신학자들이 만들어낸 이론이 아니라 개혁자들이 삶 속에서 깊이 체험한, 살아 있는 진리이자 부인할 수 없는 동력이었다.

이 시대를 살아가는 사역자들과 성도들도 이와 같은 말씀과의 만남이 있는지 자문해 봐야 할 것이다. 지금은 어느 서점을 가든 성경을 볼 수 있고 휴대폰에도 성경이 어플로 깔려 있지만 하나님 말씀의 능력을 제대로 경험하지 못한 시대가 아닐까 걱정된다. 이것이 그저 기우이길 바란다.

| 베드로, 바울로, 리들리, 크랜머를 기억하며 |

## 위에서부터 시작된 영국의 종교개혁

**왕이 주도한 개혁**

영국 종교개혁의 배경과 관련해서는 여러 시각이 존재한다. 그러나 한마디로 말하면 루터와 칼뱅 등이 이끌었던 대륙의 개혁과는 달리 개인적 욕망을 채우려는 왕과 왕의 명령에 복종한 성직자들에 의해 주도된 위로부터의 개혁이었다는 것이다.

　영국의 종교개혁은 헨리 8세로부터 시작했다. 헨리 8세는 형 아더가 죽고 당시 유럽의 최강자 스페인의 공주였던 형수 캐서린과 원하지 않는 결혼을 하면서 왕위를 계승했다. 형수와의 결혼은 그 당시 교회법에 위반되

| 수장령을 선포한 헨리 8세

는 일이었지만 스페인과 영국 왕실의 강력한 로비에 의해 교황의 허가를 얻었다.

이후 안정된 왕위 계승을 위해 헨리 8세는 아들을 원했지만 캐서린에게서는 딸 메리만 얻었을 뿐이었다. 이후 앤 불린과 사랑에 빠진 그는 첫 번째 결혼을 무효화하고 앤과 새로운 결혼을 하길 원했다. 그러나 로마 가톨릭 교황청의 극렬한 반대에 부딪쳤다.

그러자 헨리 8세는 대륙에서 일어나고 있던 종교개혁에 편승해 급기야 1534년 로마 교황과의 단절을 선포하고 스스로 영국교회의 머리가 되어(수장령, Act of Supremacy) 독자적인 종교개혁의 길을 걷기 시작했다. 이후 헨리 8세의 이혼 문제에서 불거진 영국의 종교개혁은 피비린내 나는 정치적인 음모가 거듭되는 한 편의 막장 드라마처럼 전개되었다.

## 크랜머의 등장

사실 영국은 로마에서 멀리 떨어져 있는 섬나라다. 그럼에도 영국은 14세기부터 존 위클리프와 그가 길러낸 롤라드파의 영향으로 유럽 대륙의 어느 나라보다도 먼저 성경에 입각한 본격적인 개혁을 추진할 수 있었다. 그러나 영국의 종교개혁은 루터나 칼뱅과 같이 확고한 사명의식을 가지고 있거나 탁월한 신학 체계를 가지고 있는 인물에 의해 주도된 것이 아니었다. 헨리 8세는 영국적 종교개혁의 과정을 책임질 사람으로 토마스 크랜머(1489-1556)를 임명했다.

크랜머는 루터의 영향을 받은 온건한 성향의 인물이었고 왕의 심기를 건드리지 않는 선에서 개혁을 추진해 나갔다. 헨리 8세는 영국교회의 제도나 교리를 새롭게 제정하는 데는 별로 관심이 없었다. 영국 성공회가 다른 개신교(칼뱅의 개혁주의, 루터교회 등)와 비교해 가톨릭과 별 차이가 없어 보이는 주된 원인을 바로 여기서 찾을 수 있다. 헨리 8세의 가장 큰 관심은 수도원을 폐쇄하고 교회가 가지고 있던 재산을 몰수하는 것이었다. 크랜머도 신앙적인 신념을 가지고 수도원 폐쇄에 앞장섰다.

| 순교자 토머스 크랜머 대주교

### 성경 번역

크랜머의 개혁 작업 중에도 분명히 높이 평가해야 할 요소가 많다. 무엇보다도 그는 영국 종교개혁을 성경에 근거를 두도록 이끌었다. 16세기 초 성경의 영역(英譯)을 시도한 사람들이 많았는데 크랜머는 윌리엄 틴데일의 제자였던 커버데일에게 영국교회가 사용할 새로운 성경 번역을 부탁했다. 그것이 바로 '대성경'(The Great Bible, 킹 제임스 성경 번역본의 토대가 됨)이다. 그는 그 성경의 서문을 직접 썼다. 그 내용의 일부는 이렇다.

우리가 배워야 할 또 다른 것이 있다면 성경을 통해 배우겠다. 어리석음을 꾸짖어야 한다면 우리는 성경에서 스스로 찾아보겠다. 수정하고 정정해야 할 어떤 것이 있다면, 권고나 위로가 필요하다면 우리는 성경에서 잘 배울 것이다. 성경 안에만 영혼의 살찐 초장이 있다.

크랜머는 이 성경을 교회의 눈에 띄는 장소마다 비치해 성도들이 성경을 모국어로 읽을 수 있게 했다. 하지만 크랜머의 많은 개혁 작업에도 그가 역사 속에서 루터나 칼뱅과 같은 호평을 받지 못한 것은 그가 지닌 여러 가지 한계 때문이다.

그는 헨리 8세를 교회의 머리로 만드는 작업(수장령)에 앞장섰을 뿐 아니라 이후 왕실의 잘못에 눈을 감고 때로는 그것들을 정당화하기 위해 앞장서기도 했다. 헨리 8세는 무려 다섯 번이나 이혼해 모두 여섯 명의 부인을 두었는데 이 과정에서 크랜머는 왕의 결정을 아무 비판 없이 승인했던 것이다. 왕의 힘을 빌려 영국교회를 개혁한다는 명분 때문에 어쩔 수 없이 왕실의 잘못을 눈감아 주었던 것일까? 성도들은 어디까지가 하나님의 일이고 어디까지가 사람의 일인지 가끔 혼동한다. 아마 크랜머도 그렇지 않았을까 추정해 본다.

그러나 왕실의 힘을 통해 자신의 뜻을 펼쳐 나가려던 그에게 전혀 뜻하지 않은 일이 벌어졌다. 헨리 8세의 뒤를 이어 어린 나이에 왕이 된 에드워드 6세가 6년 만에 병사하고, 에드워드의 이복 누이인 메리가 여왕으로 즉위하여 영국의 개신교도들을 탄압한 것이다. 메리는 헨리 8세와 이혼한 캐서린의 딸이었으므로 영국교회가 다시 로마 가톨릭으로 복귀해야만 자기 어머니의 명예를 지키고 왕으로서 자신의 권위를 지킬 수 있다고 믿었다. 그래서 그때까지 추진한 개혁 작업을 탄압하고 영국을 가톨릭 국가로 복귀시키고자 했다.

### 간신히 지켜낸 개혁 정신

메리 여왕은 크랜머의 주교직과 사제직을 박탈했고 그를 처형하기 직전에 사면을 미끼로 크랜머에게 자신의 종교 정책을 지지하는 문서를 작성하게 하며 그의 과거 주장을 철회하도록 강요했다. 크랜머는 메리의 강요에 못 이겨 철회서에 서명하고 말았다. 그러나 그는 교황의 법정에 소환되어 이단 혐의로 고발되어 공개적인 화형을 피할 수 없게 되었다. 그리고 사형 직전 공개적인 철회 성명을 내도록 다시 한 번 기회가 주어졌다. 이를 통해 여왕의 사면까지 받을 수 있었지만 그는 그 철회를 취소하여 소신을 지키고 명예로운 죽음을 택했다.

> 이러한 철회 성명은 내 마음속에서 진정으로 믿는 진리와는 다른 것으로 단지 죽음의 공포 때문에 생명을 구하고자 쓴 것입니다. 그러므로 진심으로 믿고 따르는 것들과 반대되는 사실들을 써야만 했던 나의 손이 먼저 벌을 받아야 할 것이며, 그래서 나는 화형에 처해질 때 손을 먼저 태울 것입니다. 나는 그리스도의 적이며 반 그리스도적인 교황의 잘못된 모든 교리를 거부합니다.

크랜머는 화형장에서 결국 자신의 오른손을 먼저 내밀었고 그 손이 다 탈 때까지 눈을 감고 기도하다가 화염에 몸을 맡겼다. 운명의 순간 그는

| 크랜머가 화형당했던 장소

스데반처럼 크게 외쳤다. "주 예수여, 내 영혼을 받으시옵소서."

영국의 옥스퍼드를 방문하면 크랜머와 그의 동역자 라티머, 리들리가 화형당한 것을 기리는 순교탑이 있다. 마지막 순간에 크랜머가 자신의 신념을 위해 용기를 내지 않았다면 그는 권력에 아부하고 자신의 안위를 위해 살아가던 인물로 기억되어 사라졌을 것이다. 그러나 마치 하나님이 삼손에게 마지막 기회를 주시며 사사로 영광스럽게 죽을 수 있게 하셨듯이 크랜머도 개혁을 위한 순교자로 죽을 수 있는 은혜를 누렸다.

1 에든버러 세인트 자일스 대성당

# 존 낙스의 영성이 살아 있는 스코틀랜드

잉글랜드와 스코틀랜드는 완전히 다른 역사와 민족적 전통을 가지고 있다. 스코틀랜드는 유럽의 북쪽에 살던 켈트족이 이주해 온 반면, 잉글랜드는 남쪽 대륙에서 건너간 앵글로색슨족이 주류를 이루고 있다. 스코틀랜드는 잉글랜드에 대항해 오랫동안 항쟁을 거듭하다가 '킹 제임스 성경'으로 유명한 제임스 왕이 1603년 즉위해 양국 연합 체제가 시작되었고, 100여 년 뒤인 1706년 잉글랜드에 합병된다.

### 사선을 넘은 개혁 의지

존 낙스(1513-1572)는 스코틀랜드가 독립을 유지하고 있던 1540년에 사제 서품을 받으며 역사의 무대에 등장한다. 그 시기 다른 유럽 국가들에서는 이미 종교개혁이 시작된 상태였다.

| 존 낙스

개신교도였던 조지 위샤드의 영향을 받은 낙스는 성경에 기록된 초대교회와 같은 교회를 스코틀랜드에 세우고자 했다. 그러나 당시 스코틀랜드는 로마 가톨릭 외에는 다른 어떤 교회도 허용하지 않는 나라였기에 그가 소명을 현실 속에서 펼치기 위해서는 여러 차례 죽음의 위기를 맞아야 했다.

스코틀랜드 개신교도들은 신앙의 자유를 찾아 세인트 앤드류 성으로 피신했는데 낙스는 그들을 위한 목회자가 되었다. 스코틀랜드 정부는 그들을 묵인하지 않고 탄압하고자 프랑스 군대를 끌어들여 개신교도들을 체포했고, 낙스는 19개월 동안 프랑스의 노예선에 감금되어 중노동에 시달렸다. 그러나 다행히 그는 잉글랜드 서머셋 공작의 중재로 풀려나 에드워드 6세가 통치하는 잉글랜드의 개혁 작업을 도울 수 있었다.

### 칼뱅을 만나다

하지만 에드워드가 죽고 '피의 메리' 여왕이 왕위를 차지하면서 개신교도들에 대한 박해가 시작되었고, 그는 다시 망명생활을 선택해야 했다. 그 시기 칼뱅과 베자 등은 제네바에서 개혁을 준비하고 있었는데, 제네바는 신앙의 자유를 원하던 유럽 개신교도들의 집합 장소였다. 낙스는 칼뱅이 개신교 신학을 전파하기 위해 세운 제네바 아카데미에 입학하여 1554년부터 약 5년간 칼뱅의 지도를 받았다.

이 시기는 낙스에게 매우 중요한 기간이었다. 낙스는 칼뱅의 지도를 통해 그의 개혁사상을 터득했을 뿐 아니라 목사, 장로, 집사를 세우고 장로 정치를 실현했다. 제네바 아카데미를 가리켜 '사도시대 이래 가장 완전한 그리스도의 학교'라 불렀는데, 가장 성경적인 신앙과 교회정치 형태를 실현했기 때문이다. 낙스는 여기서 종교의 자유를 찾아 피난 온 잉글랜드 성도들의 목회자가 되었다. 나중에 로이드 존스 목사는 그가 제네바에 세운 이민자 교회가 잉글랜드 청교도주의를 탄생시킨 결정적 원인이 되었다고 평가한다.

1559년 잉글랜드의 메리 여왕이 죽자 낙스는 망명생활을 마치고 스코틀랜드로 돌아갔다. 그러나 그에게 또 다른 시련이 기다리고 있었다. 바로 스코틀랜드 여왕 메리가 귀국한 것으로, 잉글랜드의 '피의 메리' 여왕의 사촌인 그녀는 프랑스 왕이었던 남편 프란시스가 죽자 프랑스에서 돌아온 것이었다. 하지만 낙스는 어떠한 어려움이 있더라도 조국을 떠나지 않을 것이라고 결심하며 "주님, 스코틀랜드를 내게 주소서. 그렇지 않으면 죽음을 주옵소서"라고 기도했다.

로마 가톨릭교회의 실추된 권위를 회복하려는 메리 여왕의 시도는 줄곧 낙스와 마찰을 일으켰다. 낙스는 목숨이 위험한 상황 속에서도 메리 여왕

3부 영국의 종교개혁자들을 찾아서 · 173

의 미사를 비난하는 설교를 선포했고 메리의 미사를 '새 이세벨의 우상숭배'라며 비판했다. 낙스의 확신과 용기와 투쟁은 대단한 것이었는데, 여왕의 편에 섰던 사람이 남긴 편지를 통해 그가 '하나님의 나팔수'로 불린 이유를 알 수 있다. "단 한 사람이 한 시간 동안 외치는 목소리가 500개의 나팔보다 더욱 힘이 있다는 것을 확신하게 되었다."

### 사람의 얼굴을 두려워하지 않던 개혁자

메리 여왕은 거듭된 이혼과 방탕한 생활로 국민의 불신을 받았다. 결국 귀족들은 여왕의 통치에 반기를 들었고 군부의 지지를 얻지 못한 메리는 반란 진압에 실패하면서 체포되었다. 왕위는 겨우 한 살인 여왕의 아들 제임스에게 이양되었다. 이후 메리는 잉글랜드 망명길에 올라 국왕 자리를 노리다가 결국 죽임을 당했다.

| 세인트 자일스 대성당 내부의 존 낙스 동상

제임스 6세의 대관식 설교를 담당했던 목회자는 다름 아닌 낙스였다. 낙스는 어린 요시야 왕에 관한 설교를 통해 개혁운동을 국가적 과제로 선포했다. 그리하여 종교개혁운동은 메리 여왕의 복고 시도에도 사멸되지 않고 승리를 얻었다.

낙스는 1559년 5월 스코틀랜드로 돌아와 13년간 교회 개혁을 위한 사명을 감당하다가 생을 마쳤다. 그는 사망할 때까지 에든버러 세인트 자일스 대성당(St. Giles' Cathedral)에서 설교를 했는데 평생 설교를 '주인(주님)의 나팔을 부는 것'(blowing the Master's trumpet)으로 묘사했다. 그는 실로 당대의 뛰어난 설교가였으며 애국자였고 개혁자였다. 낙스의 장례식에서 제임스 6세의 섭정이었던 몰튼은 이렇게 말했다.

| 에든버러 시내에 있는 존 낙스 하우스

> 여기 이 자리에는 평생 사람의 얼굴을 두려워하지 않았던 한 사람이 잠들어 있다. 그는 너무나 많은 날 동안 죽음의 위협에 시달렸으나 평화와 영광 가운데 이 세상을 떠났다. 죽음의 위협 속에서도 하나님의 섭리가 그를 특별히 보호하셨기 때문이다.

유럽에서 다시 일어난 종교개혁

우리는 낙스를 통해 하나님 앞에서 깨어 있고 준비된 한 사람의 중요성을 깨달을 수 있다. 낙스 한 명으로 인해 스코틀랜드의 역사와 운명이 바뀌었다. 낙스는 칼뱅의 종교개혁을 연구하며 칼뱅이 제네바에서 운영하던 아카데미를 통해 이루어진 결과에 매료되었다. 칼뱅은 신학자요 성경 주석가로 알려져 있지만 위대한 교회 개척운동가이기도 했다. 칼뱅은 낙스처럼 전 유럽에서 성경과 개혁주의 신학을 공부하기 위해 찾아온 젊은이들을 제네바 아카데미에서 훈련시켰고 이후 유럽 전역으로 그들을 파송해 2,100여 개의 교회를 개척할 수 있었다. 칼뱅 시대에 이런 일이 가능했던 것은 인쇄술의 발전으로 성경과 신학 서적을 대량으로 출판할 수 있었기 때문이다.

이제 21세기 유럽에서 칼뱅이 일으켰던 개혁이 다시 일어나야 한다. 현재 유럽교회들은 힘을 잃어 젊은 세대가 성경을 제대로 배우기 힘들고 유럽에 남아 있는 신학교조차 대부분 자유주의로 물들었다. 또 너무나 비싼 수업료 때문에 가난한 사역자들은 공부할 기회를 얻지 못하고 있다.

이런 상황에서 영국 웨일스의 유니온 신학교 마이크 리브스 학장의 시도는 그래도 희망적이다. 리브스 학장은 인터넷을 활용한 온라인 신학교육을 유럽에 확산시키고 있다. 그는 온라인뿐 아니라 지역 교회나 선교사들이 멘토가 되어 사역자들을 훈련시키는 학습 공동체도 세워 유럽에서 제2의 종교개혁운동을 준비하고 있다. 리버풀과 노폭, 헬싱키, 로마, 몬테네그로 등 유럽 각지에 학습 공동체들이 생기기 시작했다. 종교개혁은 500년 전 역사 기록으로 남은 과거가 아니다. 오늘날 제2의 종교개혁의 불길이 다시 한 번 유럽에서 활활 타오르기를 기대한다.

l 웨스트민스터사원

# 영국에서 완전한 종교개혁을 꿈꾼 청교도들

한국교회 안에는 종교개혁자 칼뱅을 추종하는 성도들이 많아서 영국의 청교도를 본받기 원하는 이들을 어렵지 않게 찾아볼 수 있다. 사실 '청교도'(Puritan)라는 말은 원래 '까탈스럽게 사사건건 트집을 잡는 유별난 부류'라는 비꼬는 의미로 사용되었다. 청교도들은 영국에서 완전한 종교개혁이 이루어지길 소망하고 이로써 여러 왕과 국교도와 갈등을 빚었다.

## 까탈스러운 사람들

청교도를 어떻게 정의할 수 있을까? 존 밀턴은 '종교개혁을 개혁하는 이들'이라고 정의를 내렸다. 어쩌면 이 말이 가장 어울리는 것 같다. 존 낙스가 제네바에서 칼뱅의 종교개혁원리에 의해 다스려지는 완벽한 모델을 경험하고 고국으로 돌아온 후 영국 내에서도 가톨릭교회와는 완전히 다른, 즉 온전히 성경에만 근거한 개혁을 완성하고자 하는 개혁가들이 생겨났다.

사실 헨리 8세와 그의 후계자들이 추진한 종교개혁은 어중간했다. 일례로 성공회 목사들은 여전히 사제로 불리는 것을 좋아해 사제복을 벗지 않았다. 성찬식이 진행될 때에도 가톨릭식으로 무릎을 꿇고 떡과 포도주를 받는 관습을 지속했다. 또한 엘리자베스 여왕(재위 1558-1603)은 종교개혁을 천명했지만 본인 스스로 '새로운 신앙 방식'을 받아들일 마음이 없었다. 과거의 의식들에 머무르기를 원했다.

그러나 청교도들은 성경적인 근거가 없는 모든 구습을 개혁 대상으로 생각했다. 그러자 엘리자베스 여왕과 성공회 지도자들은 자신의 원칙을 무너뜨리려는 시도로 받아들이고 급기야 엘리자베스 여왕은 마지막 통치 10년 동안 청교도들은 엄청난 핍박을 받았다.

엘리자베스 여왕이 자손 없이 죽자 그녀의 조카이자 스코틀랜드의 국왕인 제임스 1세(재위 1603-1625)가 후계자로 세워졌다. 청교도들은 스코틀랜드에서 존 낙스의 장로교 신학과 정치 제도 아래 성장한 제임스 1세에게 희망을 걸었다. 제임스 1세는 이에 부응하듯 킹 제임스 성경(KJV)을 번역했다(1611년). 하지만 그 역시 청교도들을 왕권 도전 세력으로 간주해 더 심하게 탄압했다.

그러자 제임스의 학정을 견디지 못한 일부 청교도는 1607년에 네덜란드로 떠났고 1620년에는 메이플라워호를 타고 신대륙으로 향해 미국에서 온전한 청교도운동을 일으키는 개척자(Pilgrim Father)가 되기도 했다.

제임스 1세가 죽자 그의 맏더듬이 아들인 찰스 1세(재위 1625-1649년)가 왕이 되었다. 갈등의 수위는 더 높아졌다. 찰스는 프랑스 공주를 왕비로 맞아들일 때 가톨릭 주교들이 함께 영국으로 들어오는 것을 허락하는 등 공공연하게 가톨릭으로 회귀하려고 했다. 더욱이 자신의 야심을 펼치기 위해 윌리엄 로드를 캔터베리 대주교에 앉혔고 잉글랜드교회를 자신의 손아귀에 넣고자 했다. 이 시기에 청교도들은 엄청난 순교의 피를 흘렸다.

### 청교도의 정치적 득세

영국 전역에서는 찰스 왕을 거부하는 운동이 일어났고, 찰스는 반대 세력을 물리치기 위해 아일랜드의 가톨릭 군대까지 끌어들였다. 영국 전체가 심각한 내전 상태로 치닫게 되었을 때 탁월한 장군이자 신실한 청교도였던 올리버 크롬웰(1599-1658)이 왕의 군대를 격파했다. 그는 내전의 빌미를 제공했던 대주교 윌리엄 로드와 국왕 찰스 1세를 처형했다. 이

| 올리버 크롬웰

로써 청교도혁명이 성공했으며 영국은 잠시 동안 왕이 아닌 공화국 체제에서 호국경(Lord Protector)으로 임명받은 크롬웰이 다스렸다.

청교도들이 정치적으로 힘을 얻고 나서야 비로소 영국의 종교개혁은 시

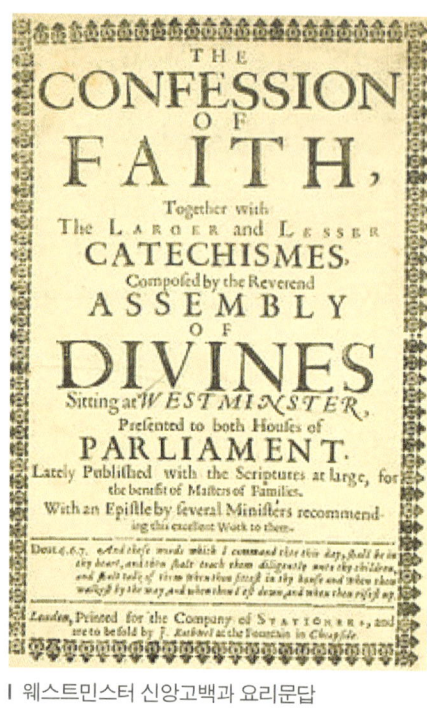
| 웨스트민스터 신앙고백과 요리문답

작되었고 그들은 이루고자 했던 꿈을 완성시킬 절호의 기회를 얻었다. 그때 성공회를 대체하고 새로운 교회 체계를 세우기 위해 100여 명이 넘는 청교도 신학자들이 1643-1649년까지 런던의 웨스트민스터사원에 모였다. 여기서 도출된 신앙 선언이 바로 '웨스트민스터 신앙고백'과 '요리문답'이다. 그것은 칼뱅주의에 입각한 신앙 선언이었다. 또 그들은 '성공회 기도서'를 대신할 예배 모범을 만들기 위해 '웨스트민스터 예배 지침'도 공포했다.

청교도들은 칼뱅의 가르침으로 제네바가 다스려진 것처럼 그들이 새롭게 만든 신앙고백과 예배 지침을 통해 영국 전체를 변화시키려고 했다. 이를 위해 온 국민에게 엄격한 생활을 요구하는 법률을 만들어 주일성수와 미신 타파 등을 강요했다. 심지어 성탄절도 성경에는 없는 미신으로 간주하여 12월 25일이면 군인들이 시내를 순찰하고 고기로 요리를 만들어 먹은 사람들을 처벌했다. 과거에 성행했던 극장들도 문을 닫아야 했고 술집과 도박 및 닭싸움 등의 오락 등은 당연히 처벌 대상이었다.

## 청교도의 성공과 실패

청교도들의 새로운 시도는 크롬웰의 죽음과 함께 역사 무대에서 사라졌다. 1658년에 크롬웰이 사망하자 군중은 다시 왕을 요구했고 그 결과 프랑스로 망명했던 찰스 2세가 왕위를 물려받았다. 새로운 왕은 민심을 얻기 위해 그동안 금지했던 조치들을 해제시켰을 뿐만 아니라 청교도들이 공격하던 모든 것을 교회 안에 돌려놓았다. 게다가 다시 청교도들을 탄압하는 정책을 전방위적으로 펼쳐 그들을 모든 성직에서 끌어내렸다. 청교도들에게는 교육의 기회마저 제공하지 않았다. 그 결과 청교도는 역사의 무대에서 점차 사라졌고 1700년대가 되면서부터 사람들은 더 이상 청교도를 언급하지 않았다. 그럼에도 청교도들이 우리에게 전해 준 수많은 유산이 있다는 것은 부인할 수 없는 사실이다.

그렇다면 청교도들은 왜 주어진 기회를 살리지 못한 채 영국민들에게 배척받고 역사의 무대에서 사라질 수밖에 없었는가? 우선 청교도 개혁이 실패한 원인으로 청교도 내의 분열을 들 수 있다. 크롬웰이 호국경이 되어 나라를 다스리는 동안 청교도들 사이에는 끊임없는 분쟁과 다툼이 일어났다. 그들이 장로교파, 독립교회파, 퀘이커파, 개간파(17세기 영국에서 일어난 기독교 농업 공동체), 평등파 등 여러 파로 나뉘어 개혁을 위해 한 목소리를 내지 못하고 싸우는 동안 국민은 청교도들에게 멀어졌다.

또 하나의 원인은 로이드 존스 목사가 언급한 것처럼 정치와 종교의 혼합을 통해 이상을 펼치려는 생각의 위험성이다. 청교도들은 국가를 다스릴 힘으로 법을 제정하고 그 힘으로 국민의 신앙과 삶의 개혁을 이루려 했다. 하지만 율법이 사람을 구원할 수 없듯이 법률이 사람들의 근본을 바꿀

수는 없었다. 진정한 개혁은 정치적 권력이나 법률이 아니라 오직 성령 하나님이 역사하실 때만 가능하다. 이는 100여 년 후 조지 휫필드와 웨슬리 형제 등이 일으킨 대각성 성결운동에서 입증된다.

한국교회도 마찬가지다. 민족의 삶에 깊게 뿌리내린 불교와 유교의 영향을 넘어 한민족 전체를 위해 쓰임받을 기회가 있었던 교회는 이제 국민들의 심각한 반대와 저항에 부딪치고 있다. 분열로 점철된 교회는 감동을 주지 못한다. 더욱이 세속 권력의 힘을 바탕으로 교회를 성장시키려는 시도는 반감과 혐오만 키울 뿐이다. 이제 21세기 한국교회는 17세기 영국 청교도들의 교훈을 직시해야 할 것이다.

1 키더민스터 성 메리교회의 백스터 동상

# 신학, 목회, 저술로 청교도를 밝힌 사람들

청교도혁명 이후 네덜란드로 망명했던 찰스 2세는 1660년에 국민의 지지 속에 귀환하고 나서 청교도들에게 엄청난 박해를 가했다. 활발했던 개혁의 기운도 1700년대에 이르러서 완전히 기세가 꺾였다. 하지만 청교도들이 남긴 유산과 그들의 발자취는 지금도 많은 성도들의 마음속에 살아 숨쉬고 있다. 더 거룩하고 깨끗한 마음으로 하나님을 섬기려는 영감을 후대에 계속 공급하고 있는 것이다. 이번에는 대표적 청교도의 면모를 살펴보고자 한다.

사실 그 많은 청교도 중에 몇 명을 선택하는 것은 매우 고통스러운 작업이다. 그중 신학과 목회, 저술 활동으로 아직까지 지대한 영향력을 끼치고 있는 존 오웬(John Owen, 1616-1683)과 리처드 백스터(Richard Baxter, 1615-1691), 존 버니언(John Bunyan, 1628-1688)에 대해 생각해 보고자 한다.

건전한 신학의 토대 위에

영국의 종교개혁은 루터와 칼뱅에 의해 주도된 대륙과 달리 신학적 바탕이 부족한 채 이루어진 면이 없지 않다. 그러나 영국 신학자들의 '황태자'라고 불리는 존 오웬이 등장하면서 신학의 토대가 확립되었다. 그는 열두 살에 옥스퍼드 퀸스칼리지에 입학한 후 하루 4시간만 자면서 고전, 수학, 신학, 철학 등을 공부했다. 이러한 습관은 평생 지속되었는데 이로 인해 노년에는 건강이 좋지 않았다.

오웬은 스물한 살에 성공회 사제로 서품을 받았지만 당시 찰스 1세가 전권을 부여한 윌리엄 로드 대주교의 폭정에 항거해 청교도들과 교류를 시작했다. 유명한 청교도 설교자 토마스 굿윈과 리처드 십스를 통해 신앙적 도움을 받았다. 결정적으로 그는 스물여섯 살 때 무명 청교도 설교자의 선포를 통해 뜨거운 회심을 체험했다. 그리고 그 경험을 통해 모든 신학이 머릿속 지식을 논하는 것이 아니라 체험을 바탕으로 성경적 신학을 세우는 것이라고 여기게 되었다.

회심 후 그는 영국 성공회의 의식적 예배와 찰스 1세의 폭정, 아르미니우스 사상이 번져가는 것을 그대로 지켜볼 수 없었다. 그는 왕을 대신해 국민의 대표가 나라를 다스리는 공화정을 지지했고, 이를 위해 의회 안에 포진해 있던 청교도들과 함께 청교도혁명에 앞장섰다. 의회에서 히브리

| 존 오웬

서 12장 27절을 본문으로 설교한 오웬에게 감명받은 올리버 크롬웰은 그를 종군 목사로 임명했다. 이후 오웬은 옥스퍼드대학 부총장에 임명되었고 크롬웰은 그에게 옥스퍼드대학을 영국교회의 목회자와 신학자들을 길러내는 요람으로 만들어 달라고 부탁했다.

그러나 크롬웰이 호국경의 지위에 만족하지 않고 왕위를 노리자 오웬은 그를 비판했다. 이후 크롬웰 반대운동에 참여하면서 크롬웰의 호의를 잃었다. 무엇보다 1660년 왕정복고가 이루어진 후 펼쳐진 청교도 핍박 정책으로 오웬은 극심한 박해를 받아야 했다.

1662년 청교도 목회자들이 교회에서 추방당하자 그는 자신의 집에서 교회를 개척해 계속 예배를 드렸다. 이 때문에 피소되기도 하고 설교 금지령까지 받았다. 결국 1683년 그가 저술한 모든 책이 옥스퍼드대학에서 불태워졌고 그는 잦은 병으로 고생하다가 하나님의 부르심을 받았다.

오웬은 청교도를 대표하는 설교자요 신학자였고 왕정복고 이후 23년간 비국교도운동을 이끌며 영국의 복음주의를 지켜낸 행동하는 지식인이었다. 그가 남긴 80여 권의 책은 매우 방대하고 깊이 있는 저술이지만 난해

하거나 현학적이지 않다는 평가를 받는다. 청교도 신학을 공부하고 싶은 사람은 예외 없이 그의 책을 거쳐야 한다.

## 참 목회자상 제시

신학적 기반이 존 오웬을 통해 튼튼해졌다면 리처드 백스터는 진정한 목회자상을 보여 주었다. 그는 1641년부터 키더민스터의 교구 목사가 되었다. 그러나 처음에는 설교 내용이 너무 강해서 주민들의 심한 반발을 사기도 했다. 그는 죄를 지적하며 회개할 것을 요청했고 성찬식 참여 기준도 엄격하게 했다. 하지만 17년간 사역을 통해 놀라운 열매를 거두었다.

그는 죽어가는 사람들에게 마지막으로 설교하듯 늘 간절한 마음으로 복음을 선포했다. 또한 정규 설교만으로는 부족하다고 여겨 성도들의 가정을 수시로 심방해서 가정교사처럼 상세하게 성경을 가르쳤다. 그리하여 담당 교구의 모든 성도를 1년에 한 번 이상 심방했고 심방할 때마다 한 시간 넘게 머물며 그들 가정의 영적 상태를 돌보았다. 일주일에 평균 열다섯 가정을 돌보았다고 한다. 그 결과 수많은 가정에서 시편 찬양을 부르며 가정예배를 드리게 되었고 주일에는 백스터 목사의 설교 내용을 가족이 함께 나누었다.

| 리처드 백스터

하지만 그 역시 1662년 영국 국교

회에서 추방당해 정든 사역지를 떠나야 했다. 이후 그의 모든 책이 압수당하고 수차례 투옥되는 등 고난을 겪었다. 그는 1689년에 관용령이 시행된 후에는 설교와 저술 활동에 전념했고 2년 뒤인 1691년 하나님의 부르심을 받았다.

### 역사를 바꾼 땜장이

청교도들이 남긴 중요한 유산이 있다면 그것은 바로 저술이다. 특히 청교도 문학을 이야기할 때 존 버니언을 빼놓을 수 없다. 그가 남긴 《천로역정》은 유럽인들의 서재에 한 권씩 꽂혀 있을 정도로 사랑을 받았다. 하지만 그의 어린 시절은 어두움 그 자체였다. 성격이 거친 땜장

| 《천로역정》 표지에 실린 버니언의 얼굴과 삽화

이 아버지 밑에서 태어난 그는 부전자전이었다. 태도가 늘 불량했고 폭력적이어서 스스로 '지옥이 있다면 나 같은 사람 때문에 있다'고 여길 정도였다.

버니언도 땜장이로 일했다. 그는 등에 30kg 가까운 도구 상자를 짊어지고 이 마을 저 마을로 다녔다. 그때의 경험은 《천로역정》의 주인공인 순례자가 등에 무거운 죄를 지고 고생하는 모습으로 묘사된다. 젊은 날의 많은 죄 때문에 죄책감으로 눌려 있던 그는 "긍휼은 심판을 이기고"(약 2:13)

| 존 버니언의 무덤

라는 말씀을 통해 자신의 모든 죄짐이 예수 그리스도로 인해 벗겨졌음을 확신하고 중생을 체험했다. 이후 "내 몸속에 만약 1,000gal(3,800l 정도)의 피가 있다면 나는 한 방울도 남기지 않고 주를 위해 쓰겠다"라고 자서전에 밝혔고 그대로 살아갔다.

당시 찰스 2세는 성공회 목회자 외의 목사들의 설교권을 박탈했다. 그럼에도 버니언은 여기저기를 다니며 복음을 증거했고 이로 인해 12년간 감옥살이를 했다. 수감생활 동안 주옥같은 책을 썼는데 그중 하나가 《천로역정》이다. 그는 정규 교육을 받은 적이 한 번도 없으나 성경을 사랑하며 열심히 읽고 연구함으로써 훌륭한 문학가가 되었다.

오랜 옥살이를 마치고 난 후에야 설교 자격을 얻은 버니언은 많은 곳을 다니며 말씀을 증거했다. 그의 설교는 깊이 있고 영감이 넘쳤다. 그 설교가 얼마나 영향력이 있었던지 찰스 2세가 존 오웬을 만나 버니언과 그의 설교에 대해 험담을 했을 때 오웬이 이렇게 말했다. "폐하, 감히 여쭙건대 제가 이 땜장이만큼 설교할 능력이 있다면 제가 가진 모든 학식을 기꺼이 버리겠습니다."

| 조지 휫필드의 무덤과 묘비명

## 영국교회 대부흥의 주역

18세기가 되면서 영국교회는 마침내 부흥을 경험한다. 현대 영국의 대표적 설교가 마틴 로이드 존스 목사는 "부흥은 성령이 비상하게 역사하셔서 교회를 완전히 새롭게 하시는 행위"라고 정의했다. 여기서 중요한 것은 생명이 있었던 곳에서만 부흥이 가능하다는 것이다. 존스가 부흥을 말할 때는 로마 가톨릭교회, 영국 성공회와 대립각을 세우며 복음주의운동을 펼쳐나가던 시절이었다. 그 교회들이 어느 정도 부흥을 경험했는지 몰라도 존스 목사는 사도행전에 등장하는 부흥이 두 교회 역사상 없었다는 것을 강조했다. 로이드 존스는 칼뱅과 그의 후예인 청교도들이 주도한 개혁운동이 올바른 것인지 판가름하는 최종적인 기준은 부흥이라고 말했다.

## 대중적 설교가로 주목

이렇게 중요한 부흥을 일으킨 사람들 중 기억할 인물이 있다면 바로 조지 횟필드(1714-1770)이다. 횟필드는 옥스퍼드대학 재학 시절 존과 찰스 웨슬리 형제와 함께 '홀리클럽' 회원이었다. 그는 혹독한 금욕적 신앙생활을 하던 중 1735년 신앙 체험을 통해 중생의 자유와 내적 회심, 은혜의 복음을 경험했다. 그는 이 시기를 회상하며 "하나님은 내가 살아 있는 믿음으로 그분의 사랑하는 아들을 붙잡고 무거운 짐을 제하여 버리기를 기뻐하셨다"라고 썼다.

| 조지 횟필드

1736년 그는 스물한 살의 젊은 나이에 영국 성공회에서 안수를 받고 설교를 시작했다. 첫 미국 여행을 마치고 돌아왔을 때 영국교회들은 그의 노골적인 복음 중심 메시지 때문에 그를 받아 주지 않았다. 그러나 그는 굴하지 않고 예배당 대신 야외에서 설교하기 시작했다. 그런 그의 설교는 선풍적인 인기를 끌었고 대중의 사랑과 관심을 받았다.

이후 그는 영국 전역을 다니며 대부흥운동을 이끌었고 미국도 일곱 차례나 방문해, 조나단 에드워즈와 함께 미국의 영적 대각성운동을 주도했다. 스코틀랜드는 열네 차례 방문해 그곳에도 부흥을 일으켰으며, 웨일스의 대표적 단체인 '웨일스 칼뱅주의 감리교회'(Welsh Calvinistic Methodist Church)의 초대 회장을 맡아 부흥을 견인했다. 그는 평생 18,000번 이상 설교했고 상당한 열매를 거두었다는 평가를 받고 있다.

### 복음 전도에 매진한 칼뱅주의자

현대 전기 작가인 해리 스토우트는 휫필드가 신학에 흥미가 없었다고 주장하는데 이는 명백한 오해다. 실로 그는 동시대인들에게 그저 복음주의자뿐 아니라 '뛰어난 체계적 신학자'라는 인상을 심어 주었다. 그의 신학은 성경의 무오성에서 시작되었다.

휫필드는 하나님의 가장 거룩한 말씀의 무오한 원칙을 믿었고 성경의 가르침대로 칼뱅주의자가 되었다. 그는 1740년 존 웨슬리에게 보낸 개인적 편지에서 이렇게 말했다. "나는 칼뱅이 기록한 어떤 것도 읽은 적이 없습니다. 나의 교리들은 그리스도의 사도들에게 얻은 것이며 하나님께 배웠습니다." 1742년 또 다른 친구에게는 "나는 칼뱅 때문이 아니라 예수 그리스도가 내게 가르쳐 주셨다고 생각하기 때문에 칼뱅주의 생각을 포용한다네"라고 편지를 썼다.

칼뱅주의 교리에서 예정론은 복음 전도의 에너지를 약화시킨다는 비난을 종종 받는다. 그러나 휫필드의 삶을 읽고 공부하면 그 생각이 잘못된 것임을 알 수 있다. 그는 브리스톨에서 노동자 계급에게, 조지아에서 고아와 노예들에게, 헌팅턴 부인의 집에서는 귀족들에게, 런던 케닝턴 공원에서는 시끌벅적한 무리에게 설교했고 40,000명 앞에서도 설교했다.

마이크도 없던 시대에 40,000명은 믿기 힘들다. 그러나 아주 불가능한 일도 아니다. 그는 쩌렁쩌렁 울리는 목소리를 갖고 있었고 야유를 보내거나 돌을 던지는 사람이 아니면 설교를 들으려고 온 군중은 조용했다. 그들 가운데 일종의 '거룩한 고요'가 있었기에 그의 목소리는 1.6km 거리에서도 들을 수 있었다고 한다.

18세기 영국의 연극배우 데이비드 가릭은 휫필드처럼 "오!"라는 탄식과 감탄이 반응으로 나오는 연기를 위해 상당의 금화를 지불하려 했다는 말이 있을 정도로 휫필드는 설교를 잘했다. 그는 설교 도중 말씀을 강조하기 위해 발을 굴렀고 죄인에 대한 하나님의 징계를 언급할 때는 심판자를 연상하는 검은 모자를 썼다. 게다가 그는 이야기를 생생하게 묘사하는 재능을 갖고 있어서 사람들의 마음을 움직였다. 설교 마지막에는 사람들이 회심하기를 갈망하며 열정적으로 도전하기도 했다.

그의 조부 앤드류 휫필드는 브리스톨에서 성공한 사업가였다. 그의 아버지 역시 사업가였기에 그는 사업을 물려받을 수 있는 기회가 많았지만 안정된 생활을 과감히 떨쳐버리고 미국 조지아로 떠났다. 그곳은 영국의 빈곤층과 범죄자 집단을 데려다가 정착시킨 식민지였다. 그는 그곳에서 안수받고 6주 후에 "이제 세상이 나의 교구다"라고 선포했다(그 말은 한 달 후 웨슬리가 사용하면서 더 유명해졌다).

그 후 휫필드는 런던 동부 무어필드의 태버너클교회, 웨스트엔드의 토튼햄코트 로드에 예배당, 브리스톨의 또 다른 태버너클교회 등 세 개의 교회를 개척했고, 미국 조지아의 고아원과 킹스우드 학교도 세웠다. 그는 선조들이 일으킨 사업을 물려받지는 않았지만 자신이 복음을 위한 사업가였

| 에어 크로우가 그린 '무어필드에서 설교하는 조지 횟필드'

다는 것은 부인하지 않았다.

**시간을 초월한 신앙의 모범**

조지 횟필드 같은 사람 몇 명만 있어도 한 나라를 움직이고 교회를 뒤흔들며 사회의 도덕을 개혁할 수 있을 것이다. 1789년 프랑스혁명 같은 사건이 영국에서 발생하지 않은 이유는 분명 대각성운동으로 영국 사회가 정화되었기 때문일 것이다. 조지 횟필드야말로 이 일을 가능하게 한 주인공 중 한 명이다.

횟필드는 동료이면서 그와 쌍벽을 이룬 존 웨슬리와 같이 어떤 조직이나 후계자를 남기지는 못했다. 1770년에 그는 미국에서 복음을 증거하다가 여행 중 사망했는데 "주 예수 그리스도의 이름을 알리고 조지 휫필드의 이름은 잊히고 지워지기를 바란다"라는 그의 바람대로 사람들은 점점 그를 잊었다. 이는 세례 요한의 모토인 "그는 흥하여야 하겠고 나는 쇠하여야 하리라"(요 3:30)의 모습을 그대로 보여 준다. 쓰임받은 선대들을 기억하는 것은 바람직하지만 거창한 기념관을 건립하고 각종 기념행사를 개최하여 특정 지도자들을 우상시하는 일은 지양해야 할 것이다.

휫필드의 능력은 그의 재능이나 신학적 지식 또는 재력에서 나온 것이 아니다. 오직 하나님을 향한 신실한 믿음에서 나온 것이다. 그의 기도와 믿음, 주의 일을 향한 헌신은 아직도 우리에게 영향을 끼치고 있다. 세상은 신실한 주의 종, 이름 없이 섬기는 사역자들이 필요하다. 휫필드를 쓰신 하나님이 이 시대에 유럽교회 안에 또 다른 휫필드를 일으키어 세상으로 파송하시길 소망한다.

1 헌팅던 부인이 런던 배스에 건축한 교회

## 영적 대부흥의
## 든든한 후원자

18세기 영국의 영적 대각성은 조지 휫필드와 웨슬리 형제의 공헌에 힘입은 것이 크다. 그러나 이 위대한 일에는 많은 사람들의 수고가 있었다. 그 중 셀리나 헌팅던 백작 부인(1707-1791)은 휫필드와 웨슬리 형제의 든든한 후원자였을 뿐 아니라 복음을 위해 자신의 모든 재산과 명예를 바쳤다.

셀리나는 1707년 부자였던 페레르 백작 집안에서 태어났다. 최고의 환경에서 자랐지만 어렸을 때부터 생사 문제에 관심이 많았다. 아홉 살 때 마을에서 한 아이의 장례 행렬을 본 후 죽음에 대해 생각했고 그 후로는 기도하며 성경을 읽기 시작했다. 귀족들의 소일거리인 도박이나 험담, 연

애행각 등을 멀리하고 거룩한 삶을 위한 열망을 불태웠다.

그녀는 스물한 살 때 열한 살 연상의 데오필로스 헤스팅스 헌팅던 백작과 결혼했다. 남편은 훨씬 더 부유하고 유력한 인맥을 갖고 있을 뿐만 아니라 지적이고 강직한 사람이었다. 그들의 사랑은 결혼 후 사역의 동지로 승화되었다. 남편은 자선사업가가 되어 음식 바구니를 들고 성경 말씀을 나눠주면서 가난하고 병들어 죽어가는 이들을 돌보려는 아내의 꿈을 지지해 주었다.

| 셀리나 헌팅던 백작 부인

## 복음 전도의 열성

셀리나의 생에 가장 큰 영향을 끼친 사람 중 하나는 시누이 마가렛 헤스팅스였다. 마가렛은 휫필드와 웨슬리의 친구로, 당시 모라비아파 신앙에 영향을 받은 벤자민 잉엄 목사의 설교를 듣고 그리스도의 십자가 죽음을 믿음으로써 하나님의 의를 얻을 수 있음을 깨달았다.

마가렛은 자신뿐 아니라 친구들과 가족이 이 복된 소식을 듣기를 갈망했다. 특히 "내가 생명과 구원을 위해 주 예수 그리스도를 알게 되고 믿은 후, 나는 천사와 같이 행복해졌어요"라는 마가렛의 고백은 셀리나의 뇌리에 꽂혔고 이후 그녀가 생명의 위협을 느낄 정도로 병고에 시달릴 때도 위로가 되었다. 셀리나는 자신의 유일한 희망이 하나님의 자비를 입고 그리스도만을 신뢰하는 것임을 깨달았다.

셀리나는 마가렛처럼 자신의 신앙을 가족과 친구들에게 나누기 시작했고 웨슬리를 초대해 설교를 들었다. 그리고 귀족사회에 복음을 전하기 위해 자신의 사회적 지위를 활용하기로 결심했다. 셀리나는 부유한 친구들뿐 아니라 모든 이에게 복음을 들을 기회를 주려 했다. 횟필드와 같은 설교가들이 오면 집 안에서 일하는 시종들을 위해서도 전도집회를 열 정도로 부유한 자들뿐 아니라 가난한 자들에게도 전도하기를 쉬지 않았다.

### 전임 사역자처럼 뛰다

셀리나는 회심 후 10년간 남편의 전폭적 지지를 받으며 복음 전도에 최선을 다했다. 그러나 아내요 어머니이자 사교계의 안주인이라는 당시의 인습적 역할 때문에 직접적인 사역에는 한계가 있었다. 그러다가 두 명의 자녀가 천연두로 죽고 남편도 쉰 살의 나이로 세상을 떠났다. 그럼에도 셀리나는 슬픔에 빠져 있지 않았다. 오히려 본격적으로 사역자로서의 삶을 시작하기로 했다. 런던에 있는 자신의 집에서 첫 감리교 콘퍼런스를 주관하고 웨일스의 복음 증거자였던 하웰 해리스와 함께 마을 전도를 시작했다.

그녀의 집은 웨슬리 형제나 횟필드같이 지친 순회 설교가들의 안식처가 되었다. 횟필드는 "애쉬비(Ashby)는 벧엘과 같다. 우리는 매일 아침 성찬 예식을 가졌고 온종일 천상의 대화를 나눴고 밤에는 설교했다"라며 백작 부인의 시골집 중 하나였던 애쉬비에서의 시간을 기록했다.

1748년에 셀리나는 횟필드를 자신의 전속 목사로 임명했다. 목사직을 사사롭게 이용하겠다는 뜻이 아니라 영국 국교회 강단 밖에서 설교할 수 있도록 더 많은 자유를 주기 위한 것이었다. 당시 복음주의권 설교자들이 영국 국교회로부터 인정받기 어려워지자 그녀는 더 많은 전속 목사를 임명했다.

또한 셀리나는 복음적 설교가들이 영국 국교회에서 설교하는 것이 금지되자 새로운 교회를 개척하기로 하고 건물을 짓기 시작해 사망 무렵까지 63개의 예배당을 세웠고 건축비를 지원했다. 브라이튼의 예배당 건축을 위해 3,700파운드(약 4억 원)의 값진 보석을 팔았다는 기록도 있다.

교단 설립까지

영국 국교회에서 휫필드와 웨슬리가 일으킨 복음주의운동을 받아들이지

| 기념교회 내부와 입구의 기둥

않자, 셀리나는 신실한 사람들을 훈련시키는 대학 설립을 결단하고 1767년 웨일스에 트레베카대학을 세웠는데 모든 비용을 혼자 감당했을 뿐 아니라 학생들에게도 세심한 관심을 기울였다. 학생들에게 숙소와 음식, 옷, 말, 가운, 사제복, 소정의 용돈까지 지급하고 그들이 졸업한 후에도 계속 관심을 보여 주었다. 셀리나는 설교자들의 전도집회와 다른 사역을 위한 구체적 계획뿐 아니라 그들의 옷가지와 건강을 격려하는 장문의 편지를 쓰기도 했다.

그녀는 개척한 교회마다 전속 목사를 임명했다. 그 일로 각 지역 국교회 목사들이 반발, 급기야 소송까지 벌어졌다. 재판에서는 오직 국교회 교구 목사만 교구에서 설교할 권리를 갖는다는 주장이 수용되었고 이는 셀리나가 새로운 교단을 만드는 동기가 되었다.

마침내 셀리나는 1783년에 '커넥션'(Connexion, 복음주의운동에 입각한 새로운 교단으로 현재에도 50여 개의 교회가 남아 있음)을 탄생시켰다. 그가 세운 트레베카대학(지금은 케임브리지대학으로 편입)에서 배출한 사역자들은 영국뿐 아니라 미국 원주민과 아프리카 선교에 크게 이바지했다.

### 장례 비용도 바치다

셀리나는 여든네 살로 세상을 떠나기 직전 "나의 일을 마쳤다. 아버지께 가는 것 외에는 할 일이 아무것도 없다"라고 말했다. 그녀는 위대한 가문의 귀족 부인이었을 뿐 아니라 영적으로도 당대에 가장 영향력 있는 사람 중 한 명이었다. 말년에는 자신을 십자가에 매달린 도둑과 동등하게, 그저 용서받은 한 명의 죄인으로 여겼다. 그래서 장례식 비용으로 남겨 놓았던 마지막 300파운드조차 버밍햄의 교회 개척을 위해 헌금했다. 자신을 위해 아무것도 남기지 않고 모든 것을 복음을 위해 드린 것이다.

하나님은 지금도 셀리나처럼 복음을 위해 쓰임받는 성도들을 남겨 두셨다. 필자는 유럽의 재복음화를 위해 1,000개 교회를 개척하는 일을 맡고 있다. 어떻게 보면 무모하지만 하나님은 '21세기의 셀리나'를 통해 유럽의 무너진 교회들을 다시 세우고 계신다. 실제로 사역 초기부터 6년이 지난 지금까지 이 일에 빛도 이름도 없이 기도와 물질로 동역한 성도들이 많다. 앞으로도 무너진 유럽교회를 세우기 위해 헌신하는 셀리나를 더 많이 보내 주시기를 기도한다.

조지 뮐러가 생전에 쓰던 물건들

## 오직 기도만이 역사를 이룬다

19세기 빅토리아 여왕 시절에 영국은 해가 지지 않는 나라로 전성기를 누렸고, 영국의 기독교도 동일한 영광을 누렸다. 이 시기를 대표하는 인물들 (찰스 스펄전, 윌리엄 캐리, 데이비드 리빙스턴, 허드슨 테일러 등)이 많지만 이번에는 '기도의 사람' 조지 뮐러에 대해 생각해 보고자 한다. 많은 성도들에게 뮐러는 5만 번 이상 기도 응답을 받은 전설적 신앙인으로 알려져 있는데 사실은 그가 진정으로 추구한 삶과 사역이 많은 부분 가려져 있다.

## 방탕한 시절의 뮐러

조지 뮐러(1805-1892)의 삶은 분명하게 하나님의 살아 계심과 능력을 예증한다. 성경에 기록된 놀라운 이야기들을 회의적으로 바라보는 이들이 있다. 그러나 놀랍게도 뮐러는 오로지 기도를 통해 거의 150만 파운드를 받았다. 오늘날 시세로 따지면 1,300억 원이 족히 넘는 금액이다. 이러한 기적은 아주 옛날에 일어난 일이 아니라 19세기 후반에 일어났으며 분명한 증거들이 지금도 남아 있다.

| 조지 뮐러

조지 뮐러는 1805년 9월 27일에 지금은 독일로 편입된 프러시아의 작은 마을인 크로펜슈테트에서 태어났다. 세관원의 아들이던 그는 스무 살까지 그리스도인이 아니었다. 그의 아버지는 그저 은퇴 후 아들의 목사관에서 살고 싶은 마음에 아들이 성직자가 되길 원했다.

화목한 가정에서 성장했지만 조지 뮐러는 열여섯 살 때부터 습관적 도벽과 만성적 거짓말, 음주에 빠졌고 사기죄로 5주 동안 감옥에서 지내기도 했다. 1825년에 그가 인정한 바에 따르면 기독교로 회심하기 전까지 짓지 않은 죄가 거의 없었다. 심지어 어머니가 임종하는 순간에도 그는 술에 취한 채 거리를 배회하고 있었다.

### 회심과 신앙 훈련

그는 "울며 겨자 먹기"로 다니던 독일 할레대학에서 우연히 한 기도모임에 참석했는데, 그 모임이 그의 인생 전체를 바꿔 놓았다. 그는 찬송을 부르고 성경을 공부하고 프린트물 설교를 읽으며 깊은 인상을 받았다. 그러나 결정적 전환은 참석자들이 모두 무릎을 꿇고 기도했을 때 일어났다. 뮐러는 그전까지 무릎을 꿇어본 적도, 그런 모습을 본 적도 없었기에 그 모습은 더 놀라웠다. 그만큼 모임 전체는 영적 분위기로 가득했고 그는 거기서 거듭났다.

뮐러는 회심한 지 두 달 만에 선교사가 되기로 결심했다. 그 결정이 아버지를 매우 분노하게 해서 재정적 지원이 끊겼으나 이를 계기로 하나님만 의지하는 법을 배우게 되었다. 그는 모든 재정의 필요를 하나님께 맡겼다.

1829년 스물네 살이었던 조지 뮐러는 유대인 선교를 위해 런던으로 갔다. 그런데 선교 학교에 들어간 지 얼마 되지 않아 심각한 병을 앓고 거의 죽을 뻔했다. 뮐러의 인생에 또 다른 방향 전환이 일어난 것은 병을 회복하는 기간이었다. 그는 선교 학교를 그만두기로 결심한 후 작은 교회에서 사례금과 함께 목사직을 제안받았지만 전적으로 하나님만 의지해야 함을 느끼면서 사례금 받기를 사양했다. 그 순간부터 그는 1898년 별세할 때까지 모든 일에서 하나님을 신뢰했다.

### 브리스톨 사역의 기적

뮐러의 다음 목회지는 브리스톨에 있는 베데스다교회였다. 한때 사람들로 넘쳤던 교회는 6명이 모일 정도로 쇠퇴했다. 뮐러는 모든 것을 하나님께 맡기고 열정적으로 사역을 시작했다. 그 결과 성도들은 늘고 재정 지원이 이루어지면서 교회는 물질적, 영적으로 회복이 되었다.

| 조지 뮐러 박물관에 소장되어 있는 뮐러의 성경

뮐러는 1834년 브리스톨에서 성경지식협회를 설립했다. 교육의 혜택을 얻지 못하는 사람들에게 공부할 기회를 제공하자는 목적이었다. 특히 성경을 가르칠 수 있는 교사들이 학교에서 일할 수 있도록 후원했다. 그는 협회를 통해 교회에 교회학교를 세워 누구나 성경을 배우도록 도왔고 영국 전역에 성경을 배포하는 일을 감당했으며 선교사들을 후원하는 일도 수행했다.

한편 당시에 브리스톨 인근에서는 유행성 콜레라로 고아들이 급속히 늘고 있었다. 뮐러는 즉각적 행동이 필요하다는 것을 깨닫고 1835년부터 고아원 사업을 시작했다. 이는 거대한 믿음이 필요한 일이었는데 하나님은 마침 이 사업을 시작하기 나흘 전 "네 입을 크게 열라 내가 채우리라"(시 81:10)는 말씀으로 확신을 주셨다.

### 전설이 된 고아원 사역

조지 뮐러는 고아원 사역을 시작하며 하나님께 1,000파운드와 도울 사람들을 구했고 다섯 달 만에 재정과 인력을 공급받았다. 처음에는 30명의 소녀들을 자신의 집에 수용하며 고아원을 시작했는데 나중에는 130명 어린이를 위한 세 개의 건물을 건립할 정도였다. 1845년에는 원생이 300명으로 늘어서 이들을 위해 10,000파운드라는 엄청난 금액이 필요했다. 뮐러는 다시 기도했고 1849년 애쉴리다운이란 곳에 300명 아이들을 수용할 수 있는 고아원의 문을 열 수 있었다.

1870년까지 애쉴리다운에는 다섯 개 건물이 추가로 건축되었고 2,000명이 넘는 아이가 그곳에서 자라났다. 모든 재정은 일체의 부채 없이 해결되었고 사역자들은 광고나 요청 없이 오직 기도의 결과로 모여들었다. 아이들은 일자리를 찾기 전까지 고아원에 머물렀다. 일자리를 찾아 고아원을 떠나면 조지 뮐러는 축복 기도를 해주었고 성경을 선물했다.

한 아이는 이렇게 회상했다. "내 소지품은 성경과 옷들과 반 크라운의 돈이었다. 그리고 그중 최고는 값을 따질 수 없는 조지 뮐러의 축복 기도였다." 또 다른 아이는 "내게 일어난 가장 위대한 일은 뮐러의 고아원에 있었다는 것이다. 거기서 예수님을 알았기 때문이다"라고 고백했다.

## 5만 번의 기도 응답보다 중요한 것

1875년 일흔 살이던 조지 뮐러는 고아원 사역을 이양한 후 설교와 가르치는 사역에 헌신했다. 그는 하나님에 대해 발견한 진리를 많은 사람들이 알기를 원했다. 이후 17년의 선교 여행 동안 미국 네 번, 인도 두 번, 호주 세 번, 중국과 일본을 포함해 42개국을 순회하며 설교했다. 바다와 육지를 통틀어 20만 마일(약 32만km)을 다녔고 1892년 그의 나이 여든여덟 살에 여행을 마무리했다.

우리는 뮐러의 삶 속에서 5만 번 이상의 기도 응답으로 모인 1,000억 원에 매료될 수 있다. 그러나 '그가 어떤 응답을 받았는가'보다 더 중요한 것은 '그가 무엇을 하나님께 간구했는가'이다. 그는 성경의 가르침과 같이 고아들을 환난 중에서 돌아보고 하나님의 사랑으로 축복했다. 그래서 하나님이 응답하신 것이다.

오늘날 한국교회 성도들의 기도 열정은 세계적이다. 그러나 우리는 먼저 과연 무엇을 하나님께 간구하고 있는지 생각해 봐야 한다. 우리의 기도는 과연 성경적인가? 우리 사회에 뿌리 깊게 자리 잡은 샤머니즘적 기복신앙이 한국교회와 무관하다고 자신 있게 말할 수 있을까? 이제 '무엇을 먹을까, 무엇을 마실까, 무엇을 입을까'에 관심을 갖고 기도하는 것이 아니라 뮐러의 기도를 배워야 할 것이다.

| 조지 뮐러의 묘비석

## 웨일스교회의
## 쇠퇴가 주는 교훈

한국교회 성도들에게 영국 웨일스는 특별한 의미가 있다. 150년 전 조선을 찾았다가 순교의 피를 흘린 토마스 선교사의 고향이기 때문이다. 웨일스 기독교 역사는 1,500여 년 동안 이어져왔다. 그러나 정확한 역사는 알 수 없다. 문서 자료가 부족한 데다 중세 역사가들이 전승한 신화적인 이야기들이 대부분이어서 사료에 바탕을 둔 재구성이 어렵기 때문이다. 5세기 초까지 로마제국이 영국 전역을 다스렸기 때문에 로마의 기독교 공인(313년) 이후 자연스럽게 기독교가 전파되었을 것으로 추정된다.

웨일스에 본격적으로 교회가 세워진 것은 이른바 '성자들의 시대'라고 알려진 5세기 후반에서 7세기 사이에 켈틱(Celtic) 수도사들의 선교활동을 통해서다. 켈틱 수도사들은 성경에 능통했으며 위험을 두려워하지 않는 복음 전파자들이었다. 그들은 당시 웨일스인들의 신앙교육뿐 아니라 실생활에 필요한 구체적인 기술과 학문을 전해 주었다. 찬송가 533장 "내 맘의 주여 소망 되소서"는 바로 켈틱 수도사들이 만들어 불렀던 것으로 유명하다. 하지만 7세기 후반 잉글랜드의 영향력이 웨일스 전반에 확대되면서 웨일스의 켈틱 기독교 전통은 쇠퇴했다.

### 방해를 뚫어낸 부흥

이후 웨일스의 기독교는 1700년대까지 주목할 만한 개혁과 부흥을 맞지 못했다. 웨일스는 종교개혁의 주무대였던 독일이나 스위스와는 지리적으로 많이 떨어져 있었다. 대학이나 상업 중심 도시도 없는 소규모 농촌 마을이다 보니 대륙의 개혁운동은 강 건너 불구경이었다. 웨일스는 영어가 아닌 자국어(Welsh)를 지금까지 사용하고 있는데 언어적 장벽도 개혁의 불길을 막는 요인이었다.

 1536년과 1543년 두 차례에 걸쳐 잉글랜드와 웨일스의 합병이 진행된 후 웨일스교회들은 모두 잉글랜드 왕을 교회의 머리로 섬기는 국교회에 편입되었다. 그리고 1588년 윌리엄 모건에 의해 신구약성경이 웨일스어로 번역되어 웨일스인들은 모국어로 성경을 읽을 수 있게 되었다. 덕분에 웨일스인들은 자신의 언어와 민족 정체성을 보존할 수 있었을 뿐 아니라 무엇보다 성경을 읽고 연구함으로써 많은 부흥을 경험할 수 있었다.

 위대한 사역자들이 출현하면서 웨일스 기독교의 본격적 부흥이 일어났다. 조지 휫필드 등과 함께 열정적인 복음 증거자로 사역한 하웰 해리스를 비롯해 로이드 존스 목사가 "기독교 역사에서 가장 위대한 설교자"라고 인정한 대니얼 롤란드, "전능하신 여호와여"(찬송가 451장) 등을 지은 위대한 찬송 작가인 윌리엄 윌리엄스가 동일한 시기에 웨일스 부흥을 위해 쓰임을 받았다.

웨일스의 영적 리더들은 웨슬리 형제의 신학적 입장과 달리 칼뱅

| 웨일스 부흥 이야기를 담은 책자

의 가르침에 입각해 신앙운동을 펼쳐나갔다. 이는 '칼뱅주의적 감리교도 운동'으로 일컬어진다. 엄격한 신앙생활 혹은 훈련 규율을 일컫는 '감리교'(Methodism)의 어원처럼 그들은 하나님 앞에서 경건하게 살기 위해 자신을 훈련시켜 더 깊은 차원에서 하나님과 동행하는 것을 신앙의 본질로 삼았다.

하웰 해리스는 휫필드나 웨슬리 형제보다 먼저 야외 설교와 전도 여행을 시작해 18세기 잉글랜드와 웨일스의 영혼들을 깨웠다. 웨일스어 성경은 롤란드 목사의 설교를 통해 생명을 얻었고 수많은 사람이 그의 설교를 듣기 위해 몰렸다. 윌리엄스는 성경 진리에 입각한 놀라운 표현과 아름다운 멜로디로 찬송가를 만들었다.

## 웨일스 대부흥과 에반 로버츠

웨일스는 1762년 이후 100년 동안 최소 15번 이상 크고 작은 부흥을 경험했다. 그 결과 교회는 일상생활의 중심이 되었으며 성도들로 가득찼다. 특히 교회학교는 아이들로 넘쳐났다. 기도와 성경통독 모임은 수없이 많았고 영적 경험을 나누는 소그룹 모임도 참여하는 사람들로 붐볐다. 이러한 영적 부흥은 1904년 웨일스의 한 청년인 에반 로버츠에 의해 다시 한 번 피어오른다.

| 에반 로버츠

에반 로버츠는 어린 시절 광산과 대장간에서 험한 일을 하며 생활하다가 스물네 살에 신학교에 가고자 마음을 먹었다. 그리고 신학교 입학을 위해 예비학교를 다니던 중 복음 증거자인 셋 조슈아의 집회에 참석해 그의 설교를 듣고 강력한 영적 체험을 하게 되었다. 그때 성령이 주시는 깨달음이 그에게 임했다. 바로 그가 경험한 성령의 역사하심을 고향 친구들에게도 전해야 한다는 것이었다.

그는 1904년 10월 31일 월요일 밤, 당시 출석하던 모리아교회 목사에게 허락을 받고 18명의 친구들과 함께 기도회를 시작했다. 기도회는 11월 10일까지 모리아교회에서 밤마다 계속되었고 평균 8-9시간씩 이어졌다. 18명으로 시작한 기도회는 나중에 예배당 출입문과 로비, 심지어 교회 밖 창문 앞까지 사람들이 모여 기도할 정도로 확대되었다. 이 소식을 접한 웨일스 성도들은 에반 로버츠에게 자신들의 교회에도 방문해 주기를 요청했다. 그리고 기도회가 열리는 곳마다 강력한 성령의 역사로 회개와 자복,

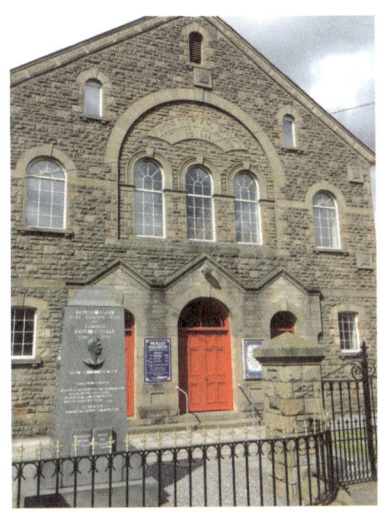 

| 웨일스 부흥 100주년 기념비와 모리아교회 전경 | 모리아교회 교육관 내부

능력이 임했다. 웨일스 부흥의 소식은 여러 나라에 전해져 스코틀랜드와 인도, 미국의 아주사 그리고 1907년 한국의 평양까지 전해졌다.

웨일스교회의 쇠퇴에서 배운다

부흥의 땅이었던 웨일스의 현재는 어떨까? 인구 300만 명 중 3%만이 주일예배를 드리고 성도 대부분이 일흔을 넘긴 노년층이다. 시간이 흐르면서 노인들은 하나둘 세상을 떠났고 이에 따라 교회도 문을 닫았다. 문 닫은 교회 중 일부는 음식점이나 이슬람 모스크로 바뀌고 있다. 1904년 부흥의 진원지였던 모리아교회는 아직 남아 있지만 안타깝게도 담임목사 없이 10여 명의 성도만 모이는 실정이다.

어떻게 한때 영광스러운 부흥의 중심지가 선교지로 전락한 것일까? 그래서 웨일스 사역자들을 만날 때마다 질문을 던졌고 그에 대한 그들의 대답은 이렇게 요약할 수 있다.

첫째, 교회가 세속사회가 제기한 질문들에 소극적으로 대처하면서 '교회가 비이성적 사람들의 모임'이라는 오해를 사게 되었다. 그 결과 청년들을 중심으로 반 기독교 문화가 확산되었다. 둘째, 에반 로버츠는 성경을 깊이 연구한 목회자가 아닌 신학을 준비하던 성도였다. 그러다 보니 말씀을 기반으로 한 메시지보다 기도와 찬양으로 감성을 자극하고 체험 위주로 접근했다. 셋째, 개인주의 문화가 유럽을 휩쓸며 타인의 삶에 관여하지 않으려는 경향이 보편화되었는데 교회가 바로 이러한 개인주의 문화에 굴복했다. 그 결과 사람들에게 복음을 전하는 일이 어렵게 되었다. 넷째, 1·2차 세계대전에서 크리스천 젊은이들이 많이 전사하고 교회도 경제적으로 큰 어려움을 겪었다. 그 결과 영국교회가 가지고 있었던 장점, 특히 세계 선교를 이끌던 도전 정신을 상실하고 그저 교회 유지에 급급해졌다. 바로 그러한 태도가 웨일스교회의 급락으로 이어진 것이다.

한국교회는 세계에서 유례를 찾을 수 없을 정도로 빠른 성장을 구가했지만 이제 급속적인 쇠락이 걱정된다. 그러므로 정신을 차리고 웨일스교회의 부흥과 쇠퇴에서 교훈을 찾아야 할 것이다.

# 라노버에서 만난
# 한국 최초의 순교사

2016년은 토마스 선교사가 대동강에서 순교의 피를 흘린 지 150년이 되는 해이다. 9월에 한 국내교회의 후원으로 영국 웨일스에서는 토마스 선교사 순교 150주년 기념집회가 열렸고 많은 성도들이 토마스 선교사가 성장하고 파송받은 하노버교회를 방문했다. 하노버교회는 토마스 선교사의 아버지가 37년 동안 목회한 곳으로 토마스도 아홉 살 때부터 이 교회의 사택에서 자랐다. 그는 열일곱 살 때 강단에서 첫 설교를 했다. 토마스의 아버지는 아들의 순교 이후 18년간 더 교회를 섬기다가 하나님의 부르심을 받았다.

## 라노버가 낳은 수재

필자도 웨일스의 신학교와 그곳의 여러 교회를 섬기기 위해 수차례 하노버교회를 방문했다. 교회는 웨일스의 수도인 카디프에서 30여 분 떨어진 한적한 시골 마을 라노버(Llanover)에 있다. '한 젊은이가 어떻게 이렇게 먼 곳에서 조선까지 찾아가 복음을 전할 수 있었을까' 생각하며 하나님께 감사를 드렸다. 그리고 그렇게 결정을 내려 준 토마스와 가족에게도 경의를 표했다.

기록에 따르면 토마스 선교사는 재능이 많은 뛰어난 청년이었다. 열네 살 때 옥스퍼드 지저스 칼리지의 장학생으로 뽑혔지만 어리다는 이유로 입학이 보류되었다. 이후 여러 사람의 추천으로 의사가 되려고 준비했으나 사람의 몸을 고치는 일이 아니라 영혼을 고치는 일을 하고 싶어 런던대학 뉴칼리지 신학과에 입학했다.

| 하노버교회 역사관의 토마스 선교사 기념비와 사진

그는 줄곧 장학생으로 뽑혔고 히브리어와 헬라어, 라틴어 등 언어에 두각을 보였다. 그러다가 스물네 살 때 중국 선교에 대한 강력한 부르심을 확신하고 결혼 7주 만에 신부 캐롤라인과 함께 상하이로 향했다. 하지만 이후의 삶은 불행의 연속이었다. 아내는 출산 도중 사망했고 토마스는 그 충격으로 잠시 선교지를 떠나있었다. 그러던 중 그는 우연한 기회에 조선인을 만나 그곳에 복음이 절실히 필요하다는 것을 깨닫고 1866년 마침내 조선 땅에 발을 내디뎠다. 하지만 그는 성경 몇 권만 전한 후 "야소, 야소"(예수, 예수)라고 외치며 순교의 피를 흘렸다.

## 참담한 유럽의 현실

유럽에 제2의 종교개혁이 일어나 제2, 제3의 토마스 선교사를 파송할 수 있게 되면 얼마나 감사할까! 유럽교회의 가장 큰 문제는 기독교의 쇠퇴로 교회 안에서 제대로 성경을 연구한 젊은 세대를 찾기 어렵다는 것이다. 그 여파로 유럽교회를 이끌어갈 목회자들과 교회 지도자들의 명맥이 이어지지 않고 있다. 게다가 신학교는 있지만 신학 공부를 위해 수천만 원에 이르는 학비를 지불해야 하는 현실도 큰 장벽이다.

사랑의 교회는 2008년 창립 30주년을 맞아 '복음의 서진'이라는 사역 비전을 선포했고 그 첫 시도로 토마스 선교사의 고향인 웨일스의 신학교를 후원하기로 결정했다. 2011년 2월 웨일스 유일의 복음주의신학교인 '웨스트'(WEST, Wales Evangelical School of Theology)와 협약을 맺음으로써 그 첫 삽을 떴다.

이후 영국에서 촉망받는 젊은 신학자인 마이클 리브스 박사가 웨스트의 학장으로 부임하면서 본격적인 변화가 시작되었다. 리브스는 서른 살이 되기 전에 케임브리지대학에서 교회사 연구로 신학 박사 학위를 받았고 뛰어난 학문성을 인정받아 세계 유수의 신학대학에서 교수로 일할 수 있었다. 그러나 모든 제안을 뿌리치고 영국의 복음주의 학생 운동 단체인 UCCF(한국 IVF의 모 단체)에서 캠퍼스복음화를 위해 헌신하기로 결정했다.

| 유니온 신학교 전경

그는 10년간 UCCF에서 학생들과 선교단체 간사들을 훈련시키고 옥스퍼드대학을 중심으로 신학 강좌를 개설해 세계 최고의 지성인들에게 복음을 증거했다. 또한 치열한 논쟁을 통해 기독교 신앙을 변증하는 사역도 펼쳤다. 그러던 중 영국교회와 유럽교회를 살리기 위해서는 성경을 배울 수 있는 길이 열려야 한다는 사실을 깨닫고 이러한 비전을 펼치기 위해 유니온(UNION)이라는 새로운 개념의 신학교육 과정을 제시하며 웨스트에 합류했다.

성경과 건전한 복음주의 신학으로
현재 유니온은 온라인과 오프라인 교육이 어우러진 훈련 공동체를 구축하여 깊이 있는 성경 연구와 신학교육을 시도하고 있다. 온라인 과정으로는 저렴한 비용으로 세계 최고 석학들의 강좌를 이수할 수 있다. 또한 오프라인에서는 지역 교회 목회자들과 선교사들이 설교와 상담, 목회 전반에 걸친 노하우를 전수함으로써 유럽교회를 섬길 리더들을 배출하고 있다. 리브스 박사는 칼뱅이 제네바에서 신학교를 세워 각 나라의 종교개혁을 일으킬 선도자들을 배출한 모델을 연구했고 이를 유니온에 적용해 '21세기의 제네바 신학교'를 만드는 것이 꿈이다.

유니온 사역은 유럽 내에서 큰 반향을 일으키고 있다. 유럽 재복음화를 위해 일해 온 오엠유럽선교회가 유럽 청년들을 훈련시킬 가장 중요한 전략으로 유니온을 선택했고, 그들이 가지고 있는 유럽 20여 개국 지부 안에 유니온의 훈련 공동체를 개설해 젊은이들을 성경으로 무장시키고 있다. 유니온은 영국 리버풀과 사우스햄튼, 노폭, 옥스퍼드, 버밍햄 등에서도 사역을 시작했고 이탈리아 로마와 그리스 아테네, 핀란드 헬싱키 등지에서도 교회 개척 같은 다양한 사역을 진행하고 있다.

제3의 선교 패러다임, 현지 선교

유럽 선교를 위해서는 새로운 모델이 필요하다. 지금까지의 선교는 복음을 접해 보지 못한 지역에 선교사들이 찾아가 교회와 신학교를 세우고 어려운 사람들을 돕기 위한 의료시설과 교육시설을 확충하는 게 기본이었다. 그러나 포스트모던 사회인 유럽은 오랜 역사를 통해 각 나라와 민족, 역사적인 상황 속에서 기독교가 다양한 형태로 존재해 왔다. 영국만 해도 현재 세계 신학을 선도하는 석학이 즐비하지만 누군가의 도움이 절실히

| 반대쪽에서 바라본 유니온 신학교

필요한 곳이지 않은가.

감사한 것은 아직까지 유럽 안에 그루터기 같은 사람들이 남아 있다는 점이다. 그들을 격려하고 힘을 보태 그들 스스로 교회 개척을 주도하게 하는 것이 사역의 가장 큰 원칙이 되고 있다. 그 가운데 제국주의식 선교로 오해받는 서구식 선교나 한국식 '나 홀로' 선교는 지양해야 한다.

지금은 단체와 교회 이름을 내려는 시도는 철저히 배격하고 묵묵히 기도와 물질로 후원하는 마음이 필요하다. 유럽교회와 지도자들이 직접 선교를 이끌도록 격려하는 것이 유럽 재복음화의 열쇠임을 분명히 기억해야 한다. 수많은 난민과 이주노동자, 유럽 거주 무슬림, 유학생들을 생각해 볼 때 유럽이 가장 효율적인 선교지임은 분명하다. 따라서 유럽교회가 살아나면 역사상 유래를 찾아볼 수 없는 대부흥의 현장을 목도할 수 있을 것이다.

  유럽 선교는 하나님이 맡기신 시대적 과업이다. 잘못된 교리와 관습, 온갖 부정과 부패 때문에 교회가 힘을 잃고 신음할 때 하나님은 개혁자들을 일으켜 새로운 부흥을 허락하셨다. 이러한 유럽교회의 개혁과 부흥이 다시 한 번 우리 세대에 일어날 수 있기를 기도하자. 그리고 그 일을 위해 쓰임받는 한국교회가 되기를 소망한다.

박용규 교수

'오직 은혜로'(Sola Gratia)는 인간이 하나님께 어떠한 요구도 할 수 없다는 것을 의미한다. 종교개혁자들은 인간의 노력이나 방법으로 참된 믿음에 이를 수 있다는 것을 부인하고 하나님의 은혜만 죄와 죽음에서 구원한다고 주장했다. 조나단 에드워즈를 비롯한 미국의 부흥가, 한국 선교를 위해 헌신한 언더우드와 아펜젤러의 뿌리를 찾아보자.

## 4부

### 종교개혁의 정신,
# 미국과 한국 선교의 뿌리를 찾아서

**종교개혁의 정신,**
미국과 한국 선교의
뿌리를 찾아서

노스햄프턴교회 예배당

# 미국 대각성운동의 현장으로

"저에게 그는 언제나 사도 바울을 가장 빼닮은 사람입니다." 근대 영성의 아버지 마틴 로이드 존스가 조나단 에드워즈(1703-1758)에 대해 한 말이다. 에드워즈는 미국이 낳은 가장 위대한 부흥설교가, 철학자, 신학자, 사상가였다. 그의 가장 큰 공헌은 미국의 제1차 대각성운동이다. 학자들은 언제나 그에게 '가슴의 신학자', '탁월한 부흥운동 변증가'라는 두 개의 별칭을 붙여 주었다.

그가 죽은 지 250여 년이 지났는데도 여전히 수많은 영혼이 그에게 사로잡혀 있고, 그에 대해 기독교 계통의 단일 인물로는 가장 많은 연구 논문이 출간되었다. 무엇이 시공을 넘어 에드워즈를 그렇게 영향력 있는 사람으로 만들었을까? 그것은 한마디로 하나님의 말씀에 토대를 둔 탁월한 지성과 실천적 영성 때문이다. 지성과 영성이 그의 삶 전체를 지배했고 주변에 지대한 영향을 미쳤으며 더 나아가 미국의 문화와 정치, 사회, 종교 사상을 완전히 바꾸어 놓았다.

| 조나단 에드워즈

### 준비된 지도자

조나단 에드워즈는 1703년 10월 5일 코네티컷 주의 이스트 윈저에서 열한 명 중 다섯 번째 아이로 태어났다. 그는 유일한 아들이었다. 하버드대학을 졸업한 그의 아버지 티모시 에드워즈(1668-1759)는 윈저에 교회를 개척해 죽을 때까지 64년 동안 목회했다. 아들의 명성에 가려져 빛을 보지 못했지만 그도 대단한 인물이었다. 그리고 에드워즈의 어머니 에스더 스토다드는 명문가 솔로몬 스토다드의 딸이다.

윈저에는 에드워즈의 아버지가 시무하던 교회와 무덤, 에드워즈의 출생지, 아버지의 11대 외손인 로버트 스타 3세가 살고 있고 그의 집 거실에는 에드워즈가 사용하던 의자가 남아 있다. 윈저의 에드워즈 출생지에는 이런 표시가 있다.

그는 미국의 첫 번째 신학자요 철학자로 1703년 티모시 에드워즈의 아들로 태어났다. 열일곱 살에 예일대학을 졸업하고 목사, 예일대학 강사, 스톡브리지 선교사를 거쳐 1758년에 프린스턴대학 학장이 되었으며 그곳에서 세상을 떠났다. 외손자 아론 버(Aaron Burr)는 미국의 3대 부통령이 되었다.

에드워즈는 1716년 열세 살에 예일대학에 입학할 때 이미 헬라어와 히브리어, 라틴어를 마스터했다. 열일곱 살에 수석으로 대학을 졸업한 그는 석사를 마친 후 잠시 모교에서 강사를 하다가 1727년 외할아버지 솔로몬 스토다트가 시무하는 노스햄프턴교회 부목사가 되었다. 단순히 심방 목사가 아니라 하루 13시간을 말씀과 신학 연구를 하는 데 보내는 학자적 목회였다. 스토다드 별세 후 에드워즈는 담임목사가 되었다. 노스햄프턴 시내

| 의자에 앉은 로버트 스타 3세

조나단 에드워즈가 24년간 목회한 노스햄프턴교회

중심가에 우뚝 세워진 교회가 바로 그가 시무했던 교회다. 그곳에는 아직도 에드워즈가 사용하던 의자가 남아 있고 교회 벽에는 그의 부조가 새겨져 있다.

| 교회에서 에드워즈가 사용했던 의자

### 하나님과 대면한 사람

에드워즈는 종종 하나님을 대면하는, 특별한 영적 체험을 했다. 1737년 어느 날에 하나님과 인간 사이의 중보자가 되신 성자 하나님의 영광과 그분의 놀라운 은혜와 사랑, 온화하고 부드러운 겸손을 보았다. 그 경험은 한 시간 동안 계속되었는데 그때 에드워즈는 홍수 같은 눈물을 흘리며 소리 높여 울었다. 그는 그날의 경험에 대해 "그리스도의 인격은 모든 사상과 지각을 삼켜버릴 만큼 대단했다"라고 기록했다. 에드워즈는 몇 차례 동일한 체험을 했다. 그는 그리스도 한 분만으로 충만했고 거룩하며 순수한 사랑으로 그분을 사랑하고 신뢰했으며 천상의 순수함으로 순결해졌다고 고백했다. 또한 그는 성령 하나님과 교통하는 체험도 했다. 이런 깊은 영적 체험을 통해 그는 하나님의 초자연적 영광을 이해하는 지각을 갖게 되었다.

에드워즈의 영적 체험을 더 한층 깊게 만들어 준 것이 제1차 대각성운동이다. 1734-1736년과 1740-1742년에 노스햄프턴교회에 강력한 성령의 역사가 임했다. 남녀노소를 불문하고 영원에 대해 무관심한 채로 남아 있는 사람은 한 사람도 없었다. 온 마을이 하나님의 임재로 가득했고 놀라운 변화가 나타났다. 부모는 자녀들이 거듭난 것으로 인해 기뻐했고 남편은 아내가, 아내는 남편이 거듭난 것으로 기뻐했다. 많은 부흥운동 지도자들 중 주역은 에드워즈였다. 뉴잉글랜드에서 그와 필적할 만한 사람은 없었다. 에드워즈가 코네티컷 주 엔필드에서 '진노하시는 하나님의 손에 있는 죄인들'이라는 설교를 한 것도 그 즈음이었다.

하지만 보수적 회중교회 목회자들은 부흥을 반대했다. 그러자 에드워즈는 부흥을 변호하는 변증서를 차례로 저술했다. 《성령 사역의 두드러진 특징들》(1741)을 통해 만약 예수 그리스도를 높이고 사탄의 왕국에 맞서며 성경의 권위를 높이고 진리와 사랑의 영으로 역사한다면 그 영은 확실히 성령이라고 변증했다. 《뉴잉글랜드 부흥론》(1742)과 《신앙감정론》(1742)에서는 참된 부흥이 인간의 감성을 결코 무시하지 않으며 도덕적 증진을 가져다준다는 사실을 변호했다.

에드워즈만큼 성령을 사모하고 성령의 부으심을 놓고 간절히 기도한 사람도 없다. 《비상한 기도를 촉진하는 겸손한 시도》(1747)에서 그는 성령이 모든 축복 중 최고의 축복으로 "모든 신령한 축복의 총화이며 참되고 영원한 행복의 원천"이라며 하나님의 교회가 영광스러운 성령 충만을 위해 간절히 기도하는 것은 하나님의 분명한 뜻이라고 했다. 그의 변증서는 당시 부

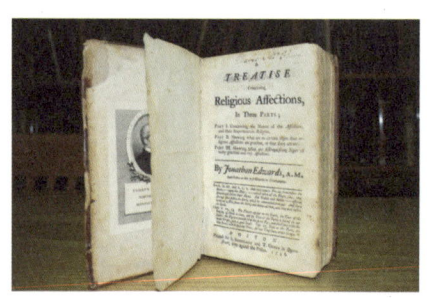
| 《신앙감정론》 원본

흥의 성격을 이해할 수 있는 중요한 저술이다. 놀랍게도 노스햄프턴의 포브스 도서관에는 에드워즈가 시무했던 당시 교회의 기록과 작품들이 원형 그대로 보존되어 있다.

### 대가 지불하며 목회적 소신을 지키다

에드워즈는 목회적 소신 때문에 비싼 대가를 지불했다. 오랫동안 관행이었던 느슨한 '중도언약'(Half-Way Covenant)을 거부하고 예수 그리스도를 주와 그리스도로 고백하지 않는 성도들을 성찬에 금지시켰다. 그러자 강력한 반대가 이어졌고 남자 성도 230명 가운데 207명이 그의 시무를 반대하는 바람에 1750년에는 24년 동안 섬긴 교회를 떠나야 했다. 마을 사람들은 투표를 통해 에드워즈와 가족이 거주하는 사택마저 빼앗았다. 에드워즈는 고별 설교에서 머지않은 장래에 목사인 자신과 교인들 모두가 하나님 앞에 설 날이 올 것을 환기시켰다. 이로써 청교도의 엄격한 '뉴잉글랜드 방식'은 끝났고 개방적인 시대가 도래했다.

에드워즈는 1751년 매사추세츠 스톡브리지로 자리를 옮겨 목회하면서 존 서진트의 인디언 선교 사역을 물려받았다. 《의지의 자유》(1754), 《참된 덕성의 본질》(1755), 《원죄》(1758) 등 훌륭한 작품이 이 기간에 출간되었다. 이후 1758년 2월 16일 뉴저지대학(프린스턴대학 전신) 학장에 취임한 그는 천연두 백신실험에 자원했다가 감염되어 그해 3월 22일 쉰네 살의 나이로 세상을 떠났다. 안타깝게도 학장으로 재임하는 동안 연구하고 발전시키려고 한 '신구약의 조화'와 '구속 사역의 역사'는 완성하지 못했지만 사후 그의 영향력은 시공을 넘어 전 세계로 확산되었다.

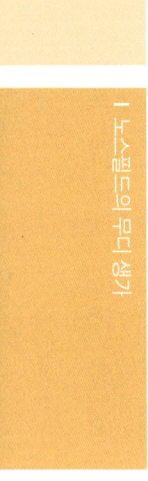

## 대중전도운동의 선구자

1888년 11월 12일 제임스 게일은 캐나다 밴쿠버에서 드와이트 무디(Dwight Lyman Moody, 1837-1899)와 역사적인 만남을 가졌다. 게일이 한국으로 떠나기 바로 전날에 무디는 게일의 손을 꼭 잡고 이렇게 격려했다. "젊은이, 한국으로 떠나는 거지? 당당하게. 자네를 위해 기도할 걸세. 하나님이 자네를 축복할 거야." 무디와의 이 역사적 만남은 게일의 한국 선교의 중요한 동력이었다.

무디를 통해 선교사로 헌신한 사람은 게일만이 아니라 초기 한국에 파송된 선교사 중 그의 영향을 받지 않은 사람은 거의 없었다. 무디의 고향 미국 매사추세츠 주 노스필드를 비롯해 그가 회심한 보스턴, 전도집회가 열렸던 동부의 대도시들, 그가 사역했던 시카고에는 여전히 무디의 발자취가 고스란히 남아 있다.

### 가족과 유니테리언교회 출석

무디가 살던 시대는 한마디로 급변하는 시대였다. 영국에서 진화론이 물밀듯이 몰려왔고 독일에서는 고등비평과 자유주의 신학이 놀랍게 침투했다. 산업화와 도시화는 급속히 진행되었으며 이단의 도전도 대단했다. 매사추세츠의 수많은 교회와 함께 유서 깊은 무디의 고향 노스필드 회중교회도 유니테리언(삼위일체 교리와 달리 성자의 신성을 부인함)으로 넘어갔다.

| 드와이트 무디

1837년 그 교회에 부임한 올리버 에버렛도 철저한 유니테리언 목사였다. 그는 무디의 어머니 벳시가 남편을 잃고 9명의 자녀들을 힘겹게 키울 때 그 가족을 헌신적으로 돌보아주었다. 무디는 다섯 살 때 세례를 받고 열일곱 살 때까지 유니테리언교회를 다녔다. 무디 생가에서 멀지 않은 곳에 위치한 그 교회는 지금도 노스필드에서 가장 크고 영향력 있는 교회로 남아 있다. 교회 게시판에 있는 '주일 오전 10시 예배, 1673년 설립, 1826년 유니테리언교회 가입'이라는 글씨가 눈에 들어왔다.

### 정통 신앙으로의 극적 변화

무디는 열일곱 살 때 삼촌이 운영하는 보스턴의 양화점에서 일하며 마운트 버논 회중교회에 출석했다. 그 교회의 담임목사 에드워드 커크는 구 프린스턴대학을 졸업한 복음적인 목사요 부흥운동가였다. 무디는 그곳에서 강단 메시지와 주일학교를 통해 처음으로 성경이 하나님의 말씀이라는 사실을 깨달았고 역사적 기독교 신앙에 눈을 뜨기 시작했다.

유니테리언 신앙 관습에 젖어 있던 그에게 서서히 변화가 찾아왔다. 변화를 가속화시켜 준 인물은 교회학교의 교사 에드워드 킴볼이었다. 킴볼은 1855년 4월 21일, 무디가 일하는 양화점에 찾아가 예수님이 얼마나 그를 사랑하는지 들려주었다. 이것이 킴볼이 말한 전부였지만 무디는 완전히 변화되었다. 무디가 고백한 대로 그날은 '성령으로 거듭난 날'이었다. 현재 무디가 회심한 옛 양화점 자리에는 커먼웰스은행이 들어섰고 건물

| 무디가 회심했던 보스턴 시내 양화점 자리

외벽에는 그의 회심을 기념하는 표지가 이렇게 붙어 있다. "1855년 4월 21일 사람들의 친구, 노스필드 학교 설립자, 기독교 전도자 D. L. 무디가 이 자리에 있던 한 양화점에서 하나님께 회심했다."

| 마운트 버논 회중교회 YMCA 규정 및 명부집

주님을 만난 후, 무디는 완전히 바뀌었다. 태양이 전에 없이 빛났고 모든 피조물과 깊은 사랑에 빠졌으며 구령의 열정으로 불타올랐다. 하지만 버논 회중교회는 그를 곧바로 교인으로 받아주지 않고 이듬해 엄격한 문답을 통과한 후에야 인정해 주었다. 무디가 YMCA 회원이 된 것도 그때다.

보스턴에서의 신앙 경험은 무디의 소중한 영적 자산이었다. 그가 평생 주일학교와 교회 신앙교육, YMCA 사역을 중시한 것은 결코 우연히 아니다. 무디가 회심한 양화점에서 멀지 않은 회중교회 고문서실에서 당시 커크 목사가 버논교회에서 사용하던 교회 문답, 무디의 입교 기록, 무디 서명이 담긴 YMCA 기록을 찾아냈다.

### 평생 목사 안수를 받지 않은 목회자

1856년 9월에 시카고로 이주한 무디는 4개월 후인 1857년 1월, 시카고 YMCA에서 열린 연합기도회에 참석했다가 큰 은혜를 체험했다. 그는 어머니에게 이렇게 썼다. "이 도시에 위대한 부흥이 일어났습니다…저는 고향 노스필드에서도 이러한 부흥이 임하기를 소망합니다."

무디의 전기 작가 존 폴락이 지적한 것처럼 이 경험은 무디에게 깊은 영감을 제공했다. 그래서 이듬해에 그는 시카고 북부 슬럼가 노스마켓홀에서 주일학교를 시작했다. 처음부터 관심사는 거리에서 방황하는 도시 젊은이들이었다. 학생들은 800명으로 불어났고 주변 여러 교회에서 온 자원봉사자들이 교사로 참여했다. 이로써 수백 명의 젊은이가 거듭났다. 1860년 11월 25일 막 대통령에 당선된 에이브러햄 링컨도 무디의 주일학교를 방문해 격려했다.

이후 무디는 아예 양화점 세일즈맨을 그만두고 복음 전도에 헌신하기로 다짐하며 시카고 일리노이 스트리트 독립교회를 설립했다. 잘 알려지지 않았지만 무디는 찰스 스펄전처럼 평생 목사 안수를 받지 않았다. 충분한 교육을 받지 못했다며 겸손히 안수를 사양한 것이다.

## 근대 대중전도운동의 선구자

미국의 신학자 스탠리 건드리가 지적한 대로 무디는 죄로 인한 타락, 그리스도에 의한 구속, 성령에 의한 중생을 외쳤고 종교개혁의 근본 정신에 충실했다. 1871년 복음성가 작곡가 데이비드 생키와 만난 후 무디의 영향력은 놀랍게 증가했다. 1873-1875년, 1881-1884년, 1891-1892년에 강력한 부흥이 일어났다.

1875년 생키와 함께 영국에서 가진 집회에서는 수많은 영혼이 주께 돌아왔고 교파의 장벽이 무너져 내렸으며 성경공부가 다시 활성화되었다. 사람들은 이구동성으로 증언했다. "웨슬리와 휫필드 이래 런던이 이렇게

| 무디 기념교회

깊은 감화를 받은 때는 없었다."

리버풀의 한 술집 주인은 만일 무디와 생키가 한 달이 아니라 다섯 달 동안 그곳에 머물렀다면 술집 절반은 문을 닫았을 것이라고 증언했다. 무디가 영국에서 돌아와 시카고와 뉴욕, 필라델피아, 브루클린, 보스턴에서 개최한 전도집회를 통해 수많은 영혼이 돌아왔고 침체했던 교회들이 살아났다. 비로소 대중전도운동 시대가 도래한 것이다.

다음 세대 준비한 교육가, 선교동원가

무디는 처음부터 다음 세대를 준비했다. 교회학교와 YMCA 활동에 적극 참여하는 한편, 1879년 마운트 헐몬 여학교를, 1881년 남학교, 1886년 시카고 무디 성경학교를 설립했다. 또한 1886년에 '이 세대에 전 세계복음화를'이란 모토로 학생자원운동을 시작했다. 케임브리지대학 7명을 비롯해 수많은 젊은이가 해외선교를 꿈꾸며 전 세계로 흩어졌다. 50년 동안 학생자원운동을 통해 무려 25,000명의 젊은이가 선교사로 헌신했다. 그리고 그 헌신의 가장 큰 수혜국은 한국이었다. 무디의 영향으로 언더우드와 아펜젤러, 게일, 베어드, 마펫, 리, 기포드, 클락 등 수많은 개척 선교사가 조선 땅을 밟았다. 1906-1909년 한국에 파송된 135명의 선교사 중 81명이 학생자원운동 출신이었다.

무디의 고향 노스필드에는 무디 기념교회와 수많은 학교, 콘퍼런스가 열렸던 강당, 생가, 무디의 무덤이 그대로 남아 있다. 그가 죽은 지 110년이 지난 지금도 무디 성경학교와 마운트 헐몬 학교, 무디출판사는 힘 있는 사역을 펼치고 있다.

l 무디 부부의 무덤

알렌을 파송한 델라웨어 제일장로교회

# 알렌의 체취가 배어 있는 오하이오 주

알렌(Horace N. Allen, 1858-1932)은 한국 근대사의 주역이다. 그가 살던 시대에 그가 활동했던 사역과 남긴 발자취를 보면 알 수 있다. 그가 한국에 입국한 1884년부터 미국으로 소환당하던 1905년까지 20여 년은 한마디로 격변의 시대였다. 복음이 놀랍게 확산되었지만 다른 한편으로 한반도를 둘러싼 식민지 각축전이 첨예하게 진행되었다. 그 가운데 알렌은 종교와 의학, 외교와 문학에 족적을 남긴 것이다.

알렌의 자취는 미국 오하이오 주 델라웨어, 신시내티, 톨레도에 고스란히 남아 있다. 그곳에는 그가 다닌 오하이오 웨슬리안대학과 마이애미 의대, 델라웨어 제일 장로교회, 은퇴 후 말년에 다닌 톨레도 제일 회중교회, 가족이 묻혀 있는 묘지가 그대로 있다.

알렌의 고문서가 가득한 뉴욕시립도서관을 시작으로 그의 체취가 밴 오하이오 곳곳을 방문하며 거룩한 소명을 따라 살았던 한 시대의 거장을 만날 수 있었다.

| 웨슬리안대학 시절의 알렌

**뛰어난 의대 지망생**

알렌의 선교 비전은 모 교회에서 싹이 텄다. 그의 모 교회 델라웨어 제일 장로교회는 해외선교가 매우 활발했기 때문이다. 독실한 장로교인이었던 아버지 호레이스 알렌과 어머니 제인 알렌의 영향도 컸다. 알렌의 선교 비전은 1877-1881년에 오하이오 웨슬리안대학을 다니면서 구체화되었다. 그 대학은 3학기제로 운영되는 미북 감리교 소속으로 우수한 교수진을 갖추고 있었다. 알렌은 교지 편집장을 맡고 YMCA 활동에 적극 참여했으며 교수들의 사랑을 독차지했다. 그의 모교를 방문해 보니 그곳에는 알렌의 사진과 학적부, 졸업식 순서를 비롯한 많은 자료들이 남아 있었다.

의학 전공을 위해 자연과학을 공부한 알렌은 1881년 6월 30일에 대학을 졸업하고 이학사(B.S.) 학위를 받았다. 그는 최우수 학생들에게 주어지는 파이 베타 카파(Phi Beta Kappa) 회원이었고 모교에서 가장 존경받는 유명인사로 1910년 모교로부터 명예박사 학위를 받았다.

l 1883년 마이애미의대 졸업앨범(빨간 원 안이 알렌)

## 한국 입국 첫 의료 선교사

대학을 졸업한 알렌은 바로 신시내티에 위치한 마이애미 의대에 진학했다. 그 대학은 1886년까지 오하이오 웨슬리안대학 출신 가운데 10명만 진학할 정도로 입학이 까다로웠다. 1852년 르우벤 머시 박사가 8명의 동료 의사와 함께 설립한 마이애미 의대는 알렌이 입학할 당시 교수진이 탁월했다. 월요일부터 금요일까지 매일 아침 8시부터 저녁 6시까지 공부를 시켰고 토요일 오전에도 수업했다. 게다가 매일 1시간씩 임상 실습을 이수하게 해 실무에 강한 의사로 만들었다. 이 모든 과정을 성공적으로 마친 알렌은 1883년에 당당하게 졸업생 명부에 이름을 올렸고 졸업과 함께 의사 자격도 취득했다.

| 알렌의 한국 활동을 전한 '콜로라도스프링스 텔레그래프' 기사

알렌은 그해 10월 북장로교 의료 선교사로, 온 교우들의 환송을 받으며 아내 앤과 함께 중국으로 향했다. 앤은 문학을 전공한 대학 동료였다. 모 교회 델라웨어 제일 장로교회가 재정을 후원했다. 중국 상하이와 난징에서 1년

간의 선교 사역은 녹록치 않았다. 알렌은 새로운 선교지인 한국으로 옮기고 싶은 마음이 들어 1884년 6월 9일, 미국 북장로교 선교부 엘린우드에게 편지를 보냈다. "한국의 여러 외국 공관들과 세관에는 의사가 절대적으로 필요합니다…허락하신다면 그곳으로 가고 싶습니다. 그곳에서 선교사로 가서 열심히 일해 보고 싶습니다."

동료 의사들도 알렌의 한국행을 적극 권했다. 한 달 반이 지난 7월 22일, 마침내 알렌은 북장로교 해외선교부로부터 "Korea"라는 전보 답신을 받고 9월 20일 한국 땅을 밟았다. 이렇게 해서 알렌은 한국에 입국한 첫 개신교 선교사가 되었다.

### 한국 최초의 서양 병원, 제중원 개원

한국에서는 특별한 하나님의 섭리가 알렌을 기다리고 있었다. 한국에 도착한 지 3개월도 되지 않은 1884년 12월 4일, 알렌은 묄렌도르프의 요청을 받고 갑신정변 현장으로 급히 달려갔다. 명성황후의 조카이자 수구파의 지도자 민영익이 오른쪽 귀쪽 두개골의 동맥에서 오른쪽 눈두덩까지 칼자국이 심하게 나 있었다. 목 옆쪽 경정맥도 세로로 상처가 났는데 다행히 경정맥이 잘리거나 호흡기관이 절단된 것은 아니었다. 척추와 어깨뼈 사이의 근육 표피가 잘리며 생긴 깊은 상처로 민영익은 계속 피를 흘리며 빈사 상태였다.

알렌은 정성을 다해 상처를 꿰매고 약을 발랐다. 그때만큼 간절히 기도한 적이 없었다. 살아나면 다행이지만 문제가 생길 경우 책임을 면할 수 없었기 때문이다. 갑신정변이 일어난 후 서양인들이 다 제물포로 피신했지만 그는 미국 독립전쟁의 영웅 이탄 알렌의 후예답게 공관에 남아 부상자들을 헌신적으로 치료했다.

민영익의 상처는 놀랍게 회복되었다. 1월 27일 고종은 알렌에게 현금 10만 냥과 정 2품에 해당하는 참판(嘉善大夫) 벼슬을 하사하며 이렇게 말했다. "당신은 미국에서 온 것이 아니라 하늘에서 내려왔습니다." 민영익의 치료를 통해 서양의술의 탁월성이 입증되었고 서양의술을 바라보는 고종황제와 대신들의 시각도 완연히 달라졌다. 이후 알렌의 제안으로 1885년 4월 10일 한국 최초의 서양병원인 제중원이 개원되었고, 개원 후 1년 동안 그곳에서 20,529명이 치료를 받았다. 제중원은 왕실과 민중의 마음을 동시에 사로잡았으며 초기 한국의 중요 선교 거점이었다. 1885년 4월 5일 입국한 언더우드도 제중원에서 화학을 가르치며 한국 선교를 준비했다.

**한국을 대변한 미국 외교관**

알렌에 대한 고종의 신뢰는 참으로 깊었다. 고종은 여러 가지 문제를 알렌과 상의했고 알렌은 많은 자문을 해주었다. 이러한 신뢰를 바탕으로 1887년 알렌은 신설되는 미국 주재 한국 공관 서기로 임명받았고 12명의 한국인과 함께 워싱턴에 가서 한국공관을 개설했다. 미국인들의 한국 내 사업권을 획득하도록 주선한 인물도 알렌이었다. 그는 1890년 한국 주재 미국공관 서기관, 1897년 미국 총영사, 1901년 특명전권공사로 임명받고 외교 현장에서 미국과 한국의 가교가 되어 주었다. 알렌이 미국 언론의 집중적인 조명을 받기 시작한 것도 이때였다.

알렌은 갑신정변, 청일전쟁, 러일전쟁을 통해 일본의 침략 정책의 문제

| 최초의 근대식 병원 제중원

점을 정확히 간파했다. 그는 한국의 독립이 미국의 국익에 도움이 된다고 확신하고 미국이 한국 문제에 좀더 적극적으로 개입할 것을 촉구했다. 이는 일본의 한국 지배를 지지하는 미국의 정책에 반하는 행동이었다. 일본과 긴밀한 유대관계를 원했던 시어도어 루스벨트 대통령은 1905년 알렌을 전격 해임하고 미국으로 소환했다. 하지만 알렌은 지속적으로 한국을 변호했다.

확실히 알렌은 이 땅에 많은 족적을 남겼다. 그는 개신교 첫 번째 선교사로 입국해 한국에 서양의술을 소개하고 한반도를 둘러싼 복잡한 국제 관계 속에서 한국과 미국의 외교적 가교를 놓았다. 그 점에서 알렌의 선교와 외교 활동은 곧 한국 근대사였다.

• 의대 졸업앨범과 콜로라도스프링스 텔레그래프 기사 사진은 오하이오 웨슬리안대학 고문서실에서 제공함

뉴브룬스위크신학교도서관

# 언더우드의
# 뿌리를 찾아서

언더우드(Horace G. Underwood, 1859-1916)는 1885년 4월 5일 부활절에 제물포에 도착했다. 바로 그날 그를 파송한 미국 뉴욕 브루클린의 라파엣 애비뉴 장로교회는 담임목사 카일러의 위임 25주년 기념예배를 드렸다. 교회 개척 25년 만에 출석교인 2,000명이 모이는, 미국에서 가장 크고 영향력 있는 장로교회로 성장했다. 설립 후 지금까지 역대 담임목사는 7명에 불과하다. 한 목회자가 20-30년 동안 오래 섬긴 것이다.

 필자는 언더우드의 발자취를 찾아 뉴욕대학과 뉴브룬스위크 신학교, 그를 파송한 라파엣 애비뉴 장로교회를 방문했다. 라파엣 장로교회는 언더우드를 파송했던 옛날 모습 그대로 였다. 교회 구석구석에는 평생 교회를 섬긴 사람들을 기념하는 기념판이 붙어 있고 교회 사무실에는 언더우드 부부의 사진이 자랑스럽게 걸려 있었다. 교회 서재에 들어서자 언더우드의 형 토마스 언더우드의 큼지막한 초상화가 눈에 들어왔다. 또 참석한 예배에서는 성령의 교통하심이 느껴지고 교우들은 밝고 친절하게 낯선 방문객을 따뜻하게 맞아 주었다.

| 언더우드

### 해외선교와 부흥의 진원지, 라파옛교회

라파옛교회는 하나님이 언더우드를 위해 예비해 두신 교회였다. 정오기도 부흥의 불길이 뉴욕 맨해튼 풀턴스트리트에서 미 전역으로 확산되던 1857년 브루클린에 설립되었다. 설립자 카일러 목사는 프린스턴대학과 신학교를 졸업한 구학파 전통에 확고하게 선 부흥운동가였다. 역사적 기독교에 충실하면서도 성령 충만한 그의 메시지는 청중들에게 깊은 감동과 도전을 주었다. 그 메시지를 통해 브루클린에 거주하는 유명 인사들과 뉴욕 거부들은 복음의 열정으로 불타올랐다. 교회는 설립 당시부터 부흥의 중심지로 해외선교도 활발했다.

"1884년 한국 선교회는 본 교회 교우 맥윌리엄스에 의해 조직되었고 언

▎라파엣교회 외관(위)과 예배당(아래)

더우드가 선교회를 이끌었다." 이것이 라파엣교회 1884년의 연혁이다. 온 교회가 열심히 기도했고 재정을 모아 언더우드를 후원했다. 그 교회의 교인이자 '언더우드 타자기' 대표인 형 토머스 언더우드는 이 일에 언제나 선두였다. 북장로교회 해외선교부 총무 엘린우드도 그 교회를 다녔고 무디의 찬양 동역자 생키도 무디가 세상을 떠난 후 시카고에서 옮겨와 마지막까지 그 교회를 섬겼다.

해외선교운동의 토대가 된 '영 피플 협회'도 여기서 조직되었다. 카일러 목사의 리더십하에 1863년 컴버랜드 스트리트 예배당, 1866년 프로스펙트 팍 예배당, 1886년 아틀란틱 애버뉴의 카일러 예배당이 차례로 분립되었다. 1857년 설립된 교회가 불과 25년 만에 교회 분립과 해외선교의 중심에 우뚝 선 것이다.

### 학문과 경건의 요람, 뉴욕대학교

언더우드는 1877년 뉴욕대학에 진학했다. 당시 그곳은 학문과 경건의 요람으로 영적 분위기가 지금과 사뭇 달랐다. 학교는 학생들의 경건과 품행을 엄격히 감독하고 모든 학생은 반드시 채플에 참석해 성경을 읽고 기도해야 했다. 뉴욕 시내에 거주하는 학생들은 통학이 가능했지만 거리가 먼 학생들은 반드시 시내 경건한 가정에서 기숙해야 했다. 학기 중에는 절대 시내 밖으로 나갈 수 없고 품행이 나쁜 학생들은 제적당했다.

당시에도 의과와 법과는 인기가 많고 인문학과도 수준이 높았다. 1880-1881년 뉴욕대학 카탈로그를 확인한 결과 언더우드는 인문학과 학생이었다. 당시 인문학과에 입학하려면 상당한 수준의 수학, 라틴어, 헬라어 실력을 갖추고 입학 시험도 통과해야 했다. 3학기로 운영되고 학생들은 오전 10시부터 오후 2시까지 강의에 참석해야 했다. 1학년은 물론 2학년과 3학년 때도 헬라어와 라틴어가 필수였다. 고전어 강독뿐 아니라 매 학기에 헬라어와 라틴어 작문도 필수였다. 인문학을 전공하는 모든 학생은 반드시 헬라어와 라틴어를 6학기 수강해야 했다. 그 덕분에 언더우드가 상당한 고전어 실력을 갖출 수 있던 것이다. 엄격한 신앙과 고전어 교육을 통해 체득한 인문주의적 소양은 훗날 언더우드의 학교 설립, 성경 번역, 사전 편찬, 문서선교 등의 중요한 토대가 되었다. 마침내 언더우드는 1881년 5월, 21명의 동료와 함께 뉴욕대학을 졸업했다.

하나님의 섭리에 따른 한국 선교

대학을 졸업한 언더우드는 미국 개혁교단의 뉴브룬스위크 신학교에 진학했다. 1784년에 설립된 이 학교는 현재 미국에서 가장 오래된 신학교다. 당시 교수진은 소수지만 우수했고 학교는 많은 선교사를 배출했다.《한국, 은둔의 나라》의 저자인 그리피스도 언더우드의 10년 선배다. 이 둘은 캠퍼스에서 처음 만났다. 뉴저지 뉴브룬스위크에 위치한 캠퍼스에는 언더우드의 체취가 가득했다. 1875년 완공된 도서관은 언더우드 당시의 모습 그대로였고 그곳에 그가 모교에 보낸 저술이 그대로 남아 있다. 그가 보던 많은 저서들도 여전히 활용되고 있었다.

해외선교를 꿈꾸던 언더우드는 1884년 2월 성서공회 기록에 실린 '조선의 마게도냐인' 이수정의 편지를 읽었다. 이 편지는 선교지를 결정하지 못하고 방황하던 그에게 한줄기 빛이었다. 한국에 선교사를 파송해 달라는 이수정의 진지한 호소를 접하고 그의 심장은 꿈틀거렸다. 개혁교회에 낸 한국 선교 청원이 거절되자 그는 1884년 7월 10일 미국 장로교 해외선교부에 청원 편지를 보냈다. 그리고 며칠 후 그는 엘린우드에게 라파엣 장로교회 맥윌리엄스가 재정을 후원하기로 했다는 반가운 소식을 들었다. 라파엣교회는 바로 한국 선교회를 결성했고 선교부는 언더우드를 후보로 내정했다.

## 성령이 하신 놀라운 한국 선교

그로부터 25년이 지난 1909년 1월 미국 북장로교 총회 소식지는 한국 선교 25년의 결실을 이렇게 집약했다. "한국에서 놀라운 사역이 계속되고 있다…한국에서의 사역을 적절하게 표현할 수 있는 유일한 단어는 '오순절'(Pentecostal)이다." 그로부터 10개월 후 1909년 10월 15일 라파엣 장로교회에 언더우드의 편지가 날아들었다. 그 편지에는 한국 선교 25주년 기념식 소식과 그동안 이루어진 놀라운 선교 결실

| 한국 선교사 파송을 위해 언더우드가 북장로교 해외선교부에 보낸 편지

4부 미국과 한국 선교의 뿌리를 찾아서 · 249

이 담겨져 있었다.

"글로는 한국 선교의 결실을 다 담아낼 수 없습니다. 한국 선교 25년 동안 하나님은 너무도 놀라운 진보를 이룩하셨습니다. 그 결실은 우리 모두의 심령을 감격

| 언더우드가 1890년 출간한 '한영사전'과 '한영문법'

하게 만들었습니다." 그는 이 놀라운 결실이 모두 하나님이 하신 일이라고 덧붙였다.

언더우드는 비전의 사람이었고 새뮤얼 마펫이 증언한 것처럼 "하나님으로부터 위대한 일들을 기대하라"는 '현대 개신교 선교의 아버지' 윌리엄 케리의 신앙을 소유한 자였다. 중국에 허드슨 테일러가 있고 아프리카에 로버트 마펫과 데이비드 리빙스턴이 있고 인도에 윌리엄 케리가 있다면 한국에는 언더우드가 있다. 복음 전도, 교육, 의료선교, 성경 번역, 문서선교, 연합운동에 이르기까지 한국에 언더우드의 손길이 미치지 않은 곳이 없다. 만약 사도행전 29장이 기록된다면 그 주인공은 언더우드일 것이다.

• 언더우드 사진, 뉴브룬스위크 신학교 도서관, 언더우드 편지는 필라델피아 장로교 고문서실에서 제공함

## 아펜젤러의 뿌리를 찾아서

"그의 이름을 '예수'라 부르십시오. 그가 자기 백성을 죄에서 구원하실 것입니다." 1887년 성탄절, 헨리 게르하르트 아펜젤러(Henry Gerhart Appenzeller, 1858-1902)가 한국어로 처음 설교하면서 택한 성경 구절이다. 그는 평생 마태복음 1장 21절 말씀을 붙들었다. 아펜젤러는 여러 면에서 한국 선교를 위해 하나님이 특별히 예비하신 인물이었다. 그처럼 뚜렷한 회심을 경험하고 이타적 사랑으로 조선을 섬긴 선교사도 드물다.

아펜젤러는 한국의 존 웨슬리였다. 그가 자란 미국 펜실베이니아 사우더튼, 그가 다닌 웨스트체스터학교와 제일 장로교회, 모교 랭카스터의 프

I 드루 신학교에 세워진 아펜젤러 흉상

랭클린 마샬대학과 첫 사역지 제일 감리교회, 뉴저지 메디슨의 드루 신학교에는 그의 체취가 그대로 남아 있다. 아펜젤러의 모교와 교회에서도 그는 그들 모두의 자랑이었다. 최근 드루 신학교에는 그의 흉상이 세워졌다.

### 경건한 독일 개혁교회에서 성장

제1차 대각성운동이 뉴잉글랜드 전역을 휩쓸던 1720-1740년대, 독일 이민자들은 펜실베이니아 여러 곳에 독일 개혁교회를 설립했다. 그리고 100년 후인 1828년 찰스 피니가 이곳에서 설교하면서 놀라운 부흥이 임했다. 처음 설립된 독일 개혁교회는 3,000명이 모이는 필라델피아 최대 교회로 성장했다.

아펜젤러의 아버지 기드온과 어머니 마리아가 출석하던 사우더튼의 독일 개혁교회(Immanuel Leidy's Church)도 그즈음 설립되었다. 피셔 목사는 경건하고 덕망 있는 그리스도의 종으로 존경을 받았다. 그가 숨을 거두며 한 말은 "주님의 이름이 축복을 받으소서. 송축을 받으소서"였다. 아펜젤러는 부모를 따라 그 교회에 다녔다. 지금 그 교회 입구에는 아펜젤러의 가족사진이 진열되어 있고 교회 옆 묘지에 아펜젤러 부모가 묻혀 있으며 거기서 멀지 않은 곳에 그의 생가가 있다.

### 신학을 꿈꾸던 명문대 괴테 문학도

아펜젤러의 어머니는 독일어로 자녀를 양육했다. 그래서 아펜젤러는 열두 살까지 독일어가 편했다. 메노나이트파와 개혁교회 전통에서 성장한 아펜젤러는 부모의 뜻에 따라 펜실베이니아 웨스트체스터 학교에 진학했다. 이 학교는 1812년 설립된 주정부의 공교육 시범학교로 1871년부터 해마다 160명의 학생들을 선별해 교육했다.

아펜젤러는 그곳에서 공부하는 동안 웨스트체스터 제일 장로교회를 출석했다. 그러다가 1876년 10월 6일, 특별 집회에서 뚜렷한 회심을 체험하고 죄에 대한 회개, 성령의 내주하심,

| 아펜젤러의 프랭클린마샬대학 졸업 사진

믿음의 확신이 생겼다. 하나님은 '현재의 하나님'이며 성경은 지금 그에게 하시는 말씀이었다. 따라서 그에게 행동과 분리된 지식은 질병이자 죄였다. 그가 회심하고 나서 시작한 학교 기도모임에서 웨스트체스터 YMCA가 태동되었다.

아펜젤러는 1878년 명문 프랭클린 마샬대학 인문학과에 진학했다. 그곳은 유명한 교회 역사가인 필립 샤프가 오랫동안 봉직하던 곳이다. 1787년 독일 개혁교회가 설립한 이 대학 인문학과는 입학 때부터 높은 수준의 고전어 실력을 요구했고 독일 이민자들이 세운 대학이라 독일문학, 특히 괴테문학 연구가 활발했다. 아펜젤러는 역사가 깊고 전통 있는 그 대학의 괴티안 회장으로 3, 4학년 때 기념 연설을 했다.

그는 대학에서 헬라어와 라틴어는 물론이고 문리, 역사, 심리학, 독어를 수강하며 인문학의 기초를 다졌다. 훗날 그가 한글 성경 번역과 문서선교에 탁월한 리더십을 발휘할 수 있었던 것도 이러한 인문학적 소양 덕분이었다. 아펜젤러가 1882년 문학사(B.A.) 학위를 받고 졸업한 프랭클린 마샬대학에는 괴티안 회의록과 졸업사진, 졸업식 순서, 졸업생 명부를 비롯한 아펜젤러의 흔적이 고스란히 남아 있다.

아펜젤러는 1879년 4월 20일 대학 2학년 때 개혁교회에서 감리교로 소속을 옮겼다. 스미스 목사가 시무하는 랭카스터 제일감리교회 기도모임과 성경공부에 참석하면서 그곳의 영적 분위기에 매료되었다. 그는 감리교가 개혁교회보다 더 편하게 느껴졌다. 그래서 감리교에 등록하여 전도사로 봉사하면서 대학을 다녔다. 그곳에는 아펜젤러 채플과 도서관, 기념부조가 한눈에 들어왔다.

### 한국 선교의 비전 심어 준 신학생 선교대회

아펜젤러는 대학 졸업 후 드루 신학교에 진학했다. 당시 그곳은 역사가 짧았지만 강력한 영적 훈련소로, 학교 카탈로그에 졸업생 한 사람 한 사람이 언제 회심했는지를 기록할 정도로 회심을 중시했다. 한 명을 제외하고 24명의 동료 졸업생 모두 회심을 경험했다. 그가 해외선교 비전을 구체화한 것은 신학교 2학년 때였다. 그는 1883년 10월 25-29일 하트포트에서 전국 31개 신학교 350명의 학생 대표들이 모여 제4회 전국 신학생 선교대회를 개최할 때 드루 신학교 대표로 참석했다. 그 자리에 언더우드도 뉴브룬스위크 신학교 대표로 참석했다.

이는 한국 선교를 예비하시는 하나님의 특별한 섭리였다. 장로교, 감리

| 아펜젤러를 한국에 파송한 랭카스터 제일감리교회

교, 침례교, 성공회, 루터교, 화란 개혁교회, 독일 개혁교회 등 다양한 교파 신학교와 비렌즈, 뉴턴, 핫지, 타운젠드, 고든 등 당대 탁월한 지도자들이 대거 참석한 것이다. 고든은 참석자들에게 심령에 내주하시고 충만케 하시며 이끄시고 권능을 주시는 강력한 성령의 은혜를 체험하라고 촉구했다. 그 선교대회는 아펜젤러에게 해외선교에 대한 확고한 비전을 심어 주었다.

## 마지막 순간까지 이타적 사랑을 실천

아펜젤러는 1885년 1월 14일 드루 신학교 교수들과 학생들의 축복을 받으며 한국으로 향했다. 2월 2일 샌프란시스코에서 파울러 감독에게 안수를 받고 갓 결혼한 아내 엘라 닷지와 함께 다음날 아라빅호에 몸을 실었다. 그 배에 스크랜턴 의사 부부와 그의 어머니인 메리 스크랜턴 여사도 동승했다. 그들은 24일간 항해를 거쳐 2월 27일 일본 요코하마에 도착해 3월 5일 맥클레이 선교사 자택에서 제1회 한국 선교사회를 조직했다. 여기에는 개화파 거두 박영효와 성경 번역의 선구자 이수정도 참석했다.

아펜젤러는 4월 5일 이수정이 번역한 《마가복음서언해》를 손에 들고 언더우드와 함께 제물포에 도착했다. 이후 1902년 6월 11일 순교할 때까지 배재학당과 정동 감리교회, 성경 번역, 연합운동을 비롯해 너무나 많은 족적을 남겼다. 대학에서 쌓은 고전어와 현대어, 자연과학, 인문학 지식은 한국 선교의 중요한 밑거름이었다.

그는 유창하고 강력하고 설득력 있는 복음 전도자요 설교자였다. 성경 언어와 독일어는 물론 프랑스어까지 능숙하게 읽어낼 정도의 탁월한 어학 실력을 성경 번역에서 유감없이 발휘했다. 마태복음과 마가복음, 고린도

전후서, 창세기, 신명기를 비롯한 많은 신구약 한글 성경이 그의 손을 거쳐 탄생했다.

또한 전국을 다니며 복음을 전하고 일기와 사역을 기록했으며 학교를 설립해 서재필과 이승만, 윤치호 등 수많은 민족 지도자를 양성했다. 한반도의 복음화와 민주화, 근대화는 그가 평생 가슴에 품은 선교 비전으로 그는 그 비전을 붙들고 사명을 다하며 살았다. 1902년 목포에서 열린 성경번역자회의에 참석하려다 여객선 충돌로 순교한 순간까지 이타적 사랑을 실천한 아펜젤러는 이 땅에 심겨진 한 알의 밀알이다.

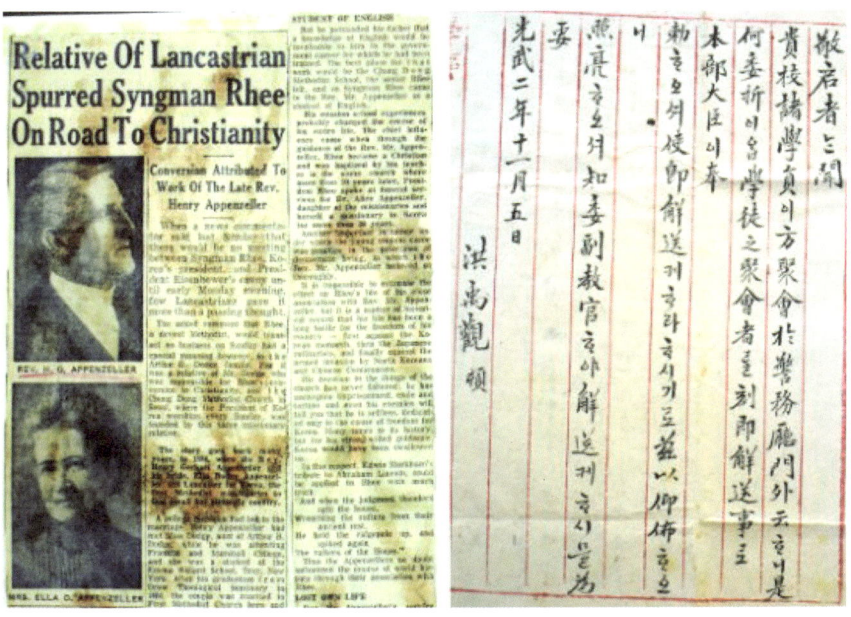

│ 아펜젤러의 사역과 순교, 이승만 대통령과의 관계를 기록한 미국 기사   │ 아펜젤러가 조선 정부와 주고받은 서신

1 장대현교회 교우들과 청중을 향해 서 있는 그레이엄 리와 마포삼열 목사

## 그곳에서
## 대부흥이 일어나다

"만약 교회가 한국에서 현재 진행되고 있는 기회를 선용한다면 한국은 근대에 기독교화된 첫 민족이 될 것이다." 1907년 평양대부흥을 직접 목도하고 돌아간 존 모트가 한 고백이다. 평양 선교의 기적은 하나님의 작품이지만 그 무대의 주역은 그레이엄 리(Graham Lee, 1861-1916)였다. 많은 사람들이 그의 이름을 기억하지 못한다. 그러나 그처럼 성령의 은혜를 간절히 사모하고 평양 선교에 지대한 공헌을 한 선교사도 드물다.

새뮤얼 마펫과 함께 평양 선교부를 개설해 장대현교회를 개척하고 담임했으며 평양 전역에 많은 교회를 분립하고 평양 선교의 기적을 창출했다.

그는 1907년 1월 장대현교회에서 열린 평안남도 도사경회 때 평양대부흥을 견인한 사람이다. 과장일 수 있어도 그가 없었다면 평양 선교의 기적과 평양대부흥은 일어나지 않거나 다른 모습으로 진행되었을 것이다.

| 그레이엄 리

내가 가장 선망하는 한 사람
평양대부흥이 한창 진행되던 1907년에 한국을 방문해 여러 선교지를 둘러본 미국의 잡지 〈아웃룩〉의 기자 윌리스는 이렇게 기록했다.

필자가 미국을 떠나온 후 만난 모든 사람 중에 가장 선망하는 한 사람, 여러 면에서 어떤 다른 사람보다 더 가치가 있는 그 사람은 평양의 그레이엄 리다… 수백 명이 그를 영적 아버지라 부른다. 그는 교회를 세우고 민족을 세우는 일을 힘차게 돕고 있는 중이다. (다른 기록 中) 한국 평양의 그레이엄 리가 신었던 신발보다 더 닳아빠진 신발을 신은 사람을 보지 못했다.

그레이엄 리는 성령이 이끄는 사역을 사모했고 기도했고 실천했다. 1902년 그는 학생선교자원운동 국제대회에서 이렇게 밝혔다. "우리는 선교 사역의 시작부터 사역을 수행하기까지 성령 하나님을 가장 적절한 자리에 놓아야 한다…성령 하나님이 전 사역을 지배하시게 해야 한다." 이는 그레이엄 리가 얼마나 성령 하나님을 의지하고 그분을 최우선 자리에 올려놓고 사역했는가를 보여 준다.

### 평양 선교의 기적을 이끌다

그레이엄 리는 1861년 미국 일리노이 록 아일랜드에서 태어나 레이크 퍼리스트 아카데미, 프린스턴대학, 매코믹 신학교를 졸업하고 1892년 북장로교 선교사로 내한했다. 무어, 밀러, 스왈른 부부가 입국 동기다. 그레이엄 리는 1894년 결혼을 위해 잠시 귀국했다 아내 웹(Blanche Webb)과 함께

| 그레이엄 리 선교사 가족

돌아왔다.

　미국의 모 교회는 그들을 파송하면서 평양에 성령이 임하길 기도했다. "모든 교회는 이 강퍅하고 유연하지 않은 토양(평양)에 이들 선교사가 선한 씨를 심을 수 있게 성령의 부으심이 임하도록 기도해야 할 것이다." 그레이엄 리와 그의 동료, 모 교회는 성령 하나님을 최우선시했다. 게다가 그레이엄 리는 기도의 능력을 믿었다. 그 결과 성령이 이끄는 선교지, 평양은 해마다 기적을 창출했다.

　1898년 평양 선교회는 다음과 같이 보고했다. "평양 이전의 선교 기록은 우리가 아는 대로 놀랍게 진행되었다. 그러나 지난해의 역사는 실질적 결과에서 이전의 어떤 해를 능가했다." 그로부터 5년 후인 1903년에 그레이엄 리는 이렇게 보고했다. "어제 우리는 평양에서 성찬식을 거행했다…교회당은 사람들로 완전히 꽉 찼다. 1,500명은 참석한 것 같은데 그중 580명은 입교인(세례교인)이다." 평양 선교는 한국 선교의 기적을 견인했고 장대현교회는 설립 10년 만에 한국에서 가장 큰 교회로 성장했다.

**평양대부흥과 놀라운 기도 응답**

그레이엄 리와 평양 주재 선교사들은 성령의 부으심을 사모하며 기도했다. 그 가운데 1906년 8월 26일부터 9월 2일까지 열린 하디의 평양 선교사 사경회와 9월 하워드 애그뉴 존스턴의 서울 사경회는 그들 모두에게 '벧엘'이었다. 평양 선교사들은 교파와 연령을 초월해 매일 기도회를 가졌다. "평양 교인들도 성령의 부으심을 위해 매일 1시간씩 기도하기로 약속했다"라는 기록이 남아 있다.

기도는 놀랍게 응답되었다. 1907년 1월 2-15일 장대현교회에서 평안남도 도사경회가 열렸다. 그러던 14일 저녁집회 때 간단한 설교가 끝난 후 그레이엄 리는 "기도하기를 원하면 다 같이 통성으로 기도하자"라고 제안했다. 이어 기도의 함성이 하늘을 향해 포효했다. 집으로 돌아가기를 원하는 900명을 돌려보낸 후 남은 600명은 새벽 2시까지 죄를 통회 자복하며 기도했다. 성령이 저항할 수 없이 강력하게 임재했다. 이튿날 성령의 역사는 더 강했다. 장대현교회에서 발흥한 평양대부흥은 평양 전역과 전국의 주요 도시로, 한반도 전역으로 확산되었다. 부흥이 임하는 곳마다 동일한 역사가 나타났다.

1907년 2월 평양 남산현교회에서도 강력한 회개를 동반한 성령의 역사

| 장대현교회가 위치한 장대재 언덕의 현재 모습

가 나타났다. 사람들은 죽은 자를 위해 통곡하는 것처럼 울부짖었다. 성령이 평양에 모인 부인사경회 때 임하셨고, 평양 숭실대학 개강수련회 때도 임하셨다. "하나님의 영이 너무나 강력하게 학생들을 감동시켜서 학교 수업을 진행할 수 없었다"라는 그때의 기록이 남아 있다.

심지어 중간고사 시간에도 학생들이 모여 기도했다. "그곳에는 전능하시고 위대하신 지도자인 성령이 있었고 그분의 임재는 무시무시했다." 거의 모든 학생이 성령의 권능을 체험하고 전체 학생의 10분의 9가 성령으로 거듭났다. 중국에서 온 조나단 고포스와 두 명의 기독교 지도자는 이 놀라운 부흥을 목도하고 돌아갔다. 그들은 중국에서도 성령의 부으심이 있기를 간구했고 그 기도는 곧 응답되었다. 이듬해 회개를 동반한 강력한 성령의 역사가 중국에도 임한 것이다. 그곳에서 많은 이들이 소리 높여 절규하고 눈물을 흘리며 교만과 시기와 미움을 깊이 회개했다.

**평양대부흥의 놀라운 결실**

사람들은 깊이 감춰진 내면의 죄악을 고백했고 그 후에는 형언할 수 없는 죄 용서의 기쁨이 찾아왔다. 부흥이 임한 후 한국교회는 살아 있는 교회로 거듭났고 수많은 불신 영혼들이 주께 돌아왔다. 미국의 한 저널리스트는 이렇게 말했다. "여기 한국은 지금 수백 년 만에 찾아오는, 바로 그런 기회를 맞았다. 당신은 미국교회가 이 사실을 깨닫도록 무언가를 말하거나 무언가를 할 수 있는가? 이 상황은 대단히 예외적이고 놀랄 만하다. 온 나라가 추수할 만큼 무르익었다. 한국은 살아 계신 하나님께 돌아설 준비가 되어 있다."

1904년 9,000명이던 교세는 1907년 12만 명으로 급증했고 개인의 각성이 사회변혁으로 이어졌다. 그 결과 기생의 도시, 소돔과 고모라의 도성 평양이 동방의 예루살렘으로 바뀌었다. 평양 선교를 거룩한 사명으로 여긴 성령의 사람, 그레이엄 리가 1916년 12월 하나님의 부르심을 받았을 때 미국 북장로교 해외선교부는 담담히 그의 부고를 알렸다.

한국교회의 위대한 선교사 중 한 명인 그레이엄 리가 1916년 12월 2일 캘리포니아 길로이에서 세상을 떠났다는 사실을 엄숙하게 언급한다…그가 1892년 한국에 도착했을 때 평양과 황해도에 각각 한 교회만 있었다. 그 후 그는 이 두 곳에서 위대한 선교 사역을 수행했다.

1 중앙문에 신자가 모양이 선명한
장대현교회 측면 모습

# 평양대부흥이
# 전국으로 확산되기까지

"그는 밤새 기도하고 또 밤새도록 기도하고 다른 사람의 손에 이끌려 여기저기 다니면서 하루에 세 번 혹은 네 번을 설교하면서도 결코 지치지 않는 것 같았다. 그의 말은 죽은 자 가운데서 부활한 선지자의 말과 같아서 아무도 저항할 수 없었다."

영향력 있는 북장로교 선교사 스탠리 솔터가 길선주(1869-1935)에 대해 한 말이다. 한국에 파송된 선교사들이나 한국을 방문한 외국인들은 그에게 '가장 재능 있는 설교자', '한국교회가 낳은 가장 위대한 전도자', '비범한 사람'이라는 칭호를 붙여 주었다. 한국인으로 그만큼 서양인들에게 주

| 새뮤얼 마펫 선교사와 길선주 목사, 그레이엄 리 선교사(왼쪽부터)

목을 받은 인물도 드물다. 독보적 존재라 해도 과언이 아니다. 그는 이미 서른네 살 때 "능력 있는 설교자요 깊은 사고의 소유자, 뛰어난 판단력을 지닌 사람이며 영적 지각의 소유자"라는 평가를 받았다.

### 가장 탁월한 설교자

젊은 시절 그는 한국의 여러 종교에서 진리를 찾으려 했다. 사모하거나 갈망한 정도가 아니라 자신의 온몸을 혹사하면서까지 찾아 나섰다. 밀려오는 졸음을 쫓기 위해 찬물을 눈에 부으면서까지 열심이었다. 그가 시력을 잃은 것도 그 때문이다. 그랬던 그가 친구 김종섭이 준《천로역정》을 통해 기독교 신앙에 눈을 떴다. 아내가 읽어 주는 그 책은 그에게 깊은 감동과 도전이었다. 목마르게 추구하던 영원한 진리를 기독교에서 발견한 것이다.

이러한 종교적 열정은 그대로 신앙으로 이어졌다. 그는 1897년 8월 15일 그레이엄 리에게 세례를 받고 가장 먼저 가족복음화를 실천했다. 1898년 평양 판동교회 영수, 1901년 장로, 1902년부터 장대현교회, 평안남도와 황해도 조사로 복음을 전했다. 그의 종교적 편력과 진리에 대한 확신은 많은 사람들을 하나님께 돌이키는 강력한 힘이었다.

길선주는 거의 앞이 보이지 않는 시각장애인이었지만 대단한 능력으로 말씀을 전했다. 1907년 2월 홀 선교사는 이렇게 본국에 보고했다. "길선주

| 강단에 앉아 신자들을 지켜보는 길선주 목사

는 한국인들 가운데서 가장 탁월한 설교자이며 실로 대단한 사람이다." 또 그의 설교를 들은 한 선교사는 이렇게 평했다. "아시아인이든 유럽인이든 청중에게 그와 같은 능력으로 복음을 전하는 사람은 좀처럼 보지 못했다."

서양 선교사들은 무디와 피어슨, 고든 심슨 등 대단한 설교자의 메시지를 듣고 한국에 입국한 이들인데도 그를 그렇게 높이 평한 것이다. 길선주의 음성은 달콤했고 그의 예절은 사람을 사로잡았으며 놀라운 설득력으로 심령에 호소했다. 그의 설교를 듣는 청중은 웃고 울다 엄청난 죄의 확신으로 전율했다.

**대부흥을 위해 준비된 특별한 사람**

그는 한국교회 대부흥을 위해 하나님이 준비하신 특별한 인물이었다. 하디가 원산부흥운동의 포문을 열고 그레이엄 리가 평양 대부흥을 견인했다면 길선주는 그 저변을 확대시킨 주역이었다. 1906년 가을 하워드 존스톤을 통해 웨일스와 인도 부흥 소식을 들은 길선주는 웨일스 부흥의 주역인 에반 로버츠처럼 조선의 부흥을 위해 쓰임받기를 간절히 사모했다. 그레이엄 리와 마펫에게 전

| 30대 후반의 길선주 목사

해 받은 서구 기독교의 영성이 존스톤을 통해 더욱 강력한 형태로 그의 심령에 뿌리내리기 시작했다.

그해 12월 12일부터 22일까지 그가 인도한 황해도 사경회에서 이재선, 김익두, 김원민이 성령을 받았다. 1907년 1월 14일 그가 스스로 야간이라며 내면에 숨겨둔 죄악을 솔직히 고백하자 회개를 동반한 강력한 성령이 회중 가운데 임했다. 사람들은 그의 설교를 들으며 고꾸라지고 울부짖고 절규하며 내면의 온갖 죄악을 고백했다. 사람이 지을 수 있는 온갖 죄악을 그날 밤 다 토로했다. 부흥의 불을 서울과 전국으로 갖고 간 사람은 길선주였던 것이다. 그가 가는 곳마다 회개를 동반한 놀라운 부흥이 임했다. 놀라운 성령의 임재와 부으심을 목도한 길선주는 조지 매큔에게 이렇게 편지를 썼다.

> 나는 그분(성령)의 영광의 놀라운 현시에 대해 하나님께 찬양을 올립니다. 그것을 생각하노라면 흐르는 눈물을 주체할 수 없습니다…우리의 소중한 예수님께 모든 영광을 돌립니다. 그와 은혜의 때에 사는 것이 얼마나 영광스러운 특권인지 모릅니다.

이후 개인과 가족과 교회와 사회가 변하기 시작했다. 기생의 도시 평양이 동방의 예루살렘으로 바뀌었고 전국적으로 민족복음화의 불길이 타오른 것이다.

길선주의 놀라운 영성은 말씀과 기도와 성령 충만에서 나왔다. 그는 구약을 30번 이상 통독했고 창세기와 에스더는 540번 이상 읽었다. 신약은

100번 이상, 묵시록은 1만 번 통독했으며 요한복음은 500번 이상 읽었다. 그처럼 기도를 열심히 한 사람도 드물다. 그가 박치록 장로와 함께 시작한 새벽기도는 1909년 백만인구령운동의 기폭제가 되었고 한국교회 영성의 뿌리가 되었다. 그는 언제나 성령 하나님을 최우선의 자리에 올려놓았다. 그는 성령 충만을 사모했고, 체험했고, 가르쳤다. 믿는 자는 성령의 인도, 성령의 감동, 성령의 충만을 받아야 한다. 이를 위해 하나님의 명령에 순종하며 형제자매와 화목해야 한다. 겸손해야 하고 마음의 경건과 주의 일에 힘쓰며 간절히 기도해야 한다.

기독교의 영성을 민족운동으로

길선주는 나라와 민족을 위한 기도를 중단하지 않았다. 그는 1898년 독립협회 평양지회 조직에 참여했다. 1911년 105인 사건으로 첫 아들을 잃고도 1919년 3·1운동을 적극 독려했다. 그가 볼 때 3·1 독립선언은 우리 민족에게 복음이었다. 온 민족이 하나 되어 나라의 독립을 세계에 선포한 것도 하나님이 하시는 일이라고 확신했다.

이 확신은 그가 세상을 떠날 때까지 흔들림이 없었다. 이로

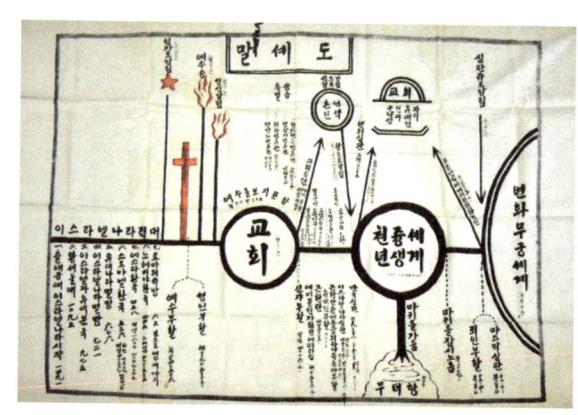

| 길선주 목사가 직접 작성한 말세도(末世圖)

인해 그는 혹독한 대가를 치렀다. 3·1 독립운동 서명자로 투옥되었고 여기에 가담한 둘째 아들도 징역을 살았으며 딸 진주와 아들 진섭은 피신했다. 그럼에도 그는 옥중에서 성경을 읽고 암기하고 시간이 나는 대로 묵시록 강의를 재정리하여 말세학 강의를 체계화시켰다. 출옥 후에는 전국을 다니며 내일에 대한 소망을 잃은 한국인들에게 언제나 진리가 승리한다는 사실을 각인시켜 주었다.

**복음을 전하다가 세상을 떠난 사람**

길선주는 1927년 20년간 담임하던 장대현교회를 사임하고 전국 곳곳을 다니며 혼신을 다해 잠든 영혼을 깨우다가 1935년 11월 26일 하나님의 부르심을 받았다. 1936년 1월 〈종교시보〉는 마지막 순간까지 복음을 전하다가 세상을 떠난 그의 부고를 이렇게 알렸다. "아! 선생은 과연 순교의 최후를 마치셨다."

이는 마지막 혼신을 다해 복음을 전하고 숙소로 돌아와 세상을 떠난 조지 휫필드를 떠오르게 한다. 확실히 길선주는 서양의 어느 부흥운동 지도자와 비견해도 손색이 없는 영성의 거장이었다. 선교사들의 영성을 한국의 상황에 맞게 아름답게 계승해 교회를 살리고 사회와 민족을 살리는 일에 그만큼 탁월하게 쓰임받은 사람도 없을 것이다. 이제 한국교회가 다시 그의 영성을 회복하기를 기대한다.

주기철 목사와 안갑수 사모, 아들 주광조

# 일제강점기에 나타난 순결한 신앙의 기록

1935년 12월 19일 목요일에 주기철(1897-1944)은 평양 장로회신학교에서 피를 토하며 설교했다. 손양원, 한상동, 방지일, 김양선을 비롯한 120여 명의 신학생들은 숨을 죽이며 그의 설교를 들었다. 그 유명한 '일사각오' 설교였다. 평안남도 도지사 야스다케가 평남 공사립학교 교장들을 모아놓고 신사참배를 강요한 지 한 달이 조금 지난 때였다. 당시 주기철은 신사참배 바람이 거세게 평양에 몰아칠 것을 예감하고 있었다.

끝내 신사참배를 거부하던 숭실학교 교장 조지 매큔이 1936년 3월 21일 미국으로 강제 퇴거당하고, 5월 25일 로마 교황청이 신사참배를 수용하는 교서를 발표했다. 다행히 7월 1일 북장로교 선교회가 69대 16으로 미션스쿨을 철수하는 한이 있더라도 신사참배를 거부하기로 결정했다. 앞으로 신사참배 바람이 얼마나 무섭게 불어올지 예측할 수 없는 상황에서 주기철은 평양 산정현교회에 부임했다. 돌아보면 그는 하나님이 이 민족과 한국교회를 위해 예비해두신 인물이었다.

하나님의 뜻에 순종한 사람

주기철은 확실히 남달랐다. 그는 자신이 원하는 목회지가 아닌 주님이 원하시는 목양지를 찾았다. 그는 1925년 평양 신학교를 졸업하고 부산 초량교회에 부임했다. 어려운 목회지였지만 그의 헌신으로 교회가 곧 안정을 찾고 비약적으로 성장하기 시작했다. 그러던 어느 날 마산 문창교회가 어렵다는 소식을 들었다. 선배 목회자들은 주 목사가 가야 해결할 수 있다고 조언했고 그는 하나님의 뜻을 간절히 찾은 후 어렵게 안정을 찾고 도약하는 교회를 뒤로한 채 문창교회로 옮겼다.

자신의 보신이나 안주보다 하나님의 뜻을 최우선했다. 1931년 갈기갈기 찢어진 문창교회에 부임한 후 주기철은 한 올 한 올 정성을 다해 꿰매고 다듬어 전보다 더 활기차고 역동적인 교회로 만들었다. 보통 목회

| 박형룡 박사, 주기철 목사, 김인준 평양 신학교 교수(아랫줄 왼쪽부터)

자는 안정된 곳에서 목회하기를 원한다. 더구나 어려운 교회에 부임해 안정과 회복을 이루었다면 그곳을 자신의 임지로 여기는 것은 당연하다. 그러나 주기철은 자신이 감당해야 할 곳, 서야 할 곳을 임지로 택했다. 그가 산정현교회 당회의 초빙을 받고 1936년 7월 평양으로 올라간 것도 그 이유였다.

### 성령 충만을 받으라

주기철의 산정현교회 부임은 너무도 시의적절했다. 당시 〈신앙생활〉 잡지 발행인 김인서는 감격에 겨워 "주기철 목사! 산정현교회 임목"이라고 전했다. 그는 산정현교회 담임이자 이성휘의 말대로 "평양의 주인 목사, 조선의 주인 목사, 세계의 주인 목사"로 부임했다. 부임 첫 주 수요기도회 때 오정모 사모는 이렇게 예언적인 기도를 드렸다. "주님, 주 목사가 대신 제물이 되어서 하나님이 이 땅에 징계를 내리지 않을 수만 있다면 그 뜻대로 하옵소서!"

부임 후 교회는 달라졌다. 모든 교우가 은혜롭고 능력 있는 그의 설교, 뛰어난 목회 리더십, 한국교회를 향한 시대적 각성에 깊이 매료되었다. 그가 산정현교회를

┃ 주기철 목사가 초량교회에서 사용했던 강대상

목회하면서 가장 강조한 것은 '성령 충만'이었다. 그는 김익두에게 은혜를 받은 대로 성령 충만을 받으라고 촉구했다. 그가 볼 때 이 민족을 향한 하나님의 섭리에 동참하는 길은 바로 개인의 회심을 통해 구원의 은총을 힘입는 것이고 그 통로는 성령이었기 때문이다.

일제의 무서운 도전 앞에 각 개인이 살아남는 것도 바로 성령 충만을 통해서만 가능하다고 여겼다. 성령 충만과 능력을 힘입는 것이야말로 사탄과의 전투에서 승리하는 비결이다. 마찬가지로 이 땅에서 그리스도인의 참된 삶은 성령의 능력과 권능을 힘입을 때 가능하다.

고난의 길, 십자가의 길

1935년 길선주가 세상을 떠나고 마포삼열(새뮤얼 마펫 선교사) 역시 한국을 떠난 상황에서, 게다가 한국 천주교가 신사참배를 결정한 상황에서 주기철이 평양에 올라왔다. 그는 1936년 11월 18-22일 평양 신학교에서 특별새벽기도회를 인도했고, 이듬해인 1937년 8월 17-24일에는 평양 장대현교회에서 열린 평양노회 도사경회 저녁집회 강사로 섬겼다. 그해 9월 10-16일에는 대구 남성정교회(현 대구 제일교회)에서 열린 제26회 총회 새벽기도회를 전담했다. 그는 총대들에게 성신의 능력, 성신을 받는 길, 십자가의 길, 하나님이 제일 미워하시는 죄, 예수를 사랑하는 마음에 대해 설교했다.

그가 볼 때 한국교회가 시대를 극복하고 앞으로 닥칠 신사참배 강요에 맞서기 위해서는 성령의 능력을 받아야 했다. 그래서 영적 위기를 대비하기 위해서는 고난의 길, 십자가의 길을 걸어야 한다고 강조한 것이다.

1937년과 1938년 각종 신문과 잡지에 실린 그에 관한 기사는 그가 얼마나 전국적으로 주목을 받았는지를 보여 준다. 그렇지만 그는 인기에 영합하거나 교만하지 않았다. 묵묵히 자기 십자가를 지고 고난의 길을 걸었다.

### 신사참배 반대운동의 구심점

1937년 감리교가 신사참배를 결정한 후 일제는 온갖 방법을 동원해 장로교 노회와 총회를 압박하며 참배를 강요했다. 총회 산하 23개 노회 중

| 일본 전쟁 물자 조달을 위해 교회 종까지 바치라는 〈기독교신문〉 사설

17개 노회가 참배를 결정했고, 1938년 9월 총회마저 무릎을 꿇었다. 신사참배 결정 후 한국 감리교와 장로교는 정통성을 잃었다. 신사참배를 결정한 후 이를 교단의 입장으로 정하고 여기에 순종하지 않는 자들을 징계하기 시작했다. 선교사들이 미션스쿨을 폐쇄하고 신사참배를 반대한 것과는 극명하게 다른 길을 걸은 것이다.

  일제의 신사참배 강요에 맞선 것은 교단이 아니라 소수의 개인이었다. 그 중심에는 언제나 주기철이 있었다. 그는 온몸으로 신사참배 강요에 맞섰다. 산정현교회 목회 현장에서, 전국의 각종 집회에서, 노회와 총회 총대들 앞에서 신사참배가 죄라는 사실을 분명히 선포했다. 6년이 넘는 긴 투

옥, 무서운 고문, 일제의 회유에도 전혀 흔들리지 않았다. 그만큼 믿는 대로 실천하고 살았던, 언행이 일치했던 지도자도 드물다. 그가 있었기에 안이숙, 주남선, 한상동, 손양원, 이기선, 박관준, 박영창이 나올 수 있었다.

| 주기철 목사와 평양 산정현교회 제직회원들

### 지극히 평범한 인간, 주기철

그는 남다른 신앙의 길, 고난의 길을 걸었지만 동시에 지극히 평범한 인간이었다. 어느 날 가족과 아침밥을 먹고 있을 때 일경이 그를 체포하기 위해 사택에 들이닥치자 그는 후다닥 부엌으로 도망가서 기둥을 부여잡고 엉엉 울었다. 옥중 생활이 얼마나 힘들고 고문이 얼마나 고통스러운지, 사랑하는 가족과 떨어져 지내는 것이 얼마나 힘든지 이미 온몸으로 체험했기 때문이다. 그가 순교 직전 아내에게 마지막으로 한 말은 "여보, 나 숭늉 한 그릇 먹고 싶소"였다. 신사참배를 반대해 평양 감옥에 함께 수감되어 있던 안이숙 여사에게는 흰밥과 함께 쑥갓을 실컷 먹고 싶다는 말도 했다.

 1944년에 접어들어 죽음이 얼마 남지 않은 것을 직감한 주기철은 사랑하는 아내에게 아들 영진의 결혼과 광조의 장래를 부탁하고 자신을 대신해 어머니를 부탁한다는 말도 잊지 않았다. 주기철, 그는 순교자이기 전에 지극히 평범한 목사요, 남편이요, 아버지였다. 강인한 정신력과 신앙을 소유했지만 이 땅을 살았던 인간 주기철이었던 것이다. 그래서 내 뜻대로 마옵시고 아버지의 뜻대로 해달라고 기도했던 겟세마네의 주님처럼 그의 고난이 더 아름답고 값진 것일지 모른다. 그는 죽어가면서도 한국 교회가 진리의 교회가 되길 소망했다. 혼란한 이 시대에 더욱 주기철, 그가 그립다.

| 아들을 안고 있는 주기철 목사

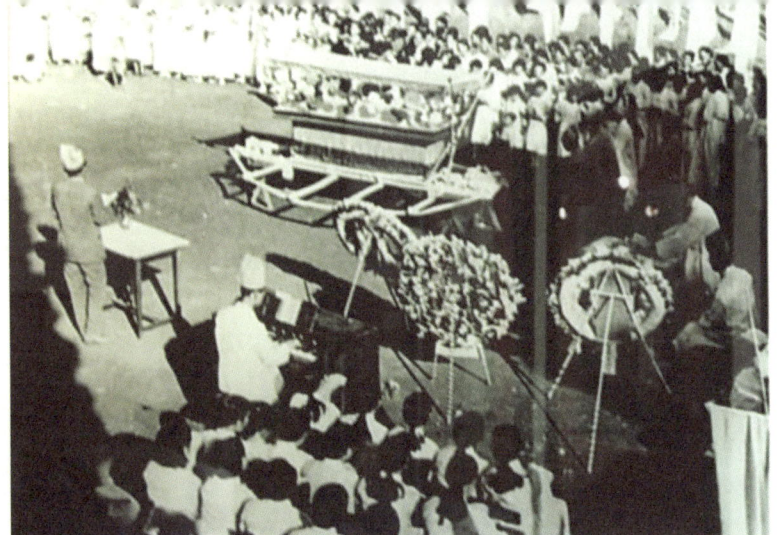

1 손양원목사의 장례 예배

# 버림받은 사람들의 안식처 애양원

"나는 지금까지 이러한 사랑을 결코 들어보지 못했다. 그것은 상상을 초월한다." 손양원(1902-1950) 목사가 두 아들을 죽인 살인자를 용서하겠다고 했을 때 계엄사령관이 한 말이다. 1948년 10월 21일 여순사건 때 손양원은 첫째 동인과 둘째 동신을 잃었다. 예수를 부인하면 살려 주겠다는 요구를 거절하자 좌익 동료가 그들을 총살했던 것이다. 그는 부흥회를 인도하다가 이 비보를 듣고 깊은 충격에 빠졌다.

하지만 곧 회복하고 두 아들의 장례식 때 아홉 가지의 감사기도를 드렸다. "아들을 죽인 원수를 회개시켜 아들로 삼을 마음 주시니 감사합니다.

아들의 순교 열매로 무수한 천국의 열매가 생길 것을 믿으니 감사합니다…." 그는 두 아들의 순교를 하나님의 섭리로 받아들이고 살인자를 그리스도의 사랑으로 용서했다. 더 나아가 살인자를 자신의 양자로 삼기까지 했다.

| 손양원 목사

**민족적 위기에 부름받다**
손양원은 어두운 시대에 민족을 밝힌 한국 교회의 샛별이었다. 그는 우리 민족이 흑암의 터널을 통과하고 있을 때 태어나 자라서 순교했다. 그가 태어나고 2년 후 러일전쟁이 발발했고 그 이듬해인 1905년에 을사늑약이, 1907년에 고종이 강제 퇴위를 당했다. 손양원이 아버지 손종일을 따라 경남 함안군 칠원교회에 다니기 시작한 것은 1908년이었다.

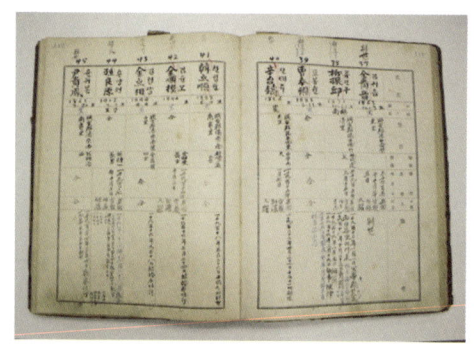
| 손양원 목사의 세례증서

1914년 학습을 받고 1917년 10월 3일 칠원공립보통학교 3학년 때 맥래(FJL Macrae, 맹호은) 선교사에게 세례를 받았다. 그러나 그때부터 시련이 떠나지 않았다. 그는 일왕의 사진이나 일왕의 궁이 있는 쪽을 향해 절하게 하는 동

방요배를 거부해 퇴학을 당했다가 맥래의 도움으로 가까스로 졸업했다. 1919년 서울에 올라와 고학을 하며 중동중학교를 다니다가 아버지 손종일이 3·1운동으로 마산형무소에 수감되자 자퇴하고 고향으로 내려갔다.

그는 부친이 출옥한 후 1921년에 일본으로 건너가 스가모(巢鴨)중학교를 졸업하고 1923년 귀국했다가 이듬해 1월 결혼하고 다시 도일했다. 그때 그에게 영적 변화가 일어났다. 일본에 건너간 손양원은 나카다 주이치 목사가 시무하는 성결교회에서 매일 저녁 열심히 기도하던 중에 강력한 성령의 임재를 경험했다. 그 경험은 그의 생애에 결정적 전환점이 되었다. 성령 충만을 체험한 후 그는 성령에 이끌리는 삶을 간절히 소망했고 조국 복음화에 눈을 뜨기 시작했다.

**평생의 멘토 주기철과의 만남**

성령의 능력을 체험하고 1924년 10월, 일본에서 귀국한 손양원은 1926년 경남 성경학원에 입학했다. 부산 초량교회를 담임하면서 그곳에서 주기철과 스승과 제자로 만났다. 그는 주기철의 로마서 강의에 깊은 감동을 받았다. 주기철은 손양원을 아꼈고 손양원은 다섯 살 연상의 주기철을 영적 멘토로 삼았다. 일본에서의 성령 체험이 그에게 조국복음화의 소명을 일깨워 주었다면 주기철과의 만남은 그 소명을 어떻게 구현할지 방향을 제시해 주었다.

손양원은 성령에 이끌린 전도자의 삶을 살았다. 부산 감만동 한센인 수용소 상애원의 교회 전도사를 시작으로 10년 동안 밀양 수산교회, 울산 방어진 교회 등 10여 교회를 개척했다. 1934년 4월 평양 신학교에 입학한

| 손양원 목사가 부흥회를 인도하는 모습

손양원은 성경 읽기와 기도에 전념하며 능라도교회를 섬겼다. 신학교 졸업 후에는 부산지방 시찰회 강도사로서 목회자 교회들을 순회하며 신사참배 반대운동에 앞장섰다. 그러나 이로 인해 혹독한 대가를 치러야 했다. 1938년 총회가 신사참배를 결정한 후 경남노회는 신사참배를 반대하는 손양원에게 목사 안수를 주지 않고 강도사 자격마저 박탈했다.

애양원에 몰아친 혹독한 시련
가족과 사회로부터 버림받은 한센인들이 모여 있는 애양원은 특수 목양지였다. 손양원은 1939년 7월 14일 애양원교회에 부임해 1950년 세상을 떠날 때까지 사랑으로 섬겼다. 사회에서 버림받은 한센인, 정상적 삶을 영위할 수 없는 그들을 사랑으로 품었다. 그리고 그는 애양원 부임 후에도 신사참배와 타협하지 않았다. 결국 1940년 9월 25일 연행되어 광주구치소와 경성구금소를 거쳐 1943년 10월 청주형무소로 이감된 후 고난의 긴 터널을 통과해야 했다. 일제가 그를 독방에 가두고 감식의 벌을 가했지만 그는 끝까지 굴복하지 않았다.

| 손양원 목사(앞줄 가운데)와 애양원교회 제직들

그가 구속된 뒤 신사참배의 무서운 바람이 애양원에도 불어왔다. 1941년 미국인 윌슨 박사와 크레이그 박사가 애양원을 떠나면서 탈메이지 부부가 애양원을 지켰다. 일제는 1941년 12월 8일부터 121일 동안 탈메이지를 가로 6자, 세로 10자 크기의 좁은 감옥에 가두고 애양원의 모든 법적 권한을 넘기라고 협박했지만 그는 끝내 불응했다.

진리를 위한 혹독한 대가

손양원은 신사참배 반대로 차디찬 독방에서 외로움과 추위, 배고픔과 싸우며 혹독한 대가를 치렀다. 또한 그의 아내 정양순은 남편 없이 시부모를 모시고 자녀들에게 아버지 역할을 대신하며 가정을 꾸려갔다. 전쟁 말엽 장녀 동희와 셋째 아들 동장은 구포고아원에 가게 되었고 동신은 애양원에서 쫓겨나 한센병자들이 사는 산속으로 들어갔으며 아내는 동인과 넷째 아들 동수를 데리고 남해 산중으로 피신했다. 그의 아버지는 만주 하얼빈의 둘째 아들 손문주에게로 갔다. 손양원은 옥중에서 사랑하는 아내, 아들, 부모를 편지로 위로했다.

1942년 6월 13일 그는 동인에게 "환경에 좌절하지 말고 틈틈이 공부하고 신앙의 인격을 쌓으며 죄를 멀리할 것"과 "고난을 피하려 하지 말고 도리어 감수하고 극복할 것"을 당부했다. 1942년 11월 15일 아버지에게는 "하늘 아버지가 인도하시고 보호하실 테니 아들 걱정을 말라"고 했다. 또 1943년 8월 18일 아내에게는 "변치 않는 하나님의 사랑과 진리를 의지하고 건강을 잃지 말 것"을 전했다. 혹독한 시련의 때에 손양원 가족은 사랑하는 아버지요 남편이자 아들인 손양원의 사랑을 먹고 버틸 수 있었다.

이념을 초월한 사랑의 순교자

민족의 해방은 손양원 가족에게도 축복이었다. 그는 1945년 8월 17일, 5년 만에 출옥해 가족과 재회하고 이듬해 3월 경남노회에서 목사 안수를 받았다. 그때부터 그는 전국을 다니며 회개를 촉구했다. 1950년 4월 21-25일 대구에서 열린 제36회 대한예수교장로회 총회 새벽기도회 때 그가 외친 설교는 '회개'였다. 아들 동인과 동신도 각각 순천사범학교와 순천중학교에 들어갔다.

그러나 행복은 너무나 짧았다. 여순사건으로 1948년 10월 동인과 동신을 잃고, 2년 후인 1950년 9월 28일 자신도 공산군에 의해 목숨을 잃은 것이다. 이는 애양원의 양들을 버려두고 혼자 피신할 수 없기 때문이었다.

마지막 순간까지 그는 온몸으로 하나님을 사랑하고 이웃을 사랑하고 마침내 원수까지 사랑했다. 그에게는 하나님 사랑과 이웃 사랑이 별개가 아니었다. 그 점이 예수 그리스도를 너무나 빼닮았다.

손양원 전기의 저자인 안용준의 말대로 그는 '사랑의 원자탄'이었고 세계 교회사에서 '유례가 드문 성자'였다. 박형룡이 그를 "위대한 경건인, 전도자, 신앙 용사, 한센인의 친구, 원수 사랑자, 순교자"라고 예찬한 것은 결코 과장이 아니다. 이념을 초월한 사랑의 사도 손양원, 그는 확실히 우리 민족과 한국교회의 자랑이요, 사표다.

| 손양원 목사 시신 앞에 선 유족과 양자 안재선

I 1952년 한국전쟁 당시 고아원을 찾은 빌리 그레이엄 목사

# 여의도광장에 가득한
# 복음의 열정

"오늘밤 저는 아주 중요한 주제에 관해 말씀드리고 싶습니다. 이 세상에 살았던 사람 중 가장 위대한 사람 이야기를 해드릴 것입니다. 그분은 세상과 여러분의 문제를 해결해 주실 수 있는 분입니다."

1973년 5월 30일 빌리 그레이엄이 여의도광장을 가득 채운 청중 앞에서 행한 설교 서두다. 4박 5일 동안 열린 빌리 그레이엄 서울전도대회에서는 무려 10만 명이 회심했다. 그만큼 한국교회에 지대한 영향을 미친 인물도 드물다. 한국뿐 아니라 세계 복음 전도에 그가 이룩한 족적은 경이적이다. 1947년부터 2005년까지 그가 전 세계에서 가진 공식 전도대회만 417

회였다. 125개국 2억 명 이상의 사람들에게 복음을 전했고 22억 명이 라디오와 텔레비전을 통해 그의 설교를 들었다. 그레이엄은 인류 역사상 가장 많은 사람에게 설교한 전도자였다.

강력한 회심, 놀라운 능력의 집회

역대 부흥운동 지도자들과 마찬가지로 빌리 그레이엄의 영성은 그의 영적 회심과 성령의 역사에서 나왔다. 1918년 11월 7일 미국 노스캐롤라이나 주 샬롯의 낙농장 개혁 장로교회 가정에서 태어난 빌리 그레이엄은 1938년 3월, 강력한 성령의 임재를 체험하고 구령의 열정으로 불타올랐다. 1940년 9월 휘튼대학에 진학한 그는 그곳에서 평양 외국인학교를 졸업한 중국 의료선교사 넬슨 벨의 딸 루스를 만나 결혼했다.

그레이엄은 1949년 에드윈 오와 함께 집회를 인도하던 중 산에서 혼자 기도하다가 성령 충만을 경험하고 전도자가 되었다. 그해 9월 25일부터 11월 20일까지 열린 LA집회는 대단했다. 8주 동안 35만 명이 참석했고 그곳에서 카우보이 가수 스튜어트 햄블렌, 노름꾼 미키 코헨과 함께 일하는 전자악기 전문가 짐 바우스, 올림픽 우승자 루이스 잠페리니가 주를 영접했다.

| 빌리 그레이엄

〈타임즈〉와 〈라이프〉, 〈포춘〉지를

창간한 헨리 루스가 그레이엄을 적극 지원하면서 그는 곧 전국적으로 명성을 얻었다. 그의 전도집회를 다룬 영화가 만들어지고 1950년 11월 5일 애틀랜타에서 라디오 방송을 시작했으며 1952년부터 1975년까지 200개 신문에 '나의 대답'을 연재했다. 그리고 1956년 〈크리스채너티투데이〉와 1960년 〈디시전〉을 창간했다.《하나님과의 평화》(1953)는 125만 부,《어떻게 중생을 받는가》는 80만 부, 계시록 첫 장에 기초한《다가오는 말발굽 소리》(1983)는 50만 부 이상 팔렸다.《천사들, 하나님의 비밀 기관들》은 90일 만에 100만 부가 팔렸다.

### 한국전쟁 가운데 임한 부흥

그레이엄은 세계적 부흥사였지만 한국과도 인연이 깊었다. 아직 총성이 멎지 않은 1952년 12월 성탄절에 그는 그레디 윌슨, 밥 피어스, 국제십대선교회(YFC) 저널리스트와 함께 한국을 방문했다. 당시 750명의 한국 거주 외국 선교사들, 수천 명의 군인과 군목, 수많은 한국인이 그의 메시지를 들었다. 한경직이 그레이엄 통역을 맡았다. 그의 한국 방문과 전도집회는 실의에 빠진 백성과 상처 입은 군인들에게 큰 힘이 되었고 한국전쟁의 상처가 얼마나 깊은지 전 세계에 알리는 전기가 되었다.

그는 미국에 돌아가 한국에서 목도한 성령의 역사를 이렇게 보고했다.

> 사도행전에 나타난 성령의 역사가 한국에서 재연되고 있다. 여러분이 선교한 한국 장로교 안에서 현재 일어나고 있다. 만일 오늘 사도행전에 기록된 오순절 성령의 역사를 믿을 수 없다면 지금 한국에 가 보라. 많은 피난민이 부산 바

닷가 언덕에 천막을 치고 난로도 피우지 않은 채 새벽 4시에 열심히 기도하고 거리에서 전도하는 것을 볼 수 있다. 수백 명의 목사, 전도사가 공산당에게 죽임을 당하고 끌려가서 생사를 모르지만 그 가운데서도 신학교마다 수백 명이 모여서 순교자의 뒤를 따르기로 결심하고 열심히 공부하고 있다.

이후 그는 1958년, 1973년, 1984년에 다시 한국을 방문했다.

### 1973년 빌리 그레이엄 서울전도대회
1970년 11월 20일 한경직은 빌리 그레이엄에게 이런 편지를 보냈다.

존경하는 그레이엄 박사님, 저는 지금 아주 긴급한 편지를 쓰고 있습니다. 여러 해 동안 한국교회는 박사님을 한국에 오시게 해달라고 기도했습니다. 한국에 영적인 갈급함이 있는 이때에 가능하시면 와 주시기를 바랍니다…초교파 단체가 지난밤에 모여서 당신이 와 주기를 갈급하게 부탁드린다는 데 만장일치로 결의했습니다…그리스도의 성령 안에서 와 주십시오!

이 편지를 받은 빌리 그레이엄은 1952년 방문 당시 한국인들 가운데 임한 놀라운 부흥을 기억하고 다시 방문해 복음을 전하고 싶은 강한 열망으로 불타올랐다. 그는 한국 방문을 하나님의 뜻으로 받아들였다. 그리고 1973년 5월 30일 서울전도대회 첫날, 복음에 목마른 이들이 그의 설교를 듣기 위해 여의도광장을 가득 채웠다.

"이것은 확실히 하나님이 하시는 일이다." 그 당시 그레이엄의 고백이다. 대회 첫날 그는 그곳에 참석한 51만 명에게 이렇게 메시지를 시작했다. "하나님이 예수 그리스도의 존재로 내려오셨습니다. 이 예수 그리스도가 누구입니까? 인류 역사를 변화시킨 이 예수 그리스도가 누구입니까? 평생 100여 마일(160km 정도)도 가보지 못한 이 예수가 누구입니까? 인류의 역사에 나타난 이 유일한 분은 누구입니까? 내가 가지고 있는 모든 것을 바쳐야 할 이 예수가 대체 어떤 분입니까?"

| 빌리 그레이엄 서울전도대회

### 한국교회를 도약시킨 대중전도운동

1973년 5월 30일부터 6월 3일까지 열린 빌리 그레이엄 서울전도대회에는 총 325만 명이 참석했고 마지막 날에는 100만이 넘는 인파가 모였다.

그레이엄은 생전 처음으로 100만 명이 넘는 청중에게 설교하는 영광을 가졌다. 그는 "내가 한 전도집회 사상 이렇게 많은 사람을 본 적이 없다"라고 고백했다. 이듬해 열린 '엑스플로74' 성회에 총 655만 명이 모일 수 있었던 것도 빌리 그레이엄 서울전도대회 덕분이다. 그는 1984년 한국 선교 100주년 때도 방한해 감동과 도전의 메시지를 전했다.

그레이엄은 한국교회와 민족에게 가장 필요한 것이 무엇인지, 무엇을 줄 수 있는지, 언제 가장 적합한지를 잘 알고 있었다. 1950년대에는 한국교회와 민족이 전쟁의 상처를 딛고 일어설 수 있도록 도전을 주었고 1970-1980년대에는 한국교회가 제2의 부흥기를 만날 수 있도록 중요한 밑거름을 제공했다. 이후 한국교회와 민족은 놀라운 성장을 이루며 분단의 벽을 넘어 아시아와 세계로 뻗어갈 수 있었다.

1907년 평양대부흥 때도 그랬지만 확실히 1970년대 부흥을 경험한 교회와 민족은 달랐다. 결국 우리 민족에게 필요한 것은 진정한 부흥이었던 것이다. 부흥은 하나님의 주권적인 선물이지만 언제 어디서나 임하는 것은 아니다. 사모하는 곳에 임한다. 그러므로 우리는 모두 무릎으로, 기도로 나아가야 한다.

| 휘튼대학 안에 있는 빌리 그레이엄 센터

김성영 목사

종교개혁 5대 솔라의 마지막 모토인 '오직 하나님께 영광'(Soli Deo Gloria)은 개혁의 근본 목적이자 결론이다. "웨스트민스터 소요리문답"의 제1 문답에도 인간의 제일 목적이 하나님께 영광을 돌리는 것이라고 나와 있다. 이번에는 현대 한국교회를 위해 헌신한 주요 인물과 사례를 살펴본 후 오늘날 한국교회의 모습을 반성하고 향후 개혁 방향을 모색해 보자.

5부

종교개혁의 미래,

# 한국교회 신앙의 스승을 찾아서

종교개혁의 미래,
한국교회 신앙의
스승을 찾아서

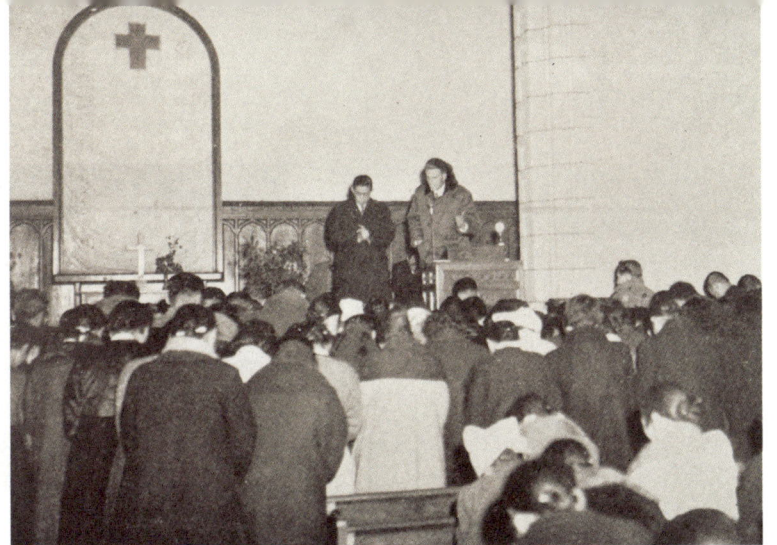

| 부산집회에서 빌리 그레이엄과 통역 중인 한경직 목사(오른쪽)

# 한반도복음화의 무대

종교개혁 500년 역사상 가장 짧은 시간에 대부흥을 이룬 한국교회는 일제 강점기를 거쳐 해방과 건국, 심지어 6·25전쟁 중에도 국가와 민족을 지켜 낸 구원의 방주로 그 사명을 다했다. 초기에 '동방의 예루살렘'으로 복음이 흥왕했던 평양을 중심으로 한 북녘교회는 공산 무신론자에 의해 강제 폐쇄되고 한반도복음화의 무대는 서울로 옮겨졌다. 한국교회의 재건과 연합의 중심에는 추양(秋陽) 한경직(1902-2000) 영락교회 목사가 있었다. 그는 평생 '교회'로 영혼을 구령하고 '교육'으로 무지를 극복하며 '사회봉사'로 가난을 물리치자는 목회 철학으로 살았다.

## 마포삼열이 세운 미션스쿨서 수학

"머지않아 은총의 땅이 되리라 믿습니다." 1885년 부활절 아침에 복음을 들고 이 땅에 들어온 선교사 언더우드가 드린 첫 기도이다. 당시 주권을 상실한 한반도를 향한 하나님의 은총이란 무엇인가? 당장 국권이 회복된 것도 아니었다. 그것은 민족 구원을 위한 복음의 은총이었다. 곧 그리스도의 몸 된 교회를 세우고 교회를 통해 이 땅을 변화시킨 것이다.

| 한경직 목사

평생 겸손과 온유, 청빈과 사랑으로 일관한 한 목사는 한반도에 복음이 들어온 7년 뒤인 1902년 평안남도 평원군 공덕면 간리에서 출생했다. 자작나무가 울창한 마을에서 태어난 그는 여덟 살 때 마포삼열 선교사가 세운 진광소학교에 입학하면서 서구의 신학문과 기독교를 접했다. 1907년에 장대현교회에서 평양대부흥운동이 일어났고 국가적으로는 1905년 을사늑약과 1910년 한일합병의 치욕을 겪었다. 한 목사는 1916년 진광소학교 졸업 후 정주에 있는 오산학교로 진학해 그곳에서 민족선각자 남강 이승훈 선생과 고당 조만식 선생에게 기독교사상과 민족정신을 배웠다.

## 성도는 마땅히 복음으로 사회를 변화시켜야

1919년 한 목사는 오산학교를 졸업하고 1921년 평양 숭실대학에 진학했다. 이 기간에 상해임시정부가 수립되었으며 일제의 만행으로 제암리교회 방화사건이 발생했다. 그때 한 목사는 평양 경찰서 폭탄투척 사건 용의자로 체포되어 모진 고문을 당하고 구속되는 시련을 겪었다. 국가와 개인적 시련 속에서 그는 스물한 살 되던 해 소래해변에서 "민족을 살리려면 복음을 전하라"는 하나님의 소명을 받았다. 이 영적 사건을 계기로 그의 학문적 관심은 과학에서 신학으로, 삶의 목표는 세상사에서 복음 사역으로 큰 변화를 겪게 되었다.

푯대를 분명히 정한 그는 1925년에 숭실대학을 졸업하자 미국으로 건너가 엠포리아대학에서 인문학의 기초를 쌓고 프린스턴대학에서 신학을 공부했다. 이후 1929년 프린스턴대학을 졸업했으나 결핵으로 3년간 요양

| 숭실대학에서 성경공부를 하는 한경직(하얀 도포 입은 학생)

생활을 해야 했다. 건강을 회복한 그는 1932년 귀국해 신의주 제2 교회에서 10년간 목회했으며 1934년 33세에 안수를 받았다.

여기서 주목할 것은 1907년 평양대부흥기에 장대현교회 길선주 목사에 의해 시작된 새벽기도의 불을 그대로 옮겨간 교회가 바로 신의주 제2교회였다는 사실이다. 영락교회가 개척 수년 만에 장로교를 대표하는 교회로 부흥한 것도 온 성도가 매달린 새벽기도의 힘이었다. 한 목사는 새벽기도와 관련하여 "여름철 벌통 속에서 날개로 부지런히 부채질하는 벌들이 있어 공기를 순환시키는 것처럼, 우리도 부지런히 기도의 부채질로 세상을 정화시켜야 한다"라는 유명한 말을 남겼다.

한편 그는 공산당에 대항하기 위해 1945년 기독교사회민주당을 결성했는데 그것은 우리나라 최초의 기독교 정당으로 기록되어 있다. 복음으로 국가와 민족을 변화시켜야 한다는 그의 적극적인 기독교 문화관을 보여

| 6·25 당시 폐허가 된 서울 저동 일대와 영락교회

| 현재 영락교회

주는 사례다. 한국전쟁 직후 행한 설교 '성도의 사회적 사명'을 통해 "한 송이 장미꽃은 작지만 향기를 발산하는 것처럼 성도는 마땅히 복음으로 사회를 변화시켜야 한다"라고 호소했다.

그는 "복음이 들어가는 곳마다 도덕적 중생과 문화적 발전, 자유와 박애, 평등과 민주주의가 꽃피는 것을 역사가 증명한다"라면서 빈곤과 무지에 처한 국민을 향한 교회의 사회적 사명을 강조했다. 오늘날 한국교회가 중시하는 '기독교의 사회적 책임'을 이미 60년 전부터 실천했던 것이다.

### 1973년 '빌리 그레이엄 전도대회' 산파역

조국 광복의 기쁨도 잠시뿐 공산주의가 북한을 지배하자 한 목사는 1945년 12월 신앙 동지들과 월남해 서울 저동에 베다니교회를 개척하여 오늘의 영락교회를 시작했다. 그는 대한민국 건국 후 2년 만에 6·25전쟁이 발발하자 위험을 무릅쓰고 피난민 구호와 전쟁포로 선교활동을 전개했으며 1951년에는 유엔감사 사절단으로 미국으로 건너가 유엔 참전국에 고마움을 전하기도 했다.

한 목사는 한국교회 제2 부흥의 기폭제가 된 1973년 '빌리 그레이엄 전도대회'에 산파역을 담당했다. 이 집회는 이듬해 개최된 '엑스플로74' 성회와 함께 매 집회에 100만 명 이상의 성도와 시민이 운집해 세계교회사에 유례없는 대성회로 기록된다. 그런 집회를 계기로 한국교회는 당시 300만 성도에서 1980년대 말까지 1,000만 성도로 급성장했다. 하나님이 1907년 평양대부흥에 이어 1973년과 1974년, '80세계복음화대성회'와 1984년 '한국기독교100주년대회'를 통해 남한 지역에 대부흥을 주신 것이다.

한 목사와 빌리 그레이엄 목사의 영적 인연은 1973년부터로 20년 이상 거슬러 올라간다. 6·25전쟁 중인 1952년 12월 15일 그레이엄 목사가 부산에서 집회를 했는데 한 목사가 그 집회를 주선하고 통역을 맡았다. 그리고 그는 60여 년 전인 1958년 10월 26일 종교개혁 기념주일 설교에서 "기독교는 오직 성경으로 돌아가 맑은 물을 마시는 신앙"이라며 '오직 성경'의 종교개혁 정신을 역설했다. 이는 그의 복음적인 개혁주의 신앙관을 보여 주는 대목이다.

### 아시아인 최초 '템플턴상' 수상

한 목사는 생전에 '조국을 위하여'라는 설교를 통해 "1950년 대구 총회에서 교단이 큰 싸움을 하고 분열하더니 그해 6·25가 터졌습니다. 교회의 분열이 국가적 시련을 가져온 것입니다"라고 경고했다. 그것은 오늘날 큰

| 한국 기독교 100주년 선교대회

위기에 직면한 대한민국의 지도자들과 한국교회 목회자들을 향한 경종이기도 하다.

교회는 조국을 위해 느헤미야처럼 울어야 한다(느 1:1-11)고 호소한 그의 메시지를 이 시대에 다시 들어야 한다. 하나가 되라(요 17:11, 21-23)는 예수님의 말씀을 따라 에큐메니컬운동에 일생을 바친 한 목사는 한국교회의 연합을 이루어 1984년에는 기독교 100주년 기념사업을 이끌었으며 그 열매로 1989년 한국기독교총연합회를 결성했다. 그러나 오늘에 이르러 한국교회는 사분오열의 부끄러운 모습을 보이고 있다.

한 목사는 교회연합과 사회봉사의 공로로 1992년 세계 종교계의 노벨상에 비견되는 '템플턴상'을 아시아인 최초로 수상하고 2000년 4월 19일 98세에 하나님의 부르심을 받았다. "한경직 목사는 예수님을 가장 닮은 분"이라는 영락교회 이철신 목사의 말이 그의 신앙과 인격을 가장 함축적으로 표현해 준다. 그의 영적 감화력이 더욱 절실한 종교개혁 500주년이다.

## 오늘의 대학복음화
## 내일의 세계복음화

"브라이트 박사의 삶과 사역은 나에게 큰 영감을 주었고 그와 함께 사역한 것은 우리 시대에 큰 축복이다." 이것은 종교개혁 500년 역사상 가장 많은 영혼을 그리스도에게 인도한 복음 전도자의 한 사람인 빌리 그레이엄이 동역자 빌 브라이트(1921-2003)를 회고한 말이다. 현대교회사는 목회자 빌리 그레이엄과 평신도 빌 브라이트를 세계복음화의 두 주역으로 평가한다. 대학생선교회(CCC) 창설자 빌 브라이트는 그레이엄 목사와 함께 김준곤 목사를 도와 한반도복음화에 크게 기여했다.

## CCC 첫 해외선교지, 한국

1956년 어느 날, 미국 풀러 신학교 교정에서 두 사람이 손을 맞잡고 기도하고 있었다. 한 사람은 국제대학생선교회(CCCI) 창설자 빌 브라이트, 다른 한 사람은 민족복음화의 꿈을 안고 유학 중인 김준곤 목사였다. 캠퍼스에서 만난 그들은 세계복음화의 비전을 공유했다. 둘은 시간만 있으면 함께 기도했는데 브라이트 박사는 전쟁을 치른 비극의 땅에서 온 김준곤 목사의 신앙에 깊이 매료되어 있었다.

어느 날 브라이트 박사가 김 목사에게 뜻밖의 제안을 했다. 1951년 출범한 미국 CCC의 첫 해외선교지로 한국 사역을 부탁한 것이다. 당시 국제본부의 규칙으로는 한국에서 온 이방인에게 최초의 외방 선교를 맡긴다는 것이 대단히 파격적인 일이었다. 그만큼 브라이트 박사는 김준곤 목사의 민족복음화에 대한 확고한 비전과 열정에 감동했던 것이다.

이를 계기로 CCC 본부는 선교지에 자국의 리더를 세운다는 국제 사역의 원칙을 정해 1958년 한국 CCC를 시작으로 전 세계 192개국에 지부를 확장했다. 2차 세계대전 직후, 파괴된 인간의 심성 치유와 영혼 구령을 위해 세워진 CCC의 첫 해외선교지로 한국은 하나님의 특별한 은총을 입은 것이다.

| 김준곤 목사와 빌 브라이트 박사

빌 브라이트 박사의 영적 결단의 열매는 1973년 빌리 그레이엄 서울집회와 1974년 엑스플로 성회, 1980년 세계복음화대성회로 계속 나타났다. 그가 한국에 파송한 김준곤 목사의 CCC 사역으로 한반도복음화에 성령의 역사가 일어난 것이다.

1885년 언더우드와 아펜젤러 등이 이 땅에 뿌린 복음의 씨는 구한말 혼란기 속에서도 꿋꿋이 자라 성령의 역사하심으로 1907년 평양대부흥을 보게 되었다. 그 후 오랜 세월 영적 소강상태를 보이던 한국교회는 그로부터 70년이 지나 1970년대에 '서울대부흥'의 계절을 맞이했다.

1973년 서울집회의 주역은 목회자 빌리 그레이엄이었지만 평신도 전도자 빌 브라이트 박사가 함께하고 있었고 한국교회를 대표해서는 준비위원장 한경직 목사와 상임위원 김준곤 목사의 헌신이 있었다. 빌 브라이트는 연이어 열린 '엑스플로74'의 성공적인 개최를 위해서도 지원을 아끼지 않았다.

### 인류 최대 사건은 예수님을 만나는 것

평소 "인류 최대의 사건은 바로 예수 그리스도를 전인격적으로 만나는 것"이라는 메시지를 즐겨 전한 빌 브라이트 박사는 1921년 10월 19일 미국 오클라호마 주 코웨타에서 출생했다. 청소년기까지 신의 존재를 믿지 않았던 그는 1945년 어머니와 교회의 영향으로 예수를 영접한 후 프린스턴 신학교와 풀러 신학교에서 신학을 공부했다. 이전에 그는 신학을 공부하기에 앞서 노스이스턴 주립대학에서 경제학과 사회학을 전공한 비즈니스맨이었다.

1951년 그가 풀러 신학교를 졸업할 무렵, 캠퍼스 선교를 통한 세계복음화의 비전을 이루기 위해 CCCI를 창설했다. 그 가운데 캘리포니아대학 로스앤젤레스 캠퍼스(UCLA) 교수로 일하면서 풀러 신학교에서 선교 사역을 하던 중 한국에서 온 김준곤 목사를 만나게 된 것이다.

빌 브라이트 박사는 풀러 신학교 재학 중 가서 모든 민족을 제자로 삼으라(마 28:19)는 예수 그리스도의 대위임 명령을 자신의

| 빌 브라이트 박사

사명으로 받아들였다. 그 후 세계를 복음화하기 위한 가장 효과적인 방법이 무엇인지를 두고 깊이 기도하던 중, 미래의 지도자인 대학생과 청년들에게 복음을 전해야 한다는 확신을 갖게 되었다. 캠퍼스를 모판 삼아 대학 지성인을 복음의 일꾼으로 길러내어 그들을 각 분야로 보내는 것이 가장 효과적인 세계복음화 전략이라고 생각한 것이다.

그는 즉시 하나님의 부르심에 순종하기 위해 평소 경영하던 사업과 마지막 학기를 중단하고 대학생들의 '예수 제자화' 사역에 바로 뛰어들었다. 그뿐 아니라 브라이트는 자신의 전 재산과 삶 전체를 그리스도께 온전히 드리겠다는 '양도 계약서'를 아내인 보넷 브라이트와 공동으로 작성해 하나님께 바치고 본격적인 CCC 활동을 시작했다.

그는 오직 복음을 위해 모든 것을 주님께 양도하고 성령의 인도하심을 따라 평생 무소유로 살았다. 이런 브라이트 박사의 삶을 두고 국제갤럽연

| 1973년 빌리 그레이엄 서울집회 광경

구소의 조지 H. 갤럽 박사는 "사람을 변화시키는 그의 영적인 파워는 바로 메시지와 실천이 일치하기 때문"이라고 평가했다. 평생 그의 복음의 동지였던 김준곤 목사도 "그의 영적인 힘은 사람의 능변에 있지 않고 하나님의 능력에 있다"라고 말했다.

오늘의 학원복음화, 내일의 세계복음화
빌 브라이트 박사는 자신이 죽기 전에 세계복음화가 이루어지기를 간절히 열망했다. 이 종말론적 사명감은 김준곤 목사와 일맥상통했다. 그의 일생의 영적 구호는 "오늘의 학원복음화는 내일의 세계복음화"였다. 이는 미국 CCC의 첫 외방 선교지로 개척된 한국 CCC의 창설자 김준곤 목사의 영적 구호와 일치하는 것이다.

한 가지 주목할 점은 김준곤 목사가 학원복음화와 세계복음화 사이에

'민족복음화'라는 단계적 전략을 설정했다는 것이다. 김준곤 목사는 빌 브라이트 박사의 '학원복음화-세계복음화'의 2단계 선교 전략을 '학원복음화-민족복음화-세계복음화'라는 3단계 선교 전략으로 세분화한 것이다.

이처럼 빌 브라이트 박사의 사역과 김준곤 목사의 사역이 만난 자리에 한국교회의 부흥이 있었고, 민족복음화와 세계복음화의 상승 작용이 일어났다. 두 사람이 꿈꾼 세계복음화는 '거의 복음화'가 아니라 '완전 복음화'였다. 이는 지금 우리가 본받아야 할 적극적 전도 전략이다.

하나님이 지상명령 성취를 위해 이 땅에 보내신 성직자 빌리 그레이엄과 평신도 빌 브라이트 중 한 사람이 대중전도자라면 한 사람은 개인전도자였다. 빌리 그레이엄 목사가 100만 성도 앞에서 성령의 불을 토할 때 빌 브라이트 박사는 캠퍼스에서 한 영혼을 붙들고 '4영리' 소책자로 예수를 전했다.

그는 잠시 이용하는 엘리베이터 안에서도 언제나 전도를 했다. "4영리를 전해서 무슨 효과가 있느냐"라는 회의적인 질문에도 그는 "예수님이라는 말 한마디를 통해서도 영혼은 구원을 받을 수 있으니까요"라는 확신에 찬 대답을 했다. 위대한 전도자는 그렇게 지상에서 아낌없이 자신을 다 태우다가 2003년 7월 19일, 그토록 그리던 예수님 곁으로 떠났다. 그가 마지막 남긴 책 《The Journey Home》(집으로의 여정)이라는 제목처럼 복음의 여정을 마치고 하늘 집을 찾아간 것이다.

1 한국대학생선교회 요플수천학들을 인도하는 김준곤 목사

## 이 땅을 푸르고 푸른
## 그리스도의 계절로

"조국이 아니면 죽음을 주소서!" 스코틀랜드의 구원을 위해 목숨 걸고 기도한 존 낙스처럼 유성(遊星) 김준곤(1925-2009) 목사는 민족복음화를 위해 일생을 바친 눈물의 전도자였다. 그는 일본의 징병을 피해 만주 벌판에서 기도하던 중 민족의 살길이 그리스도께 있음을 깨달았다. 그래서 공산주의자들에게 가족이 순교를 당하는 비극 속에서도 민족복음화의 한을 품고 평생 한국대학생선교회(CCC) 사역을 통해 교회연합을 이뤄 종교개혁사에 민족 단위 복음화의 환상을 현실로 기록했다.

## 한민족만이라도 완전복음화를

그는 평생 민족복음화를 위해 기도했다. "지상에서 한민족만이라도 완전복음화를 주소서!"라는 외침은 그의 기도문이다. 그가 평생을 바친 민족복음화운동은 북한을 포함한 한반도의 완전복음화를 지향하고 있었다.

환상의 전도자인 김 목사는 1925년 3월 28일 전남 신안군 지도(智島)에서 출생했다. 그는 여섯 살 무렵, 최초로 예수님을 알게 되었다. 그의 어머니를 전도하기 위해 자주 심방한 성결교단의 문준경 전도사를 통해서였다. 그 후 청소년기에 목포의 어느 성당에서 예수님의 십자가 고상(苦像)에 새겨진 진젠도르프의 글귀를 보고 충격을 받았다. "나는 너를 위해 피를 흘렸건만 너는 나를 위해 무엇을 주느냐."

그러다가 그는 20대 초반에 조국을 떠나 만주에서 망명생활을 할 때 예수님을 영접했다. 이후 무안농업학교를 졸업한 후 농업지도원으로 선발되어 만주 마창 지역에서 근무하던 중 일본군의 징집영장을 받은 그는 조국을 침탈한 정복자의 징집을 거부하고 도피 생활을 하면서 예수님을 전인격적으로 만나게 되었다. 조국의 장래와 구원의 문제를 두고 빈들의 야곱처럼 하나님께 매달려 주

| 김준곤 목사 사무실에 걸어두었던 한반도 지도

야로 기도하다가 민족의 살길이 오직 그리스도께 있음을 깨닫고 평생 복음을 위해 헌신하기로 결심한 것이다.

### 수십 번 죽을 고비를 넘기다

김 목사는 1945년 해방과 함께 조국으로 돌아와 신학을 공부한 후 경기도 파주에서 목회하던 중 6·25전쟁이 터졌다. 그 가운데 그의 고향 지도는 석 달 동안 공산 치하에 놓이게 되어 20,000

| 김준곤 목사

명의 주민 가운데 2,000명이 학살을 당했다. 김 목사는 그때 아버지와 사랑하는 아내를 잃고 자신도 21번의 죽을 고비를 넘겨야 했다. 그럼에도 그는 양민들과 가족을 학살한 좌익들이 체포되어 재판을 받을 때 계엄사령부를 찾아가 선처를 호소하며 그들의 구명을 도운 '사랑의 사도'였다.

그는 처절한 극한의 상황 속에서 복음화만이 민족 구원의 길임을 다시 한 번 절감하고 유학 중에 국제 CCC 창설자 빌 브라이트 박사를 만나서 캠퍼스 선교를 통해 민족복음화운동을 전개하기 위해 1958년 CCC를 설립했다. 김 목사는 전후(戰後) 사상적 혼란기에 대학 지성인들에게 복음을 전하는 한편, 간사들과 함께 장기간 금식기도를 하면서 민족복음화운동을 위한 구체적인 계획을 세웠다. 그 계획은 1962년 겨울, 삼각산에서의 장기금식기도와 1970년 12월 31일 제야 방송을 통한 '민족복음화운동 선언' 등으로 구체화되었다. 그가 하는 캠퍼스 선교의 궁극적인 지향점은

| 빌리 그레이엄 집회에서 빌 브라이트 박사, 그레이엄 목사, 김준곤 목사(왼쪽부터)

'민족복음화'인 동시에 '세계복음화'였다.

그는 '오늘의 학원복음화는 내일의 민족복음화'라는 분명한 목적을 가지고 캠퍼스 사역을 시작했다. 김 목사의 사역은 학원 선교를 넘어서 국가와 민족, 북한으로, 그리고 세계복음화로 그 영역이 계속 확장되어 갔다. '북한젖염소보내기운동'을 꾸준히 전개한 것도 북한을 포함한 민족복음화를 실현하고자 함이었다.

그리스도의 계절을 위해

"이 땅에 푸르고 푸른 그리스도의 계절이 오게 하소서." 1970년대 이후 이 땅의 크리스천은 물론 일반인에게도 익숙한 이 영적 구호는 한국교회가 함께 불러온 민족복음화운동의 노래이자 염원의 기도다. 이처럼 민족복음화운동의 전개를 대내외에 선언한 김 목사는 이 운동의 구체적인 실천을 위해 전국적 민족복음화 요원 훈련에 박차를 가하며 동시에 춘천을 시발점으로 국내외 주요 도시에 성시화운동을 전개해 나갔다. 그 과정에 민족복음화운동의 불은 '1973년 빌리 그레이엄 전도집회'와 '엑스플로74',

'80세계복음화대성회'로 확산되었다.

특히 '엑스플로74' 성회는 매 집회마다 복음을 듣기 위해 100만 명이 넘는 성도와 시민이 운집한 최대의 성령집회로 기록되었다. 당시 영부인 육영수 여사가 저격을 당하는 국가적 위기 상황에 개최된 집회로 한국교회 전체가 한자리에 모여 국가와 민족을 위해 기도한 '20세기 미스바 성회'였다.

| 엑스플로74 집회

이 집회에서 김 목사는 매일 32만 명에게 집중적으로 제자훈련을 시켜 세계교회를 놀라게 했다. 이로써 한반도에 떨어진 성령의 불은 한국교회에 대부흥을 가져와 1970년대 초까지 300만 명이었던 성도가 10년 만인 1980년대 초에는 800만을 넘어 1,000만 성도 시대를 열게 되었다. 실로 성령의 강력한 폭발이자 이 땅을 사랑하시는 하나님의 역사였다.

이로써 민족복음화는 환상이 아니라 현실임을 온 교회와 성도들이 경험했다. 이를 계기로 한국교회는 개교회 중심의 '개인 구원'이라는 소극적인 전도에서 연합을 통한 '사회 구원'이라는 적극적인 전도로 발전하게 되었다. 한편 김 목사는 1965년 대통령 초청 국가조찬기도회를 시작해 각 영역의 지도자를 전도하는 길을 닦았다. 여의도순복음교회 조용기 원로목사는 "평생 예수의 마음을 품고 민족과 세계를 위해 봉사한 위대한 전도자"라고 그를 평가했다.

### 한국교회는 민족복음화에 더욱 힘써야 한다

한국교회가 대부흥을 경험하는 과정에서 대두된 것이 바로 교회의 양적 성장에 대한 비판론이다. 한국교회는 그동안 양적 성장에 치우친 나머지 상대적으로 내적 성숙을 이루지 못했다는 비판을 듣고 있다. 그러나 교회로 하여금 외적 성장과 내적 성숙 중 하나를 택하라는 이분법적인 요구는 성경적이지 않다.

교회는 외적으로도 성장해야 하고 내적으로도 성숙해야 한다. 그 어느 쪽을 취하고 버릴 문제는 아니다. 우리는 때를 얻든지 못 얻든지 부지런히 전도해야 하고(딤후 4:2), 어디든지 나가 많은 영혼을 하나님께 나아오게 해야 한다(눅 14:23). 동시에 성도들을 말씀의 가르침에 따라 온전한 그리스도의 사람으로 만들어야 한다(딤후 3:17). 교회는 웨슬리처럼 전도하고 칼뱅처럼 양육해야 하는 것이다. 지금은 종교개혁 500주년을 맞이하여 한국교회가 다시금 민족복음화운동을 일으켜야 할 때다.

매일 오전 11시에 1분간 민족복음화를 위해 기도하고 열심히 전도하자고 호소한 김 목사는 2009년 9월 29일 85세를 일기로 하나님의 부르심을 받았다. "우리는 김 목사가 남긴 민족복음화의 꿈을 계속 이어갈 것"이라는 CCC 대표 박성민 목사의 결의는 종교개혁 500주년을 맞이한 한국교회의 향후 과제이기도 하다.

• 사진은 CCC에서 제공함

I 예수원 야경

# 성도들을 일깨운
# 영성 수도원 예수원

'나의 신앙이 너무 세속에 물들어 있지 않은가', '영혼의 고향에서 너무 멀리 떠나버린 것은 아닌가' 하고 자신을 돌아보는 성도가 찾고 싶은 곳이 예수원일 것이다. 일찍이 수도원 공동체운동을 전개하면서 '산골짜기에서 온 편지'를 통해 보여 준 대천덕 신부(1918-2002)의 청빈한 삶은 세속화 시대에 종교개혁 500주년을 맞이한 우리가 회복해야 할 신앙의 순수다.

### 한국교회는 이제부터 시작이다

1980년 8월 11일부터 엿새 동안 진행된 '80세계복음화대성회'가 끝난 직

| 대천덕 신부

후, 대회장 김준곤 목사를 비롯한 교회 중진들이 한자리에 모였다. 대성회는 1970년대 초 한국에 임한 성령의 불이 전 세계로 확산된 종교개혁사상 최대의 집회이자 한국교회의 위상을 드높인 행사였다. 그때 교계 지도자들은 하나같이 고무되어 있었는데 어떤 사람이 "나는 모든 것을 보았습니다. 행복하게 죽을 수 있습니다"라고 발언했다. 그때 그 자리를 조용히 지키고 있던 한 사람이 일어나며 말했다.

"아닙니다. 이제 우리의 일은 시작되었을 뿐입니다."

그가 바로 대천덕 신부다. 그는 1973년 빌리 그레이엄 전도집회에 이어 1974년 엑스플로 성회로 급성장하기 시작한 한국교회가 1980년 성회의 결과에 만족하는 모습이 걱정스러웠던 것이다. 그래서 교회가 자만하면 성령의 역사가 떠날 수 있음을 경고했다. 안타깝게도 그때 벽안의 성직자가 우려한 대로 1980년대 초까지 급성장한 한국교회는 1990년대에 들어 내적 분열과 외적 도전에 직면하면서 급격한 정체 상태에 빠졌다.

대천덕 신부는 6·25전쟁 직후인 1957년에 이 땅을 찾아와 반세기 가깝게 산골짜기에 은둔하며 이 땅을 위해 기도하다가 2002년에 우리 곁을 떠났다. 그러나 그가 1965년 강원도 태백에 예수원을 세우고 수많은 목회자

와 성도들을 변화
시킨 수도원 영성
은 지금도 한국교회
에 큰 영향을 끼치
고 있다. 특히 생애
후반부에 추진했던
북한복음화를 위한
'삼수령 프로젝트'
는 그의 아들 대영

| 삼수령 프로젝트에서 강의하는 대영복 신부

복(Ben Torrey) 신부에 의해 지금도 외롭게 진행되고 있다.

4대 걸쳐 한국을 위해 헌신한 가문

토레이(R. A. Torrey)라는 본명보다는 대천덕(大天德)이라는 한국명이 우리에게 더 친근한 벽안의 수도사는 1918년 중국 산둥성 지난(濟南)에서 미국인 장로교 선교사의 아들로 태어났다. 중국과 평양에서 어린 시절을 보냈으며 1900년 동양 최초로 세워진 평양 외국인학교에서 공부하고 미국 프린스턴대학에서 신학을 전공했다.

그는 장로교 분위기에서 성장했으나 교리적 신념으로 성공회에서 사제 서품을 받았다. 그의 할아버지 토레이 1세는 '성령론'의 대가로 유명한 신학자이자 시카고에서 드와이트 무디와 10년간 동역한 목회자이기도 했다. 또한 그는 1903년 중국 선교여행 중 원산사경회 강사로 초청받은 감리교 여선교사 메리 화이트와 함께 한국을 위해 함께 기도했고 그 집회에

| 대영복 신부의 결혼사진. (앞줄 왼쪽부터 시계방향으로) 작은 딸 버니, 며느리 엘리자베스, 대영복 신부, 현재인 사모, 대천덕 신부, 큰 딸 옌시

참석한 의료선교사 로버트 하디의 강력한 성령 체험과 회개로 원산대부흥운동이 시작되어 1907년 평양대부흥운동까지 이어질 수 있었다.

이처럼 한국에 특별한 애정을 가진 토레이 1세가 1924년 한국을 직접 방문했다는 사실이 최근 빌리 그레이엄 기념관 자료에서 밝혀졌다. 토레이 2세는 중국에서 선교를 하던 중 2차 세계대전 때 장애를 입고 1952년 한국에 와서 의수족 재활프로그램을 개발하여 장애인들을 도왔다.

1957년 한국에 온 대천덕(토레이 3세) 신부는 반세기 동안 한국교회를 섬겼고 지금은 그의 아들 대영복(토레이 4세) 신부가 사역을 이어서 하고 있다. 이렇게 보면 '토레이 가문'은 한국교회 초기부터 지금까지 4대에 걸쳐 한국을 섬기고 있는 유일한 은인이다.

### 북한복음화를 위한 삼수령 프로젝트

대영복 신부가 예수원 사역을 위해 2004년 미국에서 들어왔을 때 어머니 현재인(Jane G. Torrey) 여사와 함께 필자가 일하는 학교를 방문했다. 그는 당시 부친이 남긴 사역 중 북한 선교를 위한 '삼수령 프로젝트'에 힘을 쏟겠다고 했는데 만나 보니 말 그대로 북한복음화를 위해 헌신하고 있었다.

예수원의 '삼수령 프로젝트'란 서쪽으로는 한강, 남쪽으로는 낙동강, 동쪽으로는 오십천의 발원지인 태백의 삼수령에서 북쪽으로 백두대간을 따라 복음의 강물을 북한으로 흘려보낸다는 영적 통일전략을 말한다. 일명 '네 번째 강 계획'(The Fourth River Project)이라고도 한다. 대천덕 신부는 이 비전을 위해 2002년 뇌출혈로 쓰러진 상황에서도 기도를 멈추지 않았다. 마지막 순간까지 에덴동산에서 네 개의 강이 발원했듯이(창 2:10-14), 성령의 역사하심으로 삼수령에서 네 번째 강(복음의 강)이 열리기를 열망했던 것이다.

지난 7년간 예수원에서 진행된 '생명의 강' 학교를 졸업한 사역자는 60여 명이고 10년간 지속된 '삼수령 목장'에서 노동 훈련을 받은 사역자는 500여 명에 이른다고 한다. 한국교회가 분열하고 있는 중에도 깊은 산골짜기에서는 소수의 '영적 특공대'가 훈련받고 있었던 것이다. 이처럼 가난하지만 순전한 제사를 기뻐하시는 하나님이 머지않아 통일의 아침을 주시리라 기대한다.

## 청빈의 영성 본받아야

대천덕 신부의 신앙은 한마디로 청빈과 무소유였다. 그의 무소유 개념은 물질을 멀리하는 부정적인 것이 아니라 내가 갖겠다는 욕심을 버려서 많은 사람을 부요하게 하는 사랑의 청빈 사상이었다.

"토지는 다 내 것임이니라"(레 25:23)는 하나님의 말씀에 따라 평생 '성토모'(성경적인 토지정의를 위한 모임)를 이끈 것도 그의 청빈 사상에 연유한다. 세속을 떠나 은거하며 깊은 기도와 명상 속에서 쓴 그의 '산골짜기에서 온 편지'는 이러한 내용을 가르쳐 주고 있다. "돈을 사랑하면 이웃을 사랑할 수 없습니다." "한국교회는 분열을 멈추고 하나 되어 국가와 민족을 바로 섬겨야 합니다." 예수원 입구에 하사미리 주민들이 세운 추모비에는 평생 말씀대로 실천하며 살았던 대천덕 신부에 대한 존경과 그리움이 새겨져 있다.

잃어버린 영성을 회복하기 위해 예수원을 찾는 한국교회 성도들은 연평균 10,000명 내외라 한다. 매일 30여 명, 지난 60년간 60만 명의 순례자가 대천덕 신부의 수도원 영성을 체험한 셈이다. 그들이 60만 국군장병과 함께 영적 군대로 이 땅을 지킨다면 조국의 안보는 걱정이 없고 하나님의 역사하심으로 남북의 복음 통일이 반드시 이루어질 것이다.

"기도가 노동이고 노동이 기도다." 대천덕 신부가 평생 실천한 이 구호처럼 한국교회 목회자들과 성도들도 기도와 노동(실천)으로 '신앙의 순수'를 회복해야 한다.

• 사진은 예수원에서 제공함

| 옥한흠 목사가 별세하기 직전까지 읽었던 성경

# 평신도의 영성을
# 바로 세우다

종교개혁은 만인에게 성경을 주어야 한다는 중요한 목적을 가지고 있었다. 이는 성도들이 직접 하나님의 말씀을 읽고 영적 무지에서 깨어나야 한다는 개혁의 근본 사상으로, 사제 중심의 교회가 아니라 평신도 중심의 교회로 전환하는 것을 뜻한다. 그런 종교개혁의 큰 열매인 한국교회가 여전히 목회자 중심에서 벗어나지 못하고 있을 때, 목회 패러다임을 성도 중심으로 바꾸기 위해 광인처럼 제자훈련에 일생을 바친 전도자가 있었다. 그는 바로 옥한흠(1938-2010) 목사다.

## 미쳐야 예수님의 제자를 만든다

제자훈련은 1986년 옥 목사가 시작해 87회를 이어 오다가 후임 오정현 사랑의교회 목사에 의해 '평신도를 깨운다'라는 주제로 30년이 넘게 지속되고 있다. 이는 종교개혁 500년 역사상 드문 사례다. 그것도 해를 거듭할수록 전 세계로 외연이 확장되고 있으니 놀라운 일이다.

올해는 중국과 인도, 러시아, 미국, 호주 등 12개국 205개 교회에서 350

| 옥한흠 목사

여 명의 목회자가 모였다. 옥 목사가 '광인론'(狂人論)에서 "미치지 않으면 예수님의 제자를 만들 수 없다"라고 고백한 것처럼 제자훈련은 평신도를 깨우기 위해 일생을 바친 '광인 목회'의 열매다. 이러한 옥 목사의 열정에서 우리는 "만일 내가 미쳤어도 하나님을 위해 그렇다"(고후 5:13)라고 고백한 사도 바울의 모습을 본다.

봄이 오면 일제히 꽃이 피듯이 성령의 계절도 하나님의 시간 속에서 그렇게 오는 것 같다. 한국교회가 연합해 민족복음화의 노래를 불렀던 1970년대와 1980년대에 서울 여의도광장에서 대규모 성회를 개최할 때 강남의 어느 개척교회에서는 무명의 한 목회자가 평신도 제자훈련에 열중하고 있었다. 광장과 교회는 서로 다른 장소지만 같은 시기에 일어난 동일한 영적 사건이었던 것이다. 한 곳에는 출애굽의 광야처럼 대군이 모였고 다른 곳에는 마가의 다락방처럼 소수가 모였다. 성령의 계절은 그렇게 입체적으로 이 땅에 임했다.

옥 목사는 사랑의교회를 개척하기 5년 전인 1973년, 성도교회에서 대학부를 맡던 전도사 시절에 평신도훈련 사역을 시작했다. 당시 그는 대학생들이 기성교회에 정착하지 못하고 선교단체로 빠져나가는 것을 고민하고 있었다. 그래서 그 원인을 살펴본 결과 선교단체에는 기성교회와 다른 세 가지 강점이 있음을 발견했다.

바로 '복음', '훈련', '비전'이었다. 이는 지역 교회(church)와 선교단체 공동체(para-church)의 차이이자 한계 같은 것이었다. 그 사실을 확인한 그는 12명의 대학생과 함께 3M(Campus Ministry, Business Ministry, World Ministry)의 비

| 성도교회 전도사 시절 대학생들에게 제자훈련을 하는 옥한흠 목사

전을 가지고 제자훈련의 첫발을 내디뎠다.

얼마 후 그는 제자훈련의 방법론을 제대로 공부하기 위해 1975년 미국 유학길에 올라 칼빈대학과 웨스트민스터 신학교에서 박사 학위를 마치고 1978년 귀국, 그해 7월 강남에서 강남 은평교회(사랑의교회 전신)를 개척했다. 옥 목사는 유학 중 한스 큉의 '교회론'을 통해 왜 평신도를 제자로 키워야 하는지에 대한 분명한 해답을 얻었고, 평신도를 제자로 키우는 교회를 개척하기로 결심했던 것이다.

평신도 제자훈련에 미치다

그러나 평신도 제자훈련은 쉽지 않았다. 정규교육을 받는 학생도 아니고 대다수 가정과 생업에 종사하는 기성세대인지라 이러한 형편의 평신도를 예수의 제자로 양육한다는 것은 거의 불가능해 보였다. 한동안 그의 제자훈련은 실패의 연속이었다. 그러나 평신도를 깨우는 일에 미치기로 작정한 이상 물러설 수 없었다. 마침내 금식과 기도로 매달린 그의 도전은 결실을 맺어 성도들이 영적으로 점차 변화되었다.

옥 목사는 교회 밖의 집회나 모임을 일절 거절하고 오직 제자훈련에만 집중했다. 처음에는 여자 제자반에서, 나중에는 남자 제자반으로 영역을 넓혀갔다. 제자훈련으로 성도들의 신앙이 성장하고 사명으로 무장하자 교회는 부흥하기 시작했다. 이후 제자훈련은 한국교회 안에서 점차 화제가 되었으며 그것을 도입하는 교회들이 늘어나기 시작했다.

한편 그는 제자훈련만큼 설교에 온 힘을 기울여 성도들을 말씀대로 제자의 삶을 살도록 열심히 지도했다. 또 교회와 민족의 장래가 예수의 제자

| 사랑의교회 개척 초기인 1982년 제자반 졸업식

로 훈련된 평신도에게 있다는 분명한 사명감을 심어 주었다. 마침내 1984년 《평신도를 깨운다》라는 제자훈련 전략서가 나왔고 옥 목사의 제자훈련은 절정을 맞았다.

이 책은 그가 임상실험처럼 적용한 제자훈련의 이론과 실제를 담은 노작(勞作)으로 현재까지 100쇄 이상을 출판한 장기 스테디셀러다. 영어를 비롯해 일본어, 스페인어, 프랑스어, 중국어, 포르투갈어, 뱅골어, 에스토니아어 등 8개국 언어로 번역되어 전 세계 여러 나라로 평신도 제자훈련을 확산시키는 계기가 되었다.

은보(恩步) 옥한흠 목사는 일제강점기인 1938년 12월 5일 경남 거제에서 태어났다. 어린 시절 어머니를 따라 많은 사경회에 참석해 은혜를 받고 초

| 옥한흠 목사가 작성한 제자훈련 강의안

등학교 3학년 때 구원의 감격을 경험했다고 한다. 그리고 고향 지세포 대광중학교 시절 수련회에서 구원의 확신을 갖게 되었다.

젊은 시절 폐결핵으로 투병생활을 한 그는 1968년 성균관대 영문학과를 졸업하고 목회자의 길을 걷기 위해 총신대 신학대학원에서 공부했으며 평신도 제자훈련의 체계적인 연구를 위해 3년간 미국에서 유학했다. 평신도 제자훈련에 일생을 바친 옥 목사는 조기 은퇴의 모범을 보였고 2010년 9월 2일 71세의 일기로 너무나 일찍 우리 곁을 떠났다.

성도에게 한국교회의 미래가 있다

옥 목사의 평신도 제자훈련 사역은 한국교회 제2의 종교개혁을 의미한다. 오늘날 목회자 중심의 많은 교회들이 평신도라는 양질의 영적 자원을 제대로 활용하지 못하고 있다. 어떤 점에서는 평신도가 깨어나지 않는 것이 목회자에게 편할 수도 있다. 하지만 그런 사고는 반개혁적이다. 만인이 성경을 읽고 복음 증거자가 되고 제사장의 사명을 갖게 하자는 것이 개혁의 출발이기 때문이다. 그러므로 종교개혁 500주년을 맞이해 한국교회는 평신도를 제대로 깨우지 못한 과오를 회개하고 더욱 적극적인 개혁의 길로 나가야 할 것이다.

옥한흠 목사는 2007년 '한국교회 대부흥 100주년 기념성회'에서 '주여, 살려 주옵소서!'라는 제목의 설교를 통해 이렇게 울부짖었다. "한국교회가 살기 위해서는 교회 안에 있는 악한 것들, 우리 안에 있는 더러운 것들을 다 쓸어내고 회개해야 합니다. 회개만이 살길입니다. 100년 전 하디 선교사가 하던 회개, 길선주 장로가 하던 회개를 오늘날 한국교회 안에서 찾아볼 수 없습니다. 주여, 한국교회를 살려 주옵소서! 한국교회를 살려 주옵소서!"

• 사진은 국제제자훈련원에서 제공함

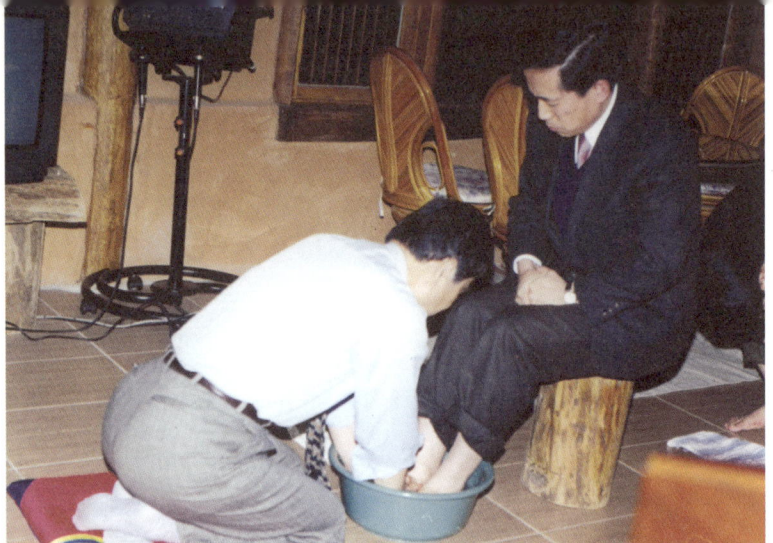

## 목회자가 죽어야
## 교회가 산다

종교개혁은 교황무오설에 대한 저항이기도 했다. 교황이 내린 결정은 하나님의 특별한 은총으로 오류가 없다는 가톨릭교회의 반성경적 주장을 부정했기 때문이다. 이처럼 교황의 독단적 행위를 거부하고 나선 프로테스탄트교회 안에 목회자가 교황의 자리에 있다면 어떻게 될까? 오늘날 교회의 위기 중 하나는 '목회자가 너무 살아 있다'는 현상이다. 이 시대에 한국교회는 "목회자가 죽어야 교회가 산다"라는 이중표 목사(1938-2005)의 별세선언을 다시 기억해야 할 것이다.

## 생의 최저점에서 깨달은 '별세신앙'

복음의 전선에 부름받은 종들이 사명의 길에서 체험하는 전환점은 매우 극적일 때가 있다. 다메섹 도상의 사울이나 종교개혁자 루터가 세상에서 그리스도에게로 돌아선 순간처럼 거지(巨智) 이중표 목사에게도 그날은 참으로 충격적이었다. 목회의 반곡점은 1969년 신학교 졸업과 동시에 시작한 농촌 목회를 마감하고 1975년 서울로 올라와 도시 목회를 시작하면서 찾아왔다.

도시 목회는 처음이었지만 영혼 구원에 대한 뜨거운 헌신으로 교회는 짧은 시간에 크게 부흥했다. 그러나 그는 목회 방침에 반발한 일부 성도들로 큰 시련을 겪었다. 설교 도중 성도들에게 끌려 내려오는 수모를 겪고 끝내 당회권을 박탈당한 채 부임 2년 만에 빈손으로 쫓겨나는 신세가 된 것이다. 엄동설한에 갈 곳도 없는 처지가 된 목회자는 실로 감내하기 어려운 절망에 빠졌다. 후일 이 목사는 "그때가 하나님이 예정하신 인생의 최저점이었다"라고 말할 정도로 힘들었다. 그러나 그 시간은 절망의 끝이 아니라 희망의 시작이었다. 장기간 금식 기도를 하면서 '목회자가 죽어야 교회가 산다'는 소중한 깨달음을 얻은 것이다.

| 이중표 목사

내가 그리스도와 함께 십자가에 못 박혔나니 그런즉 이제는 내가 사는 것이 아니요 오직 내 안에 그리스도께서 사시는 것이라 이제 내가 육체 가운데 사는 것은 나를 사랑하사 나를 위하여 자기 자신을 버리신 하나님의 아들을 믿는 믿음 안에서 사는 것이라 (갈 2:20).

이때 받은 말씀은 이중표 목사의 신앙과 목회의 근거가 되었다. '별세신앙'이자 '별세목회'라 하는 것으로 그리스도와 함께 죽고 그리스도와 함께 사는 신앙이다. 그는 별세의 깨달음과 함께 새로운 목회의 비전을 갖게 되었는데, 그것은 창세기 49장 22절 말씀에서 왔다고 한다. "요셉은 무성한 가지 곧 샘 곁의 무성한 가지라 그 가지가 담을 넘었도다." 그것이 1977년 한신교회의 출발이었고 그의 별세목회가 지역 교회를 넘어 한국교회와 세계로 영향을 끼치는 시작점이었다.

## 하나님을 알기 위한 길

이 목사의 생애를 살펴보면 그가 주장하는 별세신앙은 훨씬 이전에 형성되었음을 알 수 있다. 1938년 공교롭게도 민족의 국치일과 날짜가 같은 8월 29일에 서해안 변산반도 끝자락 전북 부안군 하서면 신지리에서 태어난 이 목사는 초등학교 시절부터 고등학교를 마치기까지 한 번도 도시락을 가지고 다닌 적이 없을 만큼 몹시 가난했다. 심지어 고등학교 3학년 때 영양실조와 결핵으로 사경을 헤맸고 그때 친구 따라 교회에 갔다가 즉각 예수님을 영접하게 되었다.

그리고 그는 새벽기도를 다니면서 신유의 은혜를 체험하고 주의 종이 되기로 결심한 후 군 복무를 마치자마자 한국 신학대학에 들어갔다. 그곳에서 분명한 사명과 비전을 갖게 되었는데 그것이 바로 사랑하는 조국복음화의 사명이자 예수님께 배운 '별세'라는 신비한 목회 비전이다.

그는 어느 날 수업 시간에 성령의 음성을 들었다. "종아, 학교에서 무엇을 배우느냐?" "신학입니다." "신학이 무엇이냐?" "하나님을 배우는 것입니다." "누구에게 하나님을 배우느냐?" "교수님입니다." "신학은 교수에게 배우고 하나님은 나에게 배워라." "어떻게 배웁니까?" "나는 마음이 온유하고 겸손하니 나의 멍에를 메고 내게 배우라."

그는 주님이 친히 하신 마태복음 11장 29절 말씀을 듣고 비로소 신학이란 인간의 학문을 넘어 하나님을 배우는 일이며 예수님과 함께 멍에를 메고 예수님처럼 죽는 것임을 깨달았다. 그래서 "나는 신학교에서 배운 것이 별로 없고 예수님께 배웠다"라고 역설하기도 했다. 또한 그는 지병이 깊은 중에도 이론 중심의 신학교육을 성경 중심의 실천적 커리큘럼으로 개선하기 위해 필자가 추진한 '신학교육개선 공동연구'에 희망을 걸고 후원과 격려를 아끼지 않았다.

### 한국교회 목회자의 실천 과제, '별세목회'

이 목사의 별세목회는 한국교회의 목회자들과 성도들에게 비상한 관심을 불러일으켰다. 많은 교회가 하나님을 믿으면 복을 받는다는 기복주의 신앙을 한창 가르칠 때, 그는 십자가의 예수와 함께 옛 사람은 죽고 예수와 함께 새사람으로 사는 진정한 성도가 되라고 가르쳤기 때문이다.

그가 강조한 가르침은 죽음 이후로 유보된 천국의 삶을 이 땅으로 끌어

| 별세목회연구원에서 개최한 목회자 세미나

내리라는 것이다. 죽어서 별세의 삶을 사는 것이 아니라 지금 이 자리에서 예수 그리스도의 별세의 삶을 살아야 한다는 것이다. 성도는 그리스도와 함께 죽고 사는 별세신앙으로 하나님의 거룩한 영광에 이르고 이 땅에서 하나님의 축복을 누리며 세상을 살리는 창조적인 하나님의 사람이 되어야 한다.

별세신앙은 예수 그리스도가 가르치고 실천하신 지고의 진리이므로 모든 교회가 실천해야 한다고 호소했다. 한국 신학계의 원로 이종성 박사는 "내세지향적인 신앙이 강조되고 있는 상황에서 '현재' 이 자리에서 예수 그리스도의 죽음과 삶을 동시에 체험하는 것이 참된 신앙이라고 주장한 것은 성서적 기독교 실존주의 신학이라고 할 수 있다"라면서 별세목회에 신학적 의미를 부여했다.

별세신앙은 삶과 분리될 수 없고 동시에 인성과 유리될 수 없는 것이다. 그래서 이 목사는 강단의 메시지를 삶의 자리에서 실천하고자 했다. 주린 자를 만나면 사재를 털어 주고 두 벌 이불이 있으면 이웃과 나누어 덮었으며 벗은 자를 보면 입던 옷을 벗어 주었다. 모든 외부 사례비는 교회에 바쳤고 유산도 남기지 않았다. 이 목사의 별세선언이 종교개혁 500주년을 맞이하는 한국교회에 큰 울림이 되는 것은 바로 그가 실천한 별세의 삶 때문일 것이다.

이 목사는 오랜 지병으로 4번의 대수술을 받고 그의 고백처럼 '별세사수'(別世四修) 끝에 2005년 7월 7일 67세를 일기로 이 세상을 떠났다. 성자처럼 살다가 죽는 것이 소원이었던 한 소년의 꿈이 오랜 투병 중에 이루어진 것인지도 모른다. 당시 북한의 조선그리스도교연맹에서는 이례적으로 이 목사의 죽음에 애도의 뜻을 표했다.

이 목사가 1987년 시작해 2005년까지 지속한 별세목회연구원의 목회자 세미나는 분당 한신교회의 이윤재 목사에 의해 체계화되어 30년을 맞이했다. 이윤재 목사는 "위기의 시대에 한국교회의 갱신을 위해 예수의 삶을 본받아 산 이중표 목사의 별세목회가 널리 확산되기를 간절히 바란다"라고 전했다. 그의 말처럼 한국교회에 별세신앙이 널리 전해지기를 기대한다.

| 이 목사가 병상에서 마지막으로 읽던 성경

\* 사진은 별세목회연구원에서 제공함

## '빈들의 소리'로 살다 간 선각자

그리스도의 십자가는 수직으로 하늘의 소리와, 수평으로 땅의 소리가 만나는 자리다. 죄로 단절된 인간과 하나님이 만나고, 소외된 이웃과 이웃이 만나는 자리가 십자가인 것이다. 그런 의미로 종교개혁은 성도들이 성경을 통해 하나님의 소리를 직접 듣고 세상에 그 소리를 바로 전하기 위해 일어났다고 할 수 있다. 여해(如海) 강원용(1917-2006) 목사는 교회와 사회의 소통을 위해, 사회로 확장되는 교회의 사명을 위해 '빈들의 소리'로 살다 간, 행동하는 크리스천이었다.

빈들에서 외치는 자의 소리

2004년 6월 21일, 한국기독교목회자협의회가 주최한 '한국교회, 일치를 넘어 갱신으로'라는 주제의 세미나가 있었다. 별세 2년 전 87세의 고령으로 그 자리에 초청받은 강 목사는 '교회와 사회의 관계'에 대한 고(故) 옥한흠 목사의 질문에 이렇게 답했다.

| 강원용 목사

그리스도의 몸 된 교회에는 두 가지 사명이 있습니다. 그것은 예배와 교육, 성례전 등 모이는 공동체로서의 에클레시아 사명과 세상을 위해 나아가는 디아스포라 사명입니다. 이런 점에서 개인구원과 사회구원의 구분은 무의미합니다. 보수와 진보의 차이도 없습니다…루터가 로마서 1장 17절의 말씀(믿음)으로 종교개혁을 시작했다면, 오늘 우리는 골로새서 1장 15-20절의 말씀(실천)으로 교회를 개혁해야 합니다. 예수님이 개인과 만물의 주인이듯이 교회는 전 우주적인 영역으로 하나님의 나라를 확장해야 합니다. 한국교회는 교단을 넘어 일치와 연합으로 사회를 변화시켜야 합니다.

아울러 그는 평화통일을 위한 교회의 사명을 특히 강조했다. 광복과 분단, 전쟁과 가난, 혁명과 독재정권의 격변기를 빈들에서 외치는 자의 소리로 살다 간 강 목사에게는 예수님 당시의 세례 요한 같은 이미지가 있다. 세례 요한은 하늘의 메시지를 세상에 전하기 위해 '광야에서 외치는 자의 소리'로 살았다. 세례 요한처럼 순교를 당하지는 않았지만 강 목사도 불의한 시대에 빈들에서 외치는 자의 소리로 살았다. 강 목사는《빈들에서》(열린문화, 1993)라는 책에서 이렇게 고백했다. "당신은 정치가요? 아니요. 사회운동가요? 아니요. 성직자요? 아니요. 그러면 당신은 누구요? 빈들에서 외치는 자의 소리요."

강 목사는 자신의 말처럼 살다 갔다. 정치가는 아니었지만 영향력 있는 정치비판자로, 강단에서 말씀을 선포한 명설교자로, 부조리한 사회를 변화시키기 위해 투쟁한 기독교 사회운동가로, 독재에 항거한 민주운동가로 헌신했다. 세계교회협의회(WCC) 중앙위원으로 세계교회의 발전에 기여하고 '평화포럼'을 주도하면서 북한에 대한 인도적 지원과 여성인권 등 사회 약자를 위한 봉사에 힘썼다.

"내가 살아온 한국의 70년은 빈들이었다. 이 빈들은 성경에 나오듯이 '돌로 떡을 만들라'는 물질만능, 경제제일주의, 악마에게 절하더라도 권력만 잡으면 된다는 권력숭배사조, 성전 꼭대기에서 뛰어내리는 비합리적이고 광신적인 기복종교에 지배된 공간이었다. 그동안 한국 사회에 역사적인 전환도 있었으나 악한 영들의 세력은 더욱 강화되었다." 그래서 강 목사는 교회가 교회에 머물지 않고 빈들로 나가야 하

| 1995년 '여성 중간 집단 교육' 후

며 빈들에서 외치는 자의 소리가 되어야 한다고 했다.

**농촌 계몽의 꿈이 기독교 사회 계몽으로**

강 목사는 일제강점기인 1917년 10월 30일 함경남도 이원군 남송면 원평리에서 태어났다. 전통적 유교 가문에서 태어난 그는 보통학교 졸업 무렵인 1931년 개신교에 입교했다. 한창 감수성이 예민했던 열다섯 살 사춘기 시절에 농촌 계몽의 뜻을 품고 보통학교를 졸업한 뒤 아버지가 소를 팔아 마련해 준 노자를 들고 1935년 일본으로 건너갔다. 이후 도쿄 메이지학원 영문과에서 공부하고 만주 북간도로 가서 용정 은진중학교에 진학했다.

그는 그곳에서 스승 김재준 목사를 만나 기독교 신앙에 눈을 떴다. 그때 그의 꿈은 농촌 계몽에서 사회 계몽으로 바뀌었다. 조선 신학교(한신대 전신)를 마치고 미국 유니온 신학교와 뉴스쿨대학 및 대학원에서 신학을 공부하며 신정통주의 신학자 폴 틸리히와 기독교 윤리학의 대가인 라인홀드 니버를 만났다. 그들의 가르침을 통해 목회와 사회 참여의 신학적, 윤리적 토대를 확립했다.

일제 말기 일경의 감시를 피해 북간도 마창에 피신해 있던 강 목사는 1945년 8월 15일 광복과 함께 귀국, 그해 12월

| '농촌사회 중간 집단 교육'을 마친 후 찍은 사진

김재준 목사와 함께 야고보교회(현 경동교회)를 설립했다. 평소 복음의 실천과 크리스천의 행동을 중시한 그는 '행동하는 믿음'을 강조한 야고보 정신의 교회를 세우고 스승인 김재준 목사를 초대 목회자로 모셨다. 공교롭게도 경동교회 설립기인 1945년 12월에는 한경직 목사에 의해 베다니교회(현 영락교회)와 송창근 목사의 성남교회도 세워졌다. 이는 일제의 압제로부터 해방을 주신 하나님이 이 민족의 구원을 위해 한국교회사에 중요한 교회를 동시에 세우신 것이라고 확신한다.

다시 생각하는 '사이'와 '너머'의 교회 사명
강 목사의 교회관은 크게 두 영역으로 나뉜다. '모이는 교회로서의 사명'과 '흩어지는 교회로서의 사명'이다. 이를 구체적으로 실천하기 위해 그는 경동교회와 크리스찬아카데미를 세웠다.

이 점에 대해 강 목사의 경동교회 후임이자 사상적 계승자인 박종화 목사는 "많은 교회들이 교회의 대사회적 역할과 사명을 말한다. 그러나 사실상 그에 대한 효과적이고 체계적인 교육(훈련)을 위한 시스템은 전무하다. 강 목사는 이미 반세기 전에 교회와 사회의 가교로 크리스찬아카데미를 세웠다. 그의 구상과 준비를 기점으로 보면 그것은 70년 전에 시작한 크리스찬아카데미운동은 가깝게는 독일교회의 모델이며, 나아가서는 종교개혁가 루터와 칼뱅의 목회철학을 이은 것"이라고 설명한다.

칼뱅이 제네바 아카데미에서 복음 사역자를 훈련시켜 사회 변혁을 시도한 것처럼 강 목사도 교회를 통한 사회 변혁의 기제로 아카데미운동을 시작한 것이다. 이 운동이 한국교회 권역별로 다시 시작된다면 교회 개혁과 사회 변화에 큰 동력이 될 것이다. 이후 크리스챤아카데미는 '대화문화아카데미'로 변경되어 아들인 강대인 박사가 이어가고 있다.

강 목사의 이러한 사상은 '사이'(between)와 '너머'(beyond)라는 말로 함축된다. 즉 교회와 사회 '사이'를 그리스도의 사랑으로 잇고 이를 영원한 생명의 진리까지 나아가게 하며 '너머'를 추구한다는 것이다. 이런 '너머' 개념은 추상적인 것 같지만 중요한 것은 교회가 성도와 성도 사이, 교회와 사회 사이에 소통하고 협력하는 가교 역할만 해서는 안 된다는 것이다. 이런 수평적인 '사이' 역할은 사회의 다른 봉사단체에서도 할 수 있는 것이므로 교회는 여기에 머물지 않아야 한다. 교회는 이웃과 사회를 궁극적인 자리, 즉 영원한 생명의 자리인 하나님께 인도해야 한다. '너머'의 자리까지 수직적으로 올라가야 하는 것이다.

종교개혁 500주년을 맞이하는 한국교회는 교단과 교단 사이, 교회와 사회 사이, 성도와 소외된 이웃 사이를 잇고, 현실 저 너머의 세계를 바라보며 이 땅에 하나님 나라가 임하도록 교회의 사명을 더욱 힘 있게 감당해야 할 것이다.

• 사진은 대화문화아카데미에서 제공함

| 크리스챤아카데미에서 강의하는 강 목사

| 아프가니스탄 선교 현장을 방문한 하 목사

## 사도행전적 초대교회를 꿈꾸다

종교개혁은 16세기에 갑자기 일어난 사건이 아니다. 신약시대 때 이미 예수님이 '성전 대청소 사건'(요 2:13-22)을 통해 부패한 성전 개혁의 모범을 보이셨고 교회를 새롭게 세우시기 위해 자신을 내어 주셨다. 종교개혁은 그리스도의 피로 사신 초대교회로 돌아가는 운동이자 땅끝까지 교회를 확산하는 성령운동이다. 하용조 목사(1946-2011)는 '성령 목회'로 사도행전적 교회를 꿈꾸며 이 땅의 교회 갱신을 위해 자신을 관제(灌祭)로 주님께 드렸다.

### '변화산에서 생긴 일'로 끝난 설교

하용조 목사의 마지막 설교는 마가복음 9장 2-13절로 끝난다. '변화산에서 생긴 일'이라는 제목의 메시지다. 미완으로 끝난 그의 마가복음 강해를 후임 이재훈 목사가 이어서 마무리한 것이 감동의 유작인 《순전한 복음》(두란노, 2012)이다. 오랜 지병으로 7번의 대수술을 받고도 생의 마지막 순간까지 복음을 증거한 이 시대의 초인적 전도자를 어떻게 그려야 할지 필자는 한동안 글을 쓰기 어려웠다.

"교회는 하나님의 영광과 임재가 가득찬 곳으로 그곳에 갈 때마다 우리는 두려움과 떨림을 가져야 합니다." 이것은 기도하기 위해 변화산에 오르신 주님이 계신 그곳이 교회이기에 두려움에 떨었던 제자들을 염두에 둔 마지막 강론의 한 부분이다.

그는 두려움으로 하나님의 임재 앞에 모인 성도들에게 세상으로 담대히 나가야 한다고 외쳤다. "헌신하십시오. 여러분의 생애를 바치십시오. 여러분 한 사람 때문에 민족이 살고 우리 사회가 살고 통일이 올 것입니다. '하나님, 나를 제물로 받아 주십시오!' 이렇게 기도하십시오. 그리고 세상으로 나아가십시오. 열방을 향해 가십시오!" 또한 이 시대 청년들을 향한 또 다른 마지막 설교 '열방을 향해 나아가라'(Go to the Nations)에서 그는 최후의 절규를 하고 있다.

하용조 목사는 경건훈련(QT)과 가정 사역, 일대일 제자양육, 청소년 비전 등 다양한 목회 프로그램을 개발하고 목회에 적용하여 성공한 사례를 한국교회의 목회자들과 성도들에게 보급한 영적 크리에이터였다. 그런데 그의 초기 목회는 이러한 모습과 거리가 멀었다. 대학 시절에 한국대학생

선교회(CCC)를 통해 복음에 대한 사명감을 갖게 된 하 목사는 신학교를 마치고 1975년에 교회를 개척했다. 그 교회는 세속적인 문화 사역자들을 기독교 문화 사역자로 만들자는 취지의 연예인 교회였다. 사회 각 분야의 전문가들과 지도자들을 전도하는 것이 효과적인 복음 사역이라고 생각했던 것이다.

### 성령 목회를 하라는 주님의 음성

그러나 하 목사의 목회 방향은 큰 전환을 맞았다. 바로 육신의 지병을 통한 성령의 인도하심 때문이었다. 그는 《사도행전적 교회를 꿈꾼다》(두란노, 2010)라는 자전적 목회 철학서에서 이 사실을 고백했다. 1985년 온누리교회를 개척한 후 악화된 지병으로 1991년 미국 하와이에서 요양을 하면서 기도 중에 "성령으로 돌아가라, 성령 목회를 하라"는 주의 음성을 들었다.

평소 성령을 강조하는 목회자들을 불편하게 생각해 온 그였지만 성령으로 목회하라는 주님의 명령에 순종하기로 결단하고 교회로 돌아와 이렇게 선포했다. "이제부터 성령 목회를 하겠습니다!" 그것이 하용조 목사의 성령 목회이며 사도행전적 교회의 비전이다. 그 후로 그는 목회의 크고 작은 일을 성령께 맡기고 그분이 명하시는 음성에 귀를 기울이며 초대교회 사도들의 행전을 이어가고자 했다.

온누리교회 영성은 이처럼 목회자의 특별한 영적 체험으로 형성되었다. 사도 바울처럼 육체의 가시를 통한 고통의 열매라 할 수 있다. 여기서 얻은 것이 내적 훈련을 위한 QT와 일대일 제자양육, 최소 단위의 천국인 가정 사역, 다음 세대를 위한 청소년 사역이다.

하 목사는 특히 성도 양육자를 세우는 것이 교회를 건강하게 부흥시키는 비결임을 확신하고 양육에 힘썼다. 이러한 목회 방법은 사랑의교회 옥한흠 목사의 평신도 사역과 비슷해 보인다. 그런데 양육의 대상을 하 목사는 '성도'로, 옥 목사는 '평신도'로 표현하는 데 차이가 있다. 또한 하 목사의 양육은 '아비의 마음'으로 한다는 점에서 다르다. 즉 양육을 하는데 선생의 마음으로 가르치는 것이 아니라 아비의 마음으로 사랑한다는 것이다. 여기서 '아버지 교실'이 나오고 '어머니 교실'이 나왔다.

| 하용조 목사

공교롭게도 평신도를 깨우고 양육하기에 애쓴 두 교회는 10여 년 전 한국을 대표하는 세계적 복음주의교회로 주목받았다. 하 목사는 이러한 성령 목회를 효과적으로 실천하기 위해 문서선교를 병행하여 〈빛과 소금〉, 〈생명의 삶〉, 〈목회와 신학〉 등 정기간행물과 수많은 서적을 반포했다. 또한 전 세계 60여 개국에 1,200명의 선교사를 파송함으로써 목회의 지경을 넓혀갔다.

## '종합병원' 같은 몸으로 '러브 소나타'를

하용조 목사는 1946년 9월 20일 평안남도 강서군에서 태어나 6·25전쟁 중 남하해 경기도 이천과 전남 목포에서 피난 시절을 보냈다. 서울 대광고

| 하용조, 옥한흠, 이동원, 홍정길 목사(왼쪽부터)

를 다녔고 건국대 재학 중 CCC에서 김준곤 목사를 만나 구원의 확신과 복음에 대한 사명을 받았다. 그 당시 옥한흠 목사, 홍정길 목사, 이동원 목사와 함께 신앙의 동지로 영성 훈련에 매진했다. 그 후 그는 7년간 CCC 간사로 활동하다가 1972년 장신대에서 공부하고 1976년 목사 안수를 받았다. 그리고 연예인 교회를 개척했다가 건강 악화로 사임한 후 영국에서 학업과 선교 훈련을 마치고 귀국해 1985년 온누리교회를 개척했다.

 그는 대학 시절부터 앓기 시작한 폐결핵과 당뇨, 고혈압 등 여러 지병과 신부전증으로 일주일에 두 번씩 투석을 해야 했고 간염이 간암으로 발전해 일곱 차례 대수술을 받는 등 평생 모진 질병과 싸웠다. 그럼에도 그는 2011년 8월 2일 66세의 일기로 주님의 부르심을 받기까지 사도행전적 복음 사역을 멈추지 않았다.

그는 국내에 '열린 예배'를 도입했으며 현대기독교음악(CCM) 예배를 한국교회에 정착시켰다. 특히 그가 전한 '변하는 세상에서 변하지 않는 말씀'이라는 주제의 강해 설교는 한국교회의 강단에 큰 영향을 끼쳤다.

또 하나 그가 남긴 주요 사역은 일본복음화를 위한 '러브 소나타'로, 이는 그가 2007년 병상에 있을 때 받은 사명이다. 그는 그 사역을 위해 병이 깊은 몸으로 복음을 전하며 일본 열도를 누볐다. 일본 땅에서 하 목사에게 세례를 받고 '지성에서 영성으로' 돌아온 한국의 석학 이어령 박사는 우리 곁을 떠난 그를 그리워하며 이런 추모 시를 남겼다.

갑자기 끊긴 생명의 합창
음표와 음표 사이의 빈자리에 서서 기다립니다
미처 함께 부르지 못한 나머지 노래를 위하여…
님은 우리의 아침이고 우리의 생명의 약속인 줄 아오나
용서하소서
다만 오늘 하루만 당신을 생각하며 울게 하소서

온누리교회는 하용조 목사의 별세 후 후임 목회자 승계에서도 모범을 보였다. "제사와 예배에 나의 피를 붓는 일이 있을지라도 나는 기쁘다"(빌 2:17)라고 고백한 사도 바울처럼 살다 간 그의 헌신이 그립다.

• 사진은 온누리교회에서 제공함

1960년대 천막 교회 시절 여의도순복음교회

# 오순절적인 대부흥을 이룬 교회

한국교회의 부흥은 종교개혁 500년 역사상 가장 짧은 시간에 급성장을 이룬 대표적 사례다. 1990년대 초 〈타임지〉를 비롯한 각국 언론은 한국교회의 부흥을 이끈 여의도순복음교회의 성장에 비상한 관심을 보였고 미국의 종교전문지 〈크리스천 월드〉는 세계 50대 교회 중 여의도순복음교회를 가장 큰 교세의 단일 교회로 평가했다. 1993년 이 교회는 기네스북에 등재되기도 했다. 대형교회의 양적 성장을 비판하는 관점도 있으나 중요한 것은 정체 상태인 한국교회가 내적 성숙과 외적 성장을 함께 추구하며 계속 부흥의 길로 나가야 한다는 것이다. 여의도순복음교회는 오순절의 대부흥을 이룬 교회답게 세계 선교와 사회봉사에도 모범을 보이고 있다.

### 성령의 은사와 '희망 목회' 60년

1995년 9월 6일 '희망의 신학자' 위르겐 몰트만 박사와 '희망의 목회자' 조용기 목사가 만났다. 두 사람은 '희망은 인간을 생명으로 이끈다'라는 주제로 진지한 대화를 나눴다. '죄로 인한 절망과 죽음'과 '그리스도로 인한 희망과 생명'에 대한 그들의 대화는 19세기 기독교 실존 철학자 키에르케고르가 《죽음에 이르는 병》(비전북, 2012)에서 진술한 성경의 진리와 일맥상통하는 것이기도 했다.

두 사람이 동일하게 강조하는 '희망'은 예수 그리스도의 십자가를 통한 것이다. 즉 고통의 현실 너머 궁극적인 구원을 주시는 그리스도를 만나면 희망의 삶을 살게 된다는 것으로, 그것은 십자가 중심의 '희망 신학'이자 '희망 목회'다. 그래서 몰트만은 여의도순복음교회를 세계 최대 교회로 성장시킨 조 목사의 목회 철학을 '희망 목회'이자 실천적 '성령 신학'으로 평가했다. 그 후에도 두 사람은 자주 만나 그리스도의 희망을 이야기했다. 제2차 세계대전 중 절망의 포로수용소에서 성령의 은혜로 십자가를 통한 희망을 체험한 몰트만이 성령의 은사운동과 희망 목회로 한국교회의 부흥을 견인한 조용기 목사에게 지대한 관심을 갖게 된 것이다.

오늘날 대형교회의 대명사인 여의도순복음교회는 여러 가지로 비판을 받고 있지만 비판의 초점을 외적 부흥이 아니라 교회의 선교와 사회봉사 등 사명의 본질에 둔다면 교세의 크고 작음은 문제가 되지 않을 것이다. 성경은 교회의 외적 성장(행 2:41)과 내적 성숙(행 2:42)이 동시에 중요하다고 가르친다. 예루살렘 초대교회는 현 시대 메가 처치(Mega Church, 거대교회)의 모델이다. 예수님의 부활과 승천 이후 오순절 성령의 강력한 역사로 초대 예루살렘교회의 불같은 성장이 있었고 그 영향으로 복음이 짧은 시간에 전 세계로 확산될 수 있었던 것이다.

### 초대교회 같은 부흥

여의도순복음교회는 1958년 서울 변두리인 서대문구(현 은평구) 대조동의 깨밭에서 천막 교회로 출발했다. 당시 '할렐루야 아줌마'로 유명한 최자실 목사가 병약했던 조용기 전도사를 도와 더위와 추위, 밤과 낮을 가리지 않고 서대문 변두리 빈민가를 발이 부르트도록 다니며 전도했다. 이후 조용기 전도사는 최자실 목사의 딸(김성혜 한세대 총장)을 아내로 맞이해 함께 전도하며 개척 초기의 어려움을 이겨 나갔다.

"천국은 침노하는 자의 것"이라는 말씀처럼 가난하고 소외된 이웃을 보살피는 극진한 정성과 젊은 전도자의 능력 있는 설교는 소문이 났고 수많은 영혼이 천막 교회를 가득 채웠다. 더욱이 신유의 은사를 받은 조용기 전도사는 돈이 없어서 병원에 가지 못하는 환우들을 치유해 주면서 교회는 삽시간에 전국으로 알려져 지방에서도 사람들이 몰려들었다.

조 목사는 "제2의 오순절 같은 성령의 역사였다"라고 회고했다. 당시는 6·25전쟁 직후였다. 전쟁의 폐허 속에서 가난과 질병에 허덕이던 그들은 살길을 찾아 서울로 대거 몰려들었고 그들에게는 따뜻한 위로와 희망이 필요했던 것이다.

그러한 상황 속에서 조 목사는 방황하는 영혼들에게 예수 그리스도의 희망을 심어 주는 것이 무엇보다 중요하다고 생각했다. 그래서 개척 초기부터 '희망의 메시지'를 선포했고 소외된 이웃에게 믿음과 꿈을 가지라며 위로했다. 더불어 순복음 신앙의 핵심 교리인 '오중복음'과 '삼중축복'을 성도들에게 가르치며 '4차원의 영성'으로 그들을 훈련시켰다.

그의 '희망 목회'는 성도들에게 구원의 확신을 심어 주는 것과 동시에 심령과 삶에 큰 변화를 가져다주었고 성령의 역사로 여의도순복음교회는 크게 부흥했다. "네 입을 크게 열라 내가 채우리라"(시 81:10)고 노래한 아삽처럼 교회 개척 60년 만에 55만 성도로 세계 최대의 교세를 이룬 것이다.

**복음과 선교, 사회봉사에 앞장**

여의도순복음교회는 예수 그리스도의 지상명령 성취를 위해 '복음 전파와 해외선교, 국내외 사회봉사'라는 입체적 교회 사역에 힘을 쏟고 있다. "세상에 보냄을 받지 않는 교회는 교회가 아니다"라고 역설한 선교 신학자 요하네스 블라우의 말처럼 조 목사는 지금까지 세계를 120번 순회하면서 복음을 전하고 선교지를 개척했으며 국내외 고통당하는 이웃에게 사랑을 베풀었다.

그는 평생 어린이 심장 치료를 비롯해 청소년 기

| 1994년 케냐에서 개최된 '아프리카 성령화 대성회'

술학교, 노인 복지 등 소외계층을 위한 봉사를 계속했다. 지금까지 여의도 순복음교회는 전 세계 선교지에 500여 교회를 개척했고 일본복음화를 위해서도 별도로 교회를 개척하고 있다.

또한 여의도순복음교회는 ㈔선한사람들과 영산조용기자선재단 등 공익 재단을 설립해 교육과 의료, 문화 진흥에 힘쓰고 있다. 또한 동양 최대 엘림복지타운 건설과 기술학교 운영, 한세대학교를 통한 인재 양성 등 많은 열매를 거두고 있고 수년 전에는 북한 동포를 돕기 위해 평양에 '영산조용기심장병원'을 착공했다. 지금은 비록 중단되었지만 새로운 정부의 대북정책에 따라 완성된다면 인도적 지원을 통한 북한복음화의 큰 전기를 마련하게 될 것이다. 1988년에는 세계 유일의 기독교 일간지인 〈국민일보〉를 창간해 지면을 통한 복음 전파를 실현하는 한편 그것을 통해 지금까지 기독교의 대사회적 권익을 대변하고 있다.

여의도순복음교회는 설립 50년이 되던 2008년 조용기 목사의 제자 이영훈 목사를 후임으로 세워 대형교회 담임 승계에 모범을 보였다. 이 목사는 "초대교회의 21세기 모델인 우리 교회는 사도행전의 역사를 계속 써내려가기 위해 선교와 봉사 등 조용기 원로

| 조용기 원로목사와 이영훈 담임목사

목사님이 50년간 추진한 사역을 더욱 힘 있게 감당할 것"이라며 희망찬 비전을 제시했다.

2015년 11월 '대형교회의 선교 책무'라는 주제로 콘퍼런스가 열렸다. 국내외 복음 전도자들은 오늘날 대형교회가 적극적으로 선교와

| 현재의 여의도순복음교회

사회봉사에 앞장서야 한다고 입을 모았다. 세계 최대 대형교회 10개 중 4개가 한국에 있다는 신학계의 분석이 아니더라도 한국교회는 선교와 봉사에 막중한 책임을 감당해야 한다.

"19세기에는 영국이 미국 선교에, 20세기에는 미국이 아시아 선교에, 21세기에는 한국이 세계 선교에 앞장서야 한다"라는 교회사의 요청을 실현해 나갈 그 책임이 바로 한국교회의 어깨에 놓여 있는 것이다. 그런 의미에서 종교개혁 500년 역사상 단일 교회로 세계 최대 교세를 이룬 여의도순복음교회가 이 일을 가장 책임 있게 감당해야 할 것이다.

• 사진은 여의도순복음교회에서 제공함

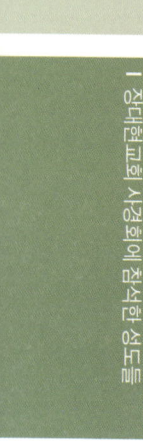
장대현교회 사경회에 참석한 성도들

## 장대현교회를 이은 새벽기도운동

한국교회 부흥의 기폭제가 된 것은 1907년 평양 장대현교회 성령운동으로 그것은 1905년 을사늑약과 1910년 경술국치 사이에 일어났다. 이는 선교사 언더우드의 기도처럼 '어둠과 절망'의 땅에 교회를 통해 '빛과 희망'을 주시려는 하나님의 섭리였다. 종교개혁 역사상 가장 큰 부흥을 이룬 한국교회의 뿌리에는 장대현교회에서 시작된 새벽기도운동이 있다. 평양에서 시작된 새벽기도는 전국으로 번져 한국교회 부흥의 동력이 되었으며 지금까지 세계교회의 새벽을 깨우고 있다.

### 절망과 어둠 속에서 빛을 주신 하나님

명성교회의 특별새벽집회는 연인원 20만 성도와 전국 각지에서 모인 수백 명의 목회자, 해외에서 찾아온 교회 지도자들로 열기가 넘친다. 명성교회는 1980년 7월 개척 이래 매년 3월과 9월 두 차례 특새를 한 번도 쉬지 않고 74회째 진행하고 있다. 이는 "기도만이 교회를 부흥시키고 국가와 민족을 살린다"라는 김삼환 목사의 '무릎 목회' 철학에 의한 것이다.

이러한 특별새벽기도운동은 전국으로 확산되었고 해외에서도 소개되고 있다. 6·25전쟁 직후 두메산골 교회에서 매일 새벽기도회를 알리기 위해 사발시계를 가슴에 품고 새우잠을 자던 한 소년이 울린 종소리가 60년 동안 이어져 세속화시대의 새벽을 깨우고 있는 것이다.

한국교회의 새벽기도가 언제부터 시작되었는지는 정확히 알 수 없다. 그러나 교회사 연구가들은 1907년 평양대부흥기에 장대현교회 길선주 목사와 박치록 장로가 새벽 4시쯤 교회에 모여 기도했던 것을 출발점으로 삼고 있다. 누구에게도 알리지 않고 조용히 시작한 새벽기도는 은혜를 사모하는 성도들에게 알려져 이내 예배당은 가득 차게 되었다.

당시 가난한 성도들은 물질이 없으면 몸으로라도 하루를 하나님께 드리기 위해 날을 정해 봉사했는데, 이 '날연보'(a day offering)가 가장 활발했던 시기가 바로 장대현교회 새벽기도운동이 시작된 때라고 하니 참으로 놀라운 일이다. 말하자면 우리 선조들의 새벽기도는 몸으로 드리는 산제사와 같은 것이었다. 장대현교회의 새벽기도는 인근 교회로 확산되었고 1909년 백만인구령운동으로 이어졌다. 이런 점에서 새벽기도는 한국교회 대부흥의 토양에 크게 이바지했다고 할 수 있다. 또한 새벽기도는 주권을 잃은 암울했던 시기에 민족을 각성시키는 영적 에너지로도 작용했다.

그뿐 아니라 6·25전쟁 당시 북한군에 의해 대부분의 국토가 유린당하고 부산 지역만 남은 풍전등화 같은 상황에서도 온 교회가 밤을 새고 새벽을 밝히며 기도했다. 이후 전세는 극적으로 역전되었다. 전쟁의 폐허 속에서 한국교회는 새벽기도운동으로 다시 일어섰고 민족에게 구원과 소망의 빛을 던지며 오늘의 대한민국이 있게 한 것이다.

**인류 구원을 위해 새벽을 밝히신 예수님**
이처럼 '한국교회' 하면 새벽기도를 연상할 만큼 한국교회 목회자들과 성도들은 세계 다른 어떤 민족보다 새벽을 깨우는 근면한 영성을 소유하고 있다. 그러나 실상 새벽기도는 한국교회의 전유물이 아니다.

성경은 새벽 역사의 주인이 하나님이시며(시 46:1-5) 새벽기도의 창시자가 예수님이심을(막 1:35) 가르친다. 하나님은 이스라엘의 출애굽을 위해 새벽에 역사하셨다(출 14:24-27). 죄인을 구원하러 오신 예수님은 새벽 미명에 홀로 깨어 기도하셨으며 새벽에 사망 권세를 이기고 부활하셨다. 새벽을 깨우는 기도운동은 예배당과 다락방에서, 카타콤과 골방, 지하암굴과 수도원에서도 계속되었다. 그리고 교회를 새롭게 하기 위한 종교개혁자들의 철야기도로 이어져 마침내 한국교회의 새벽을 열었다. 심지어 북녘 땅에서도 성도들의 목숨건 새벽기도는 계속되고 있으리라. 그러므로 우리가 새벽 제단을 쌓는 것은 마땅히 해야 할 '산제사'로서의 사명이다.

오래전 세계교회사에 유서 깊은 수도원 영성의 현장을 순례하던 중 독일 뷔르템베르크 주의 마울부론 수도원에서 발견한 새벽기도 현장을 지금도 잊을 수 없다. 종교개혁기에 개신교를 받아들인 마울부론 수도원에는 당시 수도사들이 사용하던 기도실이 보존되어 있었는데, 수도사들이 밤을 지새우며 얼마나 치열하게 기도했던지 마룻바닥이 움푹 파인 흔적이 역력했다. 당시 수도사들의 무릎은 낙타 무릎 같았다고 한다.

2004년 그리스정교회의 상징인 아토스 산의 수도원에서 본 수도사들의 새벽기도회도 충격적이었다. 그들은 매일 새벽 4-5시간씩 기도하는데 어떤 날은 새벽기도가 12시간 동안 계속되어 저녁까지 이어질 때도 있다고 했다. 아토스 산의 기도 용사들은 매일 지구상의 모든 나라를 위해 기도하는데, 특히 분단된 한반도의 평화와 통일을 위해 열심히 중보하는 모습에 눈시울이 뜨거워졌다.

한국교회, 새벽기도의 불이 다시 한 번

광복과 함께 북한의 교회가 폐쇄되자 성령의 불이 평양에서 서울로 옮겨왔다. 한국교회 부흥의 무대가 북녘에서 남녘으로 바뀐 것이다. 장대현교회의 새벽기도는 1945년 신앙의 자유를 찾아 월남한 성도들로 세워진 영락교회의 새벽기도로 이어졌다. 또 1960년대에는 서울 대조동 깨밭에서 천막을 치고 가난한 노동자들을 중심으로 시작한 여의도순복음교회의 새벽기도로, 1980년대에는 서울의 변두리였던 명일동 버스 종점에서 시작된 명성교회의 새벽기도로 이어졌다.

명성교회는 개척 초기부터 뜨거운 새벽기도와 계절별 특별새벽기도로 개척 37년 만에 12만 성도가 모이는 세계 최대 장로교회로 성장했다. 또한 서울 사랑의교회와 부산 수영로교회, 인천 주안장로교회와 전주 바울

| 명성교회가 창립 30주년을 맞아 개최한 특별새벽집회

교회, 김포 안디옥성결교회 등의 새벽기도도 뜨겁다.

지금도 전국의 수많은 목회자와 성도가 교회와 기도원, 가정과 일터에서 이름 없이 기도의 제단을 쌓고 있다. 그러나 급진적인 정보통신기술(ICT)의 융합이 초래한 제4차 산업혁명 시대를 살아가는 현대인의 심성은 날로 파괴되고 크리스천의 영성마저 위협받고 있다. 이러한 위기 상황 속에서 한국교회는 더욱 각성하여 기도해야 한다.

통과 의례로 종교개혁 500주년을 보내서는 안 된다. 올해를 새로운 한국교회 개혁의 출발점으로 삼고 한국교회의 부흥을 가져온 새벽기도에 더욱 힘써야 한다. 특히 이 땅의 종들은 밤을 밝히고 새벽을 깨우신 예수님의 겟세마네로 나아가야 한다. 길선주 목사처럼 새벽 제단을 통회 자복의 자리로 만들어야 하는 것이다. 한국교회가 "일어나 빛을 발하라!"(사 60:1)고 하신 하나님의 명령을 따라 새벽빛으로 다시 일어나 민족을 구원하고 국가를 변화시키기를 기대한다.

• 사진은 명성교회에서 제공함

# 한국교회의 개혁을 위한 신학적 토대

루터는 종교개혁의 격전 속에서도 자신의 신학을 정립하고 성경을 독일어로 번역했다. 칼뱅 역시 《기독교강요》를 집필하여 예정론적인 개혁 신학의 터전을 마련했다. 교회 개혁을 효과적으로 실천하기 위해서는 신학적 이론이 필요했기 때문이다. 이처럼 진정한 교회 개혁과 부흥을 위해서는 목회와 신학이 조화를 이뤄야 한다. 교회를 섬기는 목회자들과 교회를 위해 신학을 제공하는 신학자들의 협력이 있어야만 진정한 교회 개혁이 가능한 것이다.

### 보수, 진보, 중도를 대표하는 3대 신학자

성경의 올바른 해석과 교리 정립은 초기 교부시대부터 종교개혁기를 거쳐 오늘에 이르기까지 수많은 신학자가 노력한 결과다. 지금까지 시대에 따라 정통 신학으로부터 자유 신학에 이르기까지 다양한 신학이 있었다. 특히 종교개혁기에 형성된 칼뱅의 개혁 신학은 세계 신학의 주류를 이루며 복음과 함께 한반도에 들어왔다. 현재 한국의 신학은 기독교학회와 한국복음주의신학회, 개혁주의신학회 등이 중심을 이뤄 세부 전공 학회와 함께 교회를 위한 신학의 사명을 감당하고 있다.

신학계에서는 한국교회 부흥에 기여한 많은 신학자들 중 박형룡, 김재준, 이종성 박사를 한국의 3대 신학자로 평가하고 있다. 그들의 공통점은 장로교 개혁주의 신학의 노선에 있다는 점이다. 한반도에 복음을 전한 초기 선교사들과 신학의 맥을 같이하는 셈이다. 그들의 신학 경향을 우리는 정통 신학(박형룡), 진보 신학(김재준), 통전 신학(이종성)으로 이해할 수 있다. 오늘날 사회 용어로 보수, 진보, 중도라 생각하면 이해가 쉬울 것이다.

### 칼뱅의 개혁주의 정통 신학을 심은 박형룡

한국의 개혁주의 정통 신학을 대표하는 죽산(竹山) 박형룡(1897-1978) 박사는 대한제국 원년인 1897년 평안북도 벽동군 운서면에서 태어나 어머니의 영향으로 어린 시절에 신앙을 갖게 되었다. 서당에서 한문을 공부하다가 숭실전문학교를 거쳐 캠벨(감부열) 선교사의 도움으로 미국 프린스턴 신학교에서 신학을 공부했다.

그가 유학한 1923년 당시 미국 신학계는 근본주의와 현대주의의 논쟁

이 치열했는데 그는 프
린스턴에서 보수적 정
통주의 신학자들인 메
이첸, 핫지, 워필드 등
의 가르침을 받고 장로
교 개혁 신학의 전통에
서게 되었다. 그는 신
학 저술에서 일편단심

| 박형룡 박사

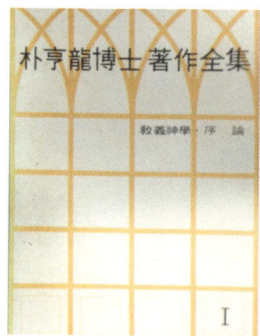
| 《박형룡박사 저작전집》

한국 장로교회의 정통 신학을 보수하기 위해 힘썼다고 밝혔다.

박형룡 신학 연구가인 총신대 김길성 교수는 "사도 바울과 아우구스티누스를 거쳐 16세기 장 칼뱅이 정립하고 18-19세기 프린스턴 신학자들이 체계화한 개혁주의 정통 신학을 한국교회에 뿌리내리게 한 신학자가 죽산"이라고 평가했다. 현재 한국교회에서 주류를 이루고 있는 보수주의 교회를 뒷받침하는 신학이 바로 개혁주의 정통 신학이다.

죽산은 숭실전문학교 시절에 전국 순회강연을 통해 민족정신을 일깨우다가 일경에 체포되어 10개월 동안 옥고를 겪고 1938년 장로회신학교가 신사참배로 폐교되자 일본과 만주 등지에서 망명생활을 하다가 광복 후 귀국하여 고려신학교 교장을 역임했다. 이후 신학교육에 대한 사명감으로 1948년 장로회신학교를 세우고 1951년부터 장로회총회신학교에서 교수 및 학장을 역임하여 수많은 후학을 지도하다가 1978년에 주님의 부르심을 받았다. 《박형룡박사 저작전집 1-20》(개혁주의신행협회, 2010) 등 많은 저서와 사후에 개정된 《박형룡박사 조직신학 1-7》(개혁주의출판사, 2017)으로 보수적 개혁주의 정통 신학을 집대성했다.

### 한국 진보주의 신학의 길을 연 김재준

한국의 진보주의 신학을 대표하는 장공(長空) 김재준(1901-1987) 박사는 1901년 함경북도 경흥에서 태어나 청년기에 신앙을 갖게 되었다. 그는 어려서부터 유학자인 아버지에게 한문을 익혔고 일본 도쿄 아오야마 학원과 미국 프린스턴 신학교 및 웨스턴 신학교에서 신학을 공부했다.

일제의 신사참배 요구를 거부해 평양 장로회신학교(조선예수교장로회신학교)가 폐쇄되자, 그는 '조선인에 의해 세워진 학교에서 조선인이 조선인을 교육하자'는 선각자 김대현 장로를 도와 조선신학교(지금의 한신대)를 설립했다. 그러나 성서비평학 수용 문제로 조선예수교장로회와 갈등을 겪고 성서무오설을 부정한다는 비판을 받으며 1953년 대한예수교장로회(예장)로부터 제명을 당했다. 이 사건을 계기로 그를 중심으로 해서 예장의 일부 목회자들과 대한성공회는 한국기독교장로회(기장)를 결성했다.

김재준 신학 연구가인 한신대학교 총장 연규홍 교수는 "장공 선생은 성서의 권위와 영감설을 부정한 것이 아니라 '성서를 성서 되게 하자'라는 종교개혁의 모토에 충실한 것이

| 김재준 박사

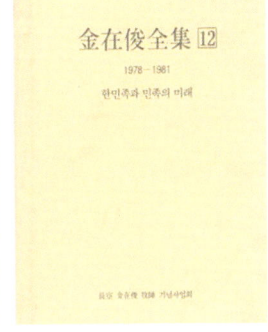
| 《김재준전집》

다. 그는 자유주의 신학자가 아니라 '자유의 신학자'였다(딤후 2:9)"라고 평가하면서 장공에 대한 일부 신학자의 오해를 지적했다.

　장공은 〈십자군〉, 〈제3일〉 등의 신학지를 발행하면서 자신의 신학을 정립했으며 서울 경동교회를 담임하고 기장 총회장을 역임했다. 《김재준전집, 1-18》(한신대학 출판부, 1971) 등 조직신학과 윤리학 분야의 저서와 강의를 통해 진보 신학을 체계화하며 많은 후학을 길렀다. 또한 삼선개헌을 반대하는 등 민주화운동에도 앞장섰던 그는 1987년에 주님의 부르심을 받았다.

## 통전 신학을 이끈 신학자 이종성

한국의 통전 신학을 체계화한 춘계(春溪) 이종성(1922-2011) 박사는 경북 의성에서 태어났다. 그는 전통적인 유교 가정에서 자라서 큰 누나의 도움으로 일본 교토에 정착하여 낮에는 일하고 밤에는 리츠메이칸 중학교에서 공부했다. 그리고 그 시절 누나를 따라 교토 한인교회에 출석하면서 복음에 대한 사명감을 갖게 되었다.

　이후 그는 도쿄 신학대학에서 신학을 공부한 후 1952년 목사 안수를 받고 미국으로 건너가 루이빌 신학교에서 조직신학을 전공했다. 샌프란시스코 신학교에서 신학 박사 학위를 받고 장로회신학대(장신대) 교수와 총장을 역임하며 많은 후학을 양성했다. 은퇴 후 한국기독교학술원을 설립하여 집필에 전념한 그는 《춘계 이종성저작전집 1-40》(한국기독교학술원, 1995) 등 많은 저서를 통해 통전 신학을 정립했다.

　그의 통전 신학은 칼뱅주의와 바르트주의를 균형 있게 받아들이며 조화

| 이종성 박사 | 이종성 박사의 《그리스도론》

와 통일성을 추구한다. 장신대가 추구하는 신학이 바로 이종성의 신학방법론을 따른 것이다. 예장통합에서는 이를 '성서적 복음주의 신학'이라 부르고 예장 신앙고백이 그것을 반영한다.

　이종성 신학 연구가인 장신대 최윤배 교수는 "통전 신학에서 통전의 의미는 '전체를 아우르고 조화시키며 통합한다'라는 뜻으로 좌우와 상하, 긍정과 부정, 개별자와 보편자, 특수성과 일반성, 믿음과 실천을 아우르는 것"이라고 설명했다. 통전주의는 혼합주의나 절충주의를 경계하며 온전성, 즉 온전주의를 추구한다. 오늘날 교회가 추구하는 에큐메니컬(ecumenical, 전(全) 기독교적) 정신과도 일맥상통하는 것이다. 춘계는 한국교회와 신학계의 보수와 진보를 아우르고 소통하기 위해 헌신하다가 2011년에 주님의 부르심을 받았다.

# 한국교회의 부흥을 위한 성경 주석

칼뱅은 종교개혁의 격전 속에서도 《기독교강요》를 집필하는 한편 방대한 주석서를 썼다. 종교개혁의 모토인 '오직 성경'에 발맞추어 올바른 교회 개혁과 부흥을 위해서는 목회와 성경, 신학이 조화를 이뤄야 하기 때문이었다. 한국교회도 교회의 목회자들과 교회를 위한 신학자 성경 주석가들의 삼위일체 협력 속에서 부흥을 이루었다.

### 평생 성경에 매달린 한국의 3대 주석가

칼뱅은 종교개혁기에 제네바를 중심으로 교회 개혁을 추진하는 동시에 불철주야 성경 주석에 몰두했다. 로마 가톨릭의 박해를 피해 조국을 떠난 1535년부터 제네바교회 사역을 마감한 1564년까지 무려 30년 동안 한순간도 성경 주석을 손에서 떼지 않았다. 그는 제네바 성 베드로교회의 정규 예배 설교 외에 매주 성도들을 대상으로 성경을 강해했고 제네바 아카데미에서 성경 강의를 집대성했다. 이것이 바로《칼뱅 주석》이다.

일찍이 한국교회 안에서도 이와 유사한 성경 주석 작업이 진행되었다. 그 주인공이 바로 박윤선 박사, 김응조 박사, 이상근 박사다.

### 개혁주의 관점, 박윤선의 '박윤선 주석'

정암(正巖) 박윤선 박사는 1905년 평안북도 철산에서 태어나 어려서는 한학을 공부하다가 1924년 평북 신성중학교에 진학하면서 기독교에 입문했다. 1934년 평양 장로회신학교를 졸업하고 미국 웨스트민스터 신학교에서 신학 석사를 마친 후 평양 신학교에서 성경 원어를 강의하면서 1936년부터 성경 주석 작업을 시작했다. 그리고 1938년 다시 미국으로 건너가서 모교인 웨스트민스터 신학교에서 성경 원어를 연구하고 귀국하여 만주 봉천교회에서 목회와 성경 주석에 전념하던 중 해방과 함께 월남했다.

그는 평양에서 옮겨

| 박윤선 목사

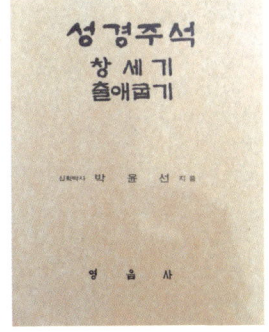
| 박윤선 목사의《성경주석》

온 장로회신학교 안에 자유주의 신학이 들어오자 보수 신학을 지키기 위해 부산에 고려신학교를 세우고 제자를 양성했다. 1974년부터는 미국에서 성경 주석에 몰두하다가 1979년 귀국하여 이듬해 대한예수교장로회 합신을 조직하고 교육기관으로 합동신학대학원대학교를 설립하여 후학 양성에 힘쓰다가 1988년 주님의 부르심을 받았다. 그의 주석 작업은 33세에 시작해 50년간 지속되었으니 그의 일생 자체가 '성경 한 권'의 삶이었다.

그가 쓴《성경 주석》(영음사)의 특징은 성경을 개혁주의 신학의 관점에서 해석하고 성경 원어의 깊은 뜻을 파악해 원문에 충실한 강해를 했다는 점이다. 또 구한말 출생한 목회자로는 드물게 풍부한 서구 신학의 지식을 바탕으로 성경을 해석했다는 점이 교의학적으로 안전하다는 평가를 받고 있으며 목회자들과 신학생들에게 널리 영향을 끼쳤다.

### 복음주의 관점, 김응조의 '성서대강해'

영암(靈巖) 김응조 박사는 1896년 경북 영덕에서 출생해 한학을 공부하다가 한일합병 시기에 '기독교가 곧 구국의 길'이라 깨닫고 기독교에 입문했다. 1915년 미션스쿨인 대구 계성중학교를 졸업하고 1917년 경성성서학원(현 서울신대)에 입학하여 공부하던 중 1919년 3·1운동에 가담해 2년여 옥고를 치렀다. 1938년에는 신사참배를 피하려고 교단을 떠나 초교파 부흥사로 활동했으며 해방 후 성결교가 세계교회협의회(WCC) 가입 문제로 내분을 겪자 1961년 보수 교단인 예수교대한성결교회를 세우고 이듬해 성결교신학교(현 성결대)를 개교했다.

그가 성경 주석에 착수한 것은 해방 후 서구 신학의 영향으로 한국교회

가 자유화되는 것을 막
아야 한다는 절박한
시대 상황 때문이었
다. 1950년대 초부터
1970년대 말까지 수
십 년간 《성서대강해
1-12》(성청사) 집필에
전력했고 평생 40여

| 김응조 목사

| 김응조 목사의 《성서대강해》

권의 저서와 수많은 제자를 양성하며 96세를 일기로 1991년 주님의 부르심을 받았다.

그가 쓴 주석의 특징은 칼뱅신학의 노선에서 쓴 박윤선 주석과 달리 웨슬리신학의 노선에서 썼다는 점으로 복음주의 관점에서 영적 해석을 했다. 또 성경 강해와 함께 본문 중심의 '설교 예제'를 제공하고 말씀의 가르침에 따른 교훈과 실천을 강조함으로써 실생활에 큰 도움을 준다. 문장이 고어와 국한문 혼용으로 되어 있어 젊은 목회자들이 활용하기 어렵다는 단점이 있었는데 지금은 현대문으로 고친 개정판(전 24권)이 나와 있다.

**율법주의에 매이지 않은 이상근의 '성경주해'**

정류(靜流) 이상근 박사는 개혁 신학과 성결 신학으로 대조되는 앞의 두 주석가와 달리 비교적 후기에 신구약 전체 집필(27권)을 완성했다. 그는 1920년 경북 대구에서 태어나 건강 문제로 청소년기 때 독학을 했다. 6·25전쟁 직후인 1953년 가을에 친구를 따라 처음 교회에 갔고 곧 새벽기도에 열심을 냈다.
그 무렵 그는 철야기
도를 위해 혼자 산길
을 가다가 철조망에 넘
어지는 사고를 당했는
데 그 사고로 평생 발
바닥에 철사가 박힌 채
고통 속에 살았다고 한

| 이상근 목사

| 이상근 목사의《신약주해》

다. 죽을 때까지 "육체의 가시"(고후 12:7)를 지니고 성경에 매달렸으니 그가 쓴 '성경주해'는 고통의 열매라 할 것이다.

그는 평양 신학교 재학 시절에 산정현교회 주기철 목사의 순교 사건을 통해 "오직 하나님께만 영광"이라는 일생의 좌우명을 세웠고 한국전쟁 직후인 1953년부터 1957년까지 미국 뉴욕신학교와 댈러스신학교에서 해석학을 공부하면서 성경 주석을 시작했다. 그리고 1959년에는 대구 제일교회 청빙을 받아 목회와 봉사, 성경 주석이라는 3대 모토를 설정하고 1960년 '요한복음서 주해' 출판을 시작으로 23년 만에 신구약 66권의 주해를 완성했다. 아울러 외경에 대한 주석도 완성했다는 점에서 그의 성경 주석은 주경 역사상 유례를 찾기 어려울 것이다.

이상근 주석의 특징은 이름 그대로 성경 전체를 강해하는 데 주안점을 두었다는 것이다. 또 본문을 풀이한 점에서는 주석과 동일하지만 설교를 염두에 두었다는 점은 목회 실천적이라고 할 수 있다. 그는 하나님의 말씀을 깊이 알고 교회를 건강하게 세우는 것을 집필 목적으로 삼았는데, 이는

"성경 주석의 목적이 교회를 위함"이라고 말한 종교개혁자 칼뱅의 생각과 일치한다. 이후로 율법에 얽매이지 않은 그의 주해는 한국교회의 강단에 큰 영향을 미치고 있다.

앞서 살펴본 것처럼 한국교회의 3대 주석가는 하나님의 말씀에 대한 올바른 이해를 통해 교회의 부흥과 영혼을 구원하자는 공통의 목적을 가지고 있다. 이런 점에서 그들은 모두 종교개혁의 모토인 '오직 성경'을 위해 일생을 바친 위대한 종들이었다.

### 회복을 위한 여정을 마무리하며

종교개혁 500주년 기념 '영성의 현장을 찾아서'를 마무리하면서 다음과 같은 제언을 하고 싶다. 우선 오늘의 한국교회가 초기 선교사들의 헌신과 선대 목회자들의 노고, 이름 없는 성도들의 충성으로 이루어졌음을 잊지 말자는 것이다. 아울러 자만(自慢)과 자고(自高)와 자행(恣行)으로 하나님을 노엽게 하고 이웃을 실망시킨 죄를 철저히 회개해야 한다. 그리하여 예수님을 따라 낮은 곳으로 내려가 사회적 약자를 돌보고 분단된 조국의 평화통일과 복음통일을 실현하며 민족복음화와 세계복음화의 종말론적 사명을 감당하기를 바란다. 그때, 종교개혁이 사회 변혁을 가져왔듯이 우리의 교회와 가정과 일터가 제2의 종교개혁 현장이 될 수 있을 것이다.

> 에필로그

## 종교개혁 500주년의 아침, 회개와 감사의 시간

사노라면 가슴 벅찬 날이 있습니다. 개인도 그렇고 교회도 그렇습니다. 성도는 예수님 믿고 거듭난 날이 가슴 벅차며 교회는 그리스도의 터 위에 태어난 날이 가장 가슴 벅찰 것입니다. 종교개혁은 예수님께서 이 땅에 세우신 교회가 부패해지자 상을 엎고 다시 태어나게 하신 의미가 있습니다. 그러므로 교회로서는 이날이 가장 벅찬 날이면서도 가장 두려운 날입니다.

한국교회는 역사상 개혁이 절실한 세속화시대에 종교개혁 500주년을 맞이했습니다. 이런 상황 속에서 국민일보가 지난해 초부터 종교개혁 500주년을 준비해 왔는데 부족한 종들이 뜻깊은 기획에 참여하는 축복을 누리게 되었습니다. 그것은 오늘 하나의 열매로 거두게 된 책 제목처럼, 영성의 현장을 찾아서 "종교개혁의 길을 걷자"는 것이었습니다.

그러나 이 일은 생각보다 쉽지 않았습니다. 세 가지 점에서 그랬습니다. 첫째로 종교개혁 이야기는 수많은 연구가들에 의해 이미 잘 알려져 있어서 자칫하다가는 한약의 재탕이 되기 쉽다는 점이고, 둘째로는 바쁜 목회와 강의 사역 중에 과연 누가 상당한 시간과 경비를 투자하면서 역사의 현장을 직접 답사할 것인가 하는 점이고, 셋째로는 이런 문제가 해결된다 하더라도 '종교개혁의 길'을 발과 가슴으로 따라가며 살아 있는 영성의 글을 누가 쓸 것인가 하는 점이었습니다.

 그러나 하나님께서는 우리의 간절한 기도를 들으시고 사명감에 불타는 준비된 동지들을 모아 주셨습니다. 신학교육에 오랫동안 몸담았던 김성영 총장님, 사랑의교회 해외선교 총괄 고성삼 목사님과 총신대학교 한국교회사 권위자 박용규 교수님, 그리고 다음 세대 교육에 혁신을 일으키고 있는 홀리씨즈교회 서대천 목사님과 백석대학교 세계교회사 권위자 주도홍 교수님이십니다. 이 분들은 섬기는 교회와 학교로부터 허락과 지원을 받아 지난해 봄부터 혹은 보름씩, 일주일씩 수만리 종교개혁의 현장을 직접 답사하며 '길 위에서 기도와 땀과 눈물로' 살아 있는 글을 써서 한국교회에 보고했습니다. 국민일보는 2016년 5월 16일부터 금년 6월 5일까지 전면을 할애하여 장장 55회에 걸쳐 종교개혁 현장의 목소리를 전했는데, 이는 창간 28년 이래 최장기 연재물로 꼽힙니다.

그동안 본 연재를 위해 귀한 자료 제공과 인터뷰에 기꺼이 응해 주신 국내외 주요 교회와 선교기관, 학계 관계자 여러분에게 깊은 감사의 말씀을 드립니다. 열독과 성원을 보내 주신 한국교회 목회자님들과 성도님들에게 감사드립니다.

필자로서 저희들은 '오늘의 한국교회는 종교개혁 500년의 가장 알찬 열매'라는 표현을 자주 했습니다. 이 표현에는 감사와 회개의 의미가 함께 담겨 있습니다. 한국교회가 개신교 복음 전래 132년이라는 짧은 시간에 세계교회사상 가장 큰 부흥과 성장을 이룬 것은 하나님의 특별하신 은총으로 분명 감사의 제목입니다. 그러나 이런 축복을 받고도 오늘날 세속화 시대에 국가와 민족의 구원과 사회 변화를 위한 교회의 사명을 바로 감당하지 못하고 있다는 점에서 우리는 정직하게 반성하고 회개해야 합니다. "근본으로 돌아가자"는 '오직 성경'의 신앙으로 이 땅을 하나님의 말씀 위에 바로 세워야 하겠습니다. 종교개혁 500주년의 아침이 밝아옵니다. 한국교회는 여기까지 인도하신 에벤에셀의 하나님께 회개와 감사의 산제사를 드리고 교회 개혁의 길로 새롭게 나아갑시다.